MENTES MAQUIAVÉLICAS

Dados Internacionais de Catalogação na Publicação (CIP)
(Câmara Brasileira do Livro, SP, Brasil)

Bereczkei, Tamás
　　Mentes maquiavélicas : a psicologia da manipulação / Tamás Bereczkei ; tradução de Renan Marques Birro. – Petrópolis, RJ : Vozes, 2019.

　　Título original: Machiavellianism : the psychology of manipulation.
　　Bibliografia.

　　2ª reimpressão, 2023.

　　ISBN 978-85-326-6222-4

　　1. Comportamento humano 2. Maquiavelismo (Psicologia) 3. Psicologia evolutiva 4. Psicologia social I. Título.

19-27690　　　　　　　　　　　　　　　　　　CDD-155.7

Índices para catálogo sistemático:
1. Maquiavelismo : Psicologia evolutiva　　155.7

Cibele Maria Dias – Bibliotecária – CRB-8/9427

TAMÁS BERECZKEI

MENTES MAQUIAVÉLICAS
A psicologia da manipulação

Tradução de Renan Marques Birro

© 2018 Tamás Bereczkei
Tradução autorizada a partir da edição inglesa publicada pela Routledge, membro do Grupo Taylor & Francis.

Tradução do original em inglês intitulado *Machiavellianism – The Psychology of Manipulation*

Direitos de publicação em língua portuguesa – Brasil:
2019, Editora Vozes Ltda.
Rua Frei Luís, 100
25689-900 Petrópolis, RJ
www.vozes.com.br
Brasil

Todos os direitos reservados. Nenhuma parte desta obra poderá ser reproduzida ou transmitida por qualquer forma e/ou quaisquer meios (eletrônico ou mecânico, incluindo fotocópia e gravação) ou arquivada em qualquer sistema ou banco de dados sem permissão escrita da editora.

CONSELHO EDITORIAL

Diretor
Volney J. Berkenbrock

Editores
Aline dos Santos Carneiro
Edrian Josué Pasini
Marilac Loraine Oleniki
Welder Lancieri Marchini

Conselheiros
Elói Dionísio Piva
Francisco Morás
Gilberto Gonçalves Garcia
Ludovico Garmus
Teobaldo Heidemann

Secretário executivo
Leonardo A.R.T. dos Santos

Editoração: Maria da Conceição B. de Sousa
Diagramação: Sheilandre Desenv. Gráfico
Revisão gráfica: Nilton Braz da Rocha / Nivaldo S. Menezes
Capa: Design da edição original, adaptada por Rafael Nicolaevsky

ISBN 978-85-326-6222-4 (Brasil)
ISBN 978-1-138-09328-7 (Inglaterra)

Este livro foi composto e impresso pela Editora Vozes Ltda.

Sumário

Prefácio, 7
1 O que é um maquiavélico, 17
2 Motivos e consequências, 45
3 Personalidade, 71
4 Tríade Negra, 97
5 Desenvolvimento, socialização, história de vida, 113
6 Comunicação, 139
7 Frieza emocional, 151
8 Inteligência emocional e empatia, 163
9 Leitura mental, 183
10 Flexibilidade, 205
11 Regras de decisão e mecanismos neurais, 225
12 Origens evolutivas, 245
Referências, 279
Índice, 297

Prefácio

O mundo está cheio de trapaceiros, vigaristas e impostores. Muitos deles podem ser adequadamente descritos pelo termo maquiavélico. Tais indivíduos desrespeitam princípios morais, enganam seus companheiros e tiram vantagem da fragilidade e inocência dos outros. Eles tiram vantagem dos outros ao usá-los para atingirem seus objetivos, enquanto suas vítimas nem mesmo percebem que estão sendo usadas. Eles têm uma mente penetrante, racional e soberba, incapaz de ser perturbada por emoções. Às vezes não podemos deixar de ficar encantados pelo seu talento, mesmo que nós saibamos que eles o utilizam mal. No entanto, também devemos saber que frequentemente eles mesmos sofrem com suas ambições e desejos indomados, o que, em muitos casos, terminam em tragédias mesquinhas. A história testemunhou muitos aventureiros maquiavélicos; portanto, vamos começar introduzindo uma ou duas figuras notórias.

César Bórgia: o inescrupuloso
Ele nasceu em Roma em 1475 de um pai que se tornou pouco depois o Papa Alexandre VI. Sua família incluiu muitas figuras conhecidas e notórias do ponto de vista histórico; indivíduos que foram caracterizados por suas excelentes habilidades e absoluto

niilismo moral. Aos 9 anos de idade, o garoto já tinha sido honrado com uma dezena de cargos eclesiásticos, e iniciou sua carreira como bispo de Pamplona aos 15 anos. No entanto, logo ficou claro que César nasceu para ser um déspota em vez de um pontífice. Roma abundava em mexericos sobre seus atos cada vez mais violentos, sobretudo após ele ter embarcado em uma campanha exterminadora contra as famílias nobres que dispunham de muito poder. Quando seu irmão Giovanni também se tornou uma vítima de assassinato, César tornou-se suspeito do crime, apesar de a verdade nunca ter sido trazida à luz. A notoriedade dos Bórgias transparece bem a partir dos rumores que circulavam sobre os irmãos lutando pela graça de Lucrécia, sua irmã; atualmente muitos acreditam que eles viviam em um relacionamento incestuoso. Porém, é mais provável que César tivesse inveja da futura brilhante carreira militar de Giovanni.

Seja qual for o caso, a morte de Giovanni abriu caminho para as carreiras política e militar de César. Quando o papa delegou seu filho para ocupar-se dos assuntos diplomáticos na corte régia francesa, César obteve a mão da filha mais jovem de João III de Navarra. Contudo, o casal apenas manteve-se unido por dois meses e meio, e, após esse período, César não mais viu sua esposa ou sua filha nascida subsequentemente (sua esposa morreu em um convento). Assim, seu pai o enviou para a Itália Central, na condição de líder das tropas papais e francesas que tentavam estabelecer um principado que compreendesse as cidades nominalmente governadas pelo papa e que, de fato, gozavam da independência. César mostrou-se como um talentoso e capaz comandante militar e, no início do ano de 1500, retornou para casa triunfante. Ele se tornou uma figura popular; porém, o povo também o temia quando muitos de seus atos terríveis vieram à luz: ele afogou o autor de um panfleto no Rio Tibre, atirou contra ladrões desarmados a sangue-frio, cortou fora a língua de um homem que zombava dele e, em seguida, ele mesmo esfaqueou o marido de sua própria irmã Lucrécia, que mal tinha sobrevivido ao ataque dos assassinos que César tinha armado pouco antes.

César se tornou um governante firme e de sangue-frio enquanto duque da Romanha. Nicolau Maquiavel, que viveu na corte do duque por algum tempo, tomou-o como um exemplo de príncipe bem-sucedido, na garantia de seus interesses e vontades independentemente do preço a ser pago (embora posteriormente ele tenha se lamentado por ter idealizado a natureza fundamentalmente maligna do príncipe). Não há dúvidas de que César não hesitou ao usar todos os meios possíveis para ganhar e manter o poder. Ocasionalmente, ele perdoava graciosamente seus antigos adversários, como no caso dos Irmãos Orsini, a quem ele preparou um suntuoso banquete, acompanhando-os até os seus aposentos e, pouco depois de deixá-los sozinhos, deixá-los serem mortos por seus assassinos. Conforme Maquiavel, César foi um bom juiz do povo e acreditava que qualquer um poderia ser aliciado pelo preço certo. Quando sentia que poderia confiar no apoio popular, não hesitava em usar qualquer meio disponível de sua preferência, sabendo que ninguém iria bisbilhotar sobre o caso de um cardeal odiado ou um comandante mercenário afogado no rio. Quando, por outro lado, percebia que seus antigos apoiadores voltavam-se contra ele, empenhava-se para manipulá-los, quer por meio de lisonjas, quer por meio de promessas.

Sua carreira começou a declinar em 1503, quando Alexandre VI, seu pai, faleceu (provavelmente de envenenamento). Um inimigo jurado dos Bórgias, Júlio II, ascendeu ao trono e ordenou que César, a quem faltava apoio político e financeiro naquele dado tempo, fosse preso e abdicasse de suas terras, títulos e postos. Sendo privado de riquezas, terras e liberdade, ele pode ter encontrado alguma satisfação no fato de alguns governantes terem disputado por ele: não menos do que três príncipes desejavam engajá-lo como um comandante militar. Ele não pode escapar até 1506, quando passou a servir ao seu padrasto, o rei de Navarra, uma vez que ele não poderia retornar à Itália. César Bórgia morreu em 12 de março de 1507 durante o *Cerco de Viana*[1]. No entanto, ele não pode descansar em paz mesmo após a morte: em primeiro lugar, ele foi queimado na igreja local, mas o indignado arcebispo ordenou que sua tumba fosse quebrada e que seus ossos, posteriormente realocados na entrada principal do templo em 1945, fossem enterrados ao lado da estrada.

Gregor MacGregor: o vigarista

Nascido na Escócia em 1786, ele era supostamente um descendente do famoso herói popular Rob Roy[2]. Uma vez que seu pai era um capitão da Companhia das Índias Orientais, ele também esperava empreender uma carreira naval como algo automático. Serviu à Marinha no Mar do Caribe ainda aos 17 anos de idade, e então ascendeu ao alto posto de coronel na Guerra Venezuelana da Independência. Ele navegou de volta à Inglaterra em 1820, e apresentou em Londres uma narrativa sobre uma ilha chamada Poyais, que ele tinha descoberto próximo da América Central e onde fundou um governo aprovado pela chefia tribal local. Apesar de a ilha não existir de fato, ele forneceu descrições vívidas de sua posição geográfica e condições demográficas. Ele reportou que ela dispunha de uma área de 32.400km^2 e que um pacífico povo indígena local habitava a ilha, juntamente com poucos assentadores britânicos. Acrescentou que a ilha dispunha de amplos recursos minerais ainda não explorados; outrossim, Gregor afirmou que ele, na condição de governado, tinha introduzido leis, insti-

---

1 Viana é uma localidade em Navarra, no nordeste da Espanha [N.T.].
2 Robert Roy MacGregor (1671-1734) foi um fora da lei escocês, posteriormente rememorado no folclore como um herói popular [N.T.].

tuiu o aparato de Estado e recrutou um exército. Ele apenas tinha viajado para Londres no intuito de recrutar mais assentadores e para coletar dinheiro visando o prosseguimento dos trabalhos. Uma vez que entrar nos mercados sul-americano e centro-americano era uma tarefa quase impossível para a nobreza inglesa e aos mercadores da época, eles ficaram ávidos para explorar a oportunidade ofertada por uma ilha onde poderiam se estabelecer e, posteriormente, lançar novas conquistas. A Inglaterra da década de 1820 também oferecia um campo ideal para o empreendimento de larga escala de MacGregor sob outros aspectos: Napoleão tinha sido derrotado, a paz foi celebrada na Europa e a economia britânica observava um crescimento sem precedentes. Em suma, os salários cresciam enquanto o custo de vida diminuía.

MacGregor também se colocou nas boas graças da alta classe, ao afirmar que era nada menos do que um descendente de Rob Roy e que estava comprometido em servir o Império Britânico, mesmo que isso significasse expor sua própria vida ao risco permanente. Ele estabeleceu um escritório em Londres com o único propósito de ter uma representação estrangeira de Poyais, e negociou várias atribuições e títulos para qualquer um que considerasse importante convencer. Ademais, ele também publicou um guia de viagens da ilha com 350 páginas, sob um pseudônimo, no qual ele informou, entre outros assuntos, que a ilha dispunha de enormes minas de ouro e prata. Ele até mesmo imprimiu dólares de Poyais na Escócia, que ele trocava por um bom preço pago pelos aventureiros dispostos a seguir viagem até a América Central. No entanto, o negócio apenas começou a florescer quando ele começou a vender cada metro quadrado da ilha imaginária. Além disso, ele pegou um empréstimo de 200.000 libras em nome do governo da ilha (trata-se de uma considerável soma ainda hoje, mas era uma quantia de dinheiro inconcebível naquela época).

Alguns também foram agraciados com posições de liderança no governo e outras altas autoridades da ilha. Um grupo de banqueiros, doutores e advogados rumaram para a América Central, no intuito de tomar posse de suas remunerações. Eles recrutaram assentadores ao ponto de encher dois navios, que alcançaram o Mar do Caribe no início de 1823 com 250 potenciais proprietários de minas e terras que naturalmente falharam para encontrar a terra prometida. Uma rebelião estourou, e epidemias e crises de fome dizimaram os assentadores, que desesperadamente buscaram o Rei Frederico Augusto I e seu povo na selva. Quando eventualmente um navio britânico aprumou seu rumo neste sentido, tomou-os a bordo e levou-os para Belize, apenas 50 dos 250 viajantes ainda estavam vivos. Assim, as notícias rapidamente chegaram até Londres, e outros cinco navios de MacGregor, que estavam aproximadamente na metade do caminho, foram forçados a retornar pela real esquadra britânica. Apenas nesse momento os "descobridores" remanescentes perceberam que tinham sido vítimas de um vigarista. Muitos deles decidiram cometer suicídio como uma forma de escapar da vergonha e da perda de todas as suas riquezas ao apostarem em uma aventura.

O escândalo alçou aos céus, mas a busca por MacGregor mostrou-se vã: ele já estava muito distante com o dinheiro. Mudou-se para a França, onde apresentou sua narrativa mais uma vez enquanto lançava continuamente guias de viagem e artigos. Todavia, o Estado Francês suspeitou de uma terra para a qual dúzias de cidadãos pretendiam ir, solicitando passaportes e autorizações de ingresso, mesmo que a existência dessa região não fosse do conhecimento de nenhuma autoridade oficial. Em essência, MacGregor tinha sido bem-sucedido em enganar pessoas durante 11 anos. Em 1839, quando eventualmente percebeu que as coisas estavam cada vez mais perigosas, ele fugiu para a Venezuela, onde foi-lhe outorgada a cidadania. Ele morreu em Caracas aos 58 anos de idade.

Ignaz Trebitsch: o camaleão

Trebitsch nasceu em Paks[3] em 1879, provindo de uma rica família mercantil. Recebeu uma excelente educação e falava muitas línguas. Aos 18 anos ele mudou-se para Budapeste e caiu de amores por uma atriz, e já se preparava para embarcar em uma carreira de ator. No entanto, seu pai era contra seus planos e enviou-o uma vez mais para ver o mundo. Dali em diante ele iniciou uma vida de aventureiro que subsequentemente deu várias voltas.

Ele mudava seu nome com frequência, além de sua identidade e até mesmo sua personalidade; ele tinha genuinamente um caráter de camaleão. Apesar de ter nascido em uma família judia, tornou-se um membro da Igreja Presbiteriana aos 19 anos de idade e recebeu o nome batismal de Timóteo. Poucos anos depois, ele deixou os presbiterianos após uma disputa por assuntos financeiros e ingressou na Igreja da Inglaterra por um salário de 25 dólares mensais. Trabalhou como um padre paroquial por um curto espaço de tempo, mas ficou livre em definitivo do "ninho de ratos em Kent" – como ele descreveu o lugar: ele "fugiu" para Londres com sua família e, tendo como objetivo pavimentar o caminho para sua prospectiva carreira política, mudou seu nome para Trebitsch, por ser mais fácil de lembrar aos ingleses, além de ter adicionado o sobrenome Lincoln. Entrou em muitos partidos políticos e movimentos, e batalhou bastante até alcançar uma alta posição em cada um deles. Suas habilidades retóricas e perspicácia foram percebidas por Winston Churchill, assim como outros notórios homens daquele tempo, que mais de uma vez apoiaram suas ambições políticas.

---

3 Paks é uma cidade localizada no centro da atual Hungria [N.T.].

Em 1907, Trebitsch se mudou para a Bélgica, onde assumiu o disfarce de um pesquisador empregado em um "escritório de pesquisas", estudando as condições miseráveis da classe operária. Entrementes, tudo leva a crer que ele agiu como um agente do Serviço Secreto Britânico de Inteligência por 3 anos. Apoiado por amigos influentes, ele iniciou uma empresa muito lucrativa, que lhe permitiu viver uma vida luxuosa onde quer que estivesse. Ele uniu-se ao serviço de inteligência da monarquia austro-húngara, situação que chegou ao conhecimento de sua contraparte britânica. Dali em diante, Trebitsch agiu como um agente duplo dos serviços de inteligência britânico e germânico, e, de tal maneira, viveu na Galícia, Romênia, Holanda e, novamente, na Inglaterra.

Para fazer mais dinheiro, ele forjou a assinatura de um antigo amigo em um título de indenização por empréstimo. A fraude foi descoberta, mas o caso não foi relatado por intervenção do Serviço de Inteligência. Em vez disso, ele obteve um trabalho no escritório de censura do Ministério Britânico da Defesa. Esse foi o trabalho no qual ele desenvolveu o plano para capturar a frota germânica. O plano foi desaprovado após um conselho de Churchill, e, dali em diante, Trebitsch-Lincoln passou a espiar para os germânicos. Quando as coisas se tornaram muito perigosas, ele viajou aos Estados Unidos, onde inicialmente engajou-se em fazer dinheiro. Ele contratou um editor americano para escrever um livro (que foi posteriormente publicado sob o título "revelações de um espião internacional"). Por requisição do governo britânico, ele foi preso em Nova York e, em seguida, foi sentenciado e cumpriu 3 anos de prisão na Inglaterra. Posteriormente, ele foi beneficiado pelo caos social da Primeira Guerra Mundial na Alemanha, Tchecoslováquia e Hungria, e alcançou um excelente padrão de vida apesar de suas aventuras políticas.

No início da década de 1920, ele já estava residindo na China, aparentemente como um enviado do Serviço de Inteligência

Americano. Ele ofereceu seus serviços ao General Wu Peifu, que era na época o mais importante aliado dos ingleses. Trebitsch foi para Veneza com um passaporte húngaro na condição de líder da delegação do General Wu, no intuito de negociar e concluir os acordos com as delegações germânicas. Ao lado de Wu, a fortuna de Trebitsch declinou quando o apoio financeiro germânico-austríaco não sacramentou o acordo que ele tinha concluído. Sentindo o declínio de sua influência, ele entrou em contato com os serviços de inteligência japonês e britânico e provavelmente deu assistência aos senhores da guerra apoiados pelo Japão e pela Grã-Bretanha para derrotar Wu Peifu.

Já no fim de sua vida, Trebitsch se tornou um monge budista sob o nome Chao Kung. Ele ainda tinha esse nome e personalidade quando morreu no Japão, aos 64 anos de idade.

Kimberly Hricko: a mulher de coração gelado

A americana Kimberly Hricko se casou com um belo colega estudante de faculdade com quem ela teve uma filha chamada Anna. Quando Kimberly conseguiu um emprego como assistente de cirurgião, suas amizades mudaram de vez: ela ficou cercada por ricos médicos que ela invejava em termos de fortuna e sucesso. Seu marido Steve, que trabalhava como um superintendente de um curso de golfe, não apreciava os novos amigos de sua esposa. Ele reclamava que ela não tinha nada em comum com esses doutores arrogantes. Essa situação produziu uma série de disputas incessantes entre os dois; Kimberly, por sua vez, desejava escapar de seu casamento, enquanto Steve devotou-se pessoalmente para manter a sua família unida. Ele chegou ao ponto de levar sua esposa para um terapeuta familiar, crente que seu casamento sobreviveria.

No entanto, Kimberly estava longe de concordar com o marido. Ela estava reclamando dele aos seus colegas há meses. Ademais, ela ofereceu diversas vezes aos colegas 50.000 dólares para que seu amado fosse tirado do caminho. Entrementes, seu marido ainda estava tentando recuperar o relacionamento, surpreendendo Kimberly no dia dos namorados com uma viagem exótica, que oferecia um fim de semana mafioso combinado com uma peça de assassinato misterioso. Conforme o enredo do jogo, o champanhe do noivo tinha sido envenenado. Kimberly ficou inspirada pelo jogo e envenenou a bebida de seu marido, que o matou. Para cobrir seus traços, ela ateou fogo ao quarto do hotel, correndo e chorando que seu quarto estava em chamas. A polícia encontrou o corpo do homem antes que a cena do crime queimasse até as cinzas. Quando a esposa foi informada do caso, ela chorou histericamente e ficou totalmente chateada. Ela contou aos policiais que Steve tinha bebido muito aquela noite e que eles tiveram uma briga, de forma que ela deixou o quarto. Inicialmente a polícia não tinha razões para duvidar da narrativa. Todavia, nos dias seguintes, verificou-se que havia apenas uma quantidade pequena de álcool no sangue de Steve, e nenhum traço de inalação de fumaça foi encontrado. Quando um dos amigos de Kimberly contou aos policiais que ela tinha planos para terminar o casamento durante um tempo, e que ela até mesmo elaborou planos para livrar-se do marido, a polícia providenciou a sua prisão. Logo ficou claro que Kimberly também havia preparado outras formas para se livrar do marido. Pouco antes, ela tinha persuadido seu marido a dobrar o valor de seu seguro de vida; a polícia também descobriu que ela estava tendo um caso com um homem 10 anos mais jovem do que ela.

Outros amigos de Kimberly também testemunharam contra ela, o que a provocou a insultá-los duramente, além de fazer gestos obscenos direcionados a eles na corte. O júri teve a impressão que a mulher se sentiu "sobrecarregada" pelos ritos do divórcio e, em vez disso, ela preferiu ficar livre do marido. A corte sentenciou Kimberly à prisão por 30 anos.

1
O que é um maquiavélico

As histórias previamente mencionadas são apenas as pontas do *iceberg*. Todos conhecemos indivíduos maquiavélicos, mesmo que não os reconheçamos. Alguns podem desconhecer que essas pessoas são geralmente desejosas de pescar em águas turbulentas, e que enganar e manipular outras pessoas são características essenciais de seu caráter. Elas fazem isso de modo a tirar vantagem dos outros para seu próprio proveito. Portanto, eu descrevo um maquiavélico como alguém que usa os outros como meios para alcançar seus próprios objetivos.

O termo "maquiavelismo" tem origem no nome do escritor renascentista Nicolau Maquiavel, que forneceu uma detalhada discussão das táticas que um governante deve seguir para ganhar e manter o poder (box 1.1) em sua obra intitulada *O príncipe*. Essencialmente, ele descreveu os caminhos de um governo sóbrio e desprovido de emoções. Maquiavel sugere que há duas alternativas possíveis: uma é pacífica e legítima, enquanto a outra é baseada na força. Se a primeira falhar, a pessoa terá que recorrer à segunda. Assim, o governante sábio não deve assumir promessas que são contra os seus interesses. Naturalmente, ele não deveria ser compelido a mentir e enganar os outros se as pessoas fossem boas, mas elas não são. Pelo contrário:

elas são malévolas e traidoras, de maneira que o governante não precisa manter a sua palavra. Seja qual for o caso, o príncipe sempre encontra uma oportunidade para colocar sua falta de sinceridade sob uma luz favorável. "Mas é necessário [...] ser um grande fingido e dissimulador; e os homens são tão simples e tão sujeitos às necessidades presentes que, aquele que busca enganar, sempre encontrará alguém que permitirá ser enganado."

Maquiavel sempre inicia com uma minuciosa observação dos fatos, isto é, eventos da história política e militar, quando explica o que um governante deve fazer para governar um Estado com sucesso. Ele acreditava que os governantes deveriam manter, se possível, os princípios éticos geralmente aceitos, mas eles não deveriam hesitar ao empregar a astúcia e a mentira se a manutenção de seu poder estivesse em jogo. Desse modo, por exemplo e se possível, o homicídio deveria ser evitado simplesmente porque ele resulta em reações emocionais incontroláveis, campanhas de vingança e retaliações; a gentileza fingida ou as lisonjas poderiam atrair mais partidários. É igualmente verdadeiro, de maneira geral, que um governante deveria se apresentar como um ser bom e *parecer* ser gracioso, leal, humano, sincero e religioso. Naturalmente, ele deveria seguir essas cinco virtudes conforme cada ocasião, mas deveria estar sempre preparado para fazer o contrário, se fosse necessário. Maquiavel acrescentou que "todo mundo vê o que você parece ser, mas poucos realmente sabem o que você é". "Por esta razão, deixe que um príncipe obtenha o crédito por conquistar e manter seu Estado, e os meios sempre serão considerados honestos, e ele será louvado por todos; porque os vulgares são sempre tomados pela aparência das coisas e pelo que decorre disso."

Não é um acidente que o maquiavelismo tenha sido incluído há muito tempo no vocabulário da Filosofia Política. O conceito foi usado em relação aos líderes políticos que ascenderam até altas posições graças ao seu caráter despótico e autoritário.

Box 1.1 Nicolau Maquiavel

Maquiavel nasceu em uma rica família de cidadãos florentinos. Ele seguiu os passos de seu pai ao estudar Direito e, em seguida, ao trabalhar como advogado. Neste período, ele lia muito, e rapidamente se tornou tão educado que isso fez dele um conselheiro reconhecido e apreciado em vários assuntos. Quando atingiu os 29 anos de idade, foi nomeado secretário do Conselho dos Dez, e assim se tornou um dos mais influentes cidadãos de Florença. Durante seus 14 anos no posto, visitou as cortes dos príncipes italianos e viu os reis da França várias vezes, além de ter se apresentado diante do sacro imperador romano e do papa. Nesse ínterim, ele escreveu muitos livros sobre assuntos militares e sobre as eventualidades e consequências das guerras.

Florença enfrentava tempos sinistros e mutantes. A Itália estava dividida na luta selvagem entre o Rei Luís XII e o Papa Alexandre VI; a rivalidade entre os Medicis, os Sforzas e os Bórgias tornaram-se permanentes. Maquiavel tomou parte nessas lutas não apenas como um líder de negociações diplomáticas, mas assumindo uma parte ativa no estabelecimento do exército florentino. Não parece surpreendente que, após a captura da cidade, ele tenha sido aprisionado e, ato contínuo, acusado de muitas maquinações políticas. Em meados de seus 40 anos, preferiu abandonar o posto e retornou para sua residência próxima. No entanto, ele continuou a ser regularmente convidado pelos governantes da Itália, que pediam seus conselhos e ideias dignas de nota para realizarem seus sonhos de poder. Entre outros, ele inicialmente forneceu conselhos úteis aos Bórgias e César Bórgia. Sem sombra de dúvidas, o caráter do filho ilegítimo do Papa Alexandre VI encantou Maquiavel. César foi um cruel, porém brilhante comandante militar. Seu desejo de unificar a Itália tornou-se o objetivo primeiro de Maquiavel.

Provavelmente César Bórgia ofereceu o modelo de governante ideal para Maquiavel, conforme foi descrito em seu mais notável trabalho, *O príncipe*. O trabalho versa sobre a liderança política, a obtenção e a manutenção do poder, assim como das relações entre o governante e seus súditos. Maquiavel sugere que as ações executadas com base nos interesses do Estado são governadas pela praticabilidade, utilidade e racionalidade, sendo, de certo modo, independente da razão ética. Tal atividade não está relacionada com a justiça (que é o dever da corte), nem com a bondade (que é o domínio da religião) e, por fim, também não está relacionada com a beleza (que é o objeto das artes).

Maquiavel foi um homem verdadeiramente renascentista: além de estudos sobre a política, a ciência militar e a diplomacia, ele escreveu trabalhos históricos (sobre o Império Romano e Florença) e até mesmo ensaiou a poesia e prosa em italiano, um diferencial em um tempo em que a maioria dos autores escrevia em latim. Ele também escreveu peças, entre as quais a mais notável é a comédia *A mandrágora*. A peça tem demonstrado seu vigor diante da prova do tempo, uma vez que ainda é encenada pelo mundo afora. Até mesmo em sua própria época, Maquiavel tornou-se uma figura bem conhecida nas vidas intelectual e política italiana, ainda que tenha morrido sozinho em sua residência aos 58 anos de idade.

Os pesquisadores americanos Richard Christie e Florence Geis foram os primeiros a aproximar o maquiavelismo da perspectiva psicológica, descrevendo-o como um traço de personalidade, ou seja, como uma atitude para com o mundo e como um comportamento. Em primeiro lugar, eles reconheceram que o maquiavelismo não é uma característica apenas de líderes; em segundo lugar, ela não implica uma personalidade autoritária; terceiro, ela não deve ser lembrada como um mero fenômeno psicopatológico. Pelo contrário: todas as pessoas ordinárias podem exibir certo nível de pensamento maquiavélico. Cada indivíduo, independentemente de seu ambiente social e ocupação, é mais ou menos propenso a dissimular e enganar os demais diante de certas circunstâncias. Os dois autores publicaram um livro em 1970 (*Studies in Machiavellianism* [Estudos sobre o maquiavelismo]) no qual apresentaram um quantitativo grande de estudos empíricos e conceitos teóricos. Esse volume ainda é tomado como um trabalho crucialmente importante no campo, e é usado por pesquisadores contemporâneos com uma espécie de ponto de partida (box 1.2).

Christie, Geis e sua geração de psicólogos delineou o perfil de personalidade denominado como maquiavélico. Ele inclui essencialmente cinco características principais: manipulação, amoralidade, cinismo, frieza emocional e falta de empatia. Eles merecem uma discussão mais detalhada, e, por conta disso, nós iremos nos basear também nas mais recentes pesquisas do tema.

Box 1.2 Teste Mach-IV

O teste consiste em 20 itens. Metade deles são afirmações negativas adotadas da obra original de Maquiavel, enquanto outros 10 itens são afirmações positivas adicionadas pelos autores. Os respondentes do questionário encontram sete números abaixo de cada afirmação. Eles são instruídos a marcar o número que indica sua concordância com cada uma delas (de maneira que 1 implica "discorda completamente" e 7 "concorda completamente"). Os itens de pontuação reversa são: 3, 4, 6, 7, 9, 10, 11, 14, 16 e 17.

1) Nunca diga a ninguém a verdadeira razão de você ter feito algo, a menos que seja útil fazê-lo.
2) A melhor maneira de lidar com as pessoas é dizer a elas o que elas querem ouvir.
3) Um indivíduo deve adotar uma ação apenas quando está certo de que ela é moralmente correta.
4) A maioria das pessoas é basicamente boa e gentil.

5) É mais seguro assumir que todas as pessoas têm uma faixa de vício, e que ele irá se mostrar quando aparecer uma chance.
6) A honestidade é a melhor política em todas as circunstâncias.
7) Não há desculpas ao mentir para outra pessoa.
8) De maneira geral, as pessoas não trabalham duro, a menos que sejam forçadas a fazê-lo.
9) De maneira geral, é melhor ser humilde e correto do que ser importante e desonesto.
10) Quando você pede a alguém para fazer algo por você, é melhor dar as razões reais para que seja feito do que ao oferecer razões que têm mais peso.
11) A maioria das pessoas segue suas vidas no mundo de forma limpa e moral.
12) Qualquer pessoa que confie plenamente em outra pessoa está em busca de problemas.
13) A maior diferença entre a maioria dos criminosos e as demais pessoas é que os criminosos são estúpidos o suficiente para serem pegos.
14) A maioria dos homens é corajosa.
15) É prudente elogiar pessoas importantes.
16) É possível ser bom em todos os aspectos.
17) Barnum estava errado quando disse que um idiota nasce a cada minuto.
18) É difícil seguir adiante sem tomar atalhos aqui e ali.
19) Pessoas que sofrem de doenças incuráveis deveriam ter a escolha de serem colocadas para morrer de modo indolor.
20) A maioria dos homens esquece mais facilmente a morte de seu pai do que a perda de sua propriedade.

1 Manipulação

Em primeiro lugar e acima de tudo, os maquiavélicos são manipuladores: eles usam, ludibriam e prejudicam os outros. Sempre tomam e até mesmo buscam a oportunidade de se beneficiarem enganando os outros (SUTTON & KEOGH, 2000). São altamente insensíveis, egoístas e malévolos em seus relacionamentos, e não é surpreendente que os líderes maquiavélicos pareçam ter tido efeitos prejudiciais sobre o sucesso na carreira e no bem-estar de seus empregados (VOLMER; KOCH & GÖRITZ, 2016). Simultaneamente, os maquiavélicos são cuidadosos: eles apenas escolhem pescar em águas perigosas quando sabem que há uma chance reduzida de serem expostos. Acima de tudo, justificam suas ações com base em algum motivo racional, muitas das vezes afirmando que outros fariam o mesmo se estivessem em seu lugar. Eles empregam uma ampla variedade de meios para enganar os outros: podem elogiar, ser invasivos ou fingir cooperação e compreensão conforme a situação.

No entanto, nessa questão, é preciso distinguir os maquiavélicos dos psicopatas, que incorporam um lado ainda mais negro da natureza humana. Ambos são caracterizados pela indiferença em relação aos outros, considerando que os psicopatas não sofrem de crises de consciência. Maquiavélicos não são tão hostis e agressivos, mas mais táticos em seus relacionamentos (JONES & PAULHUS, 2009). Este tópico será discutido em detalhes no capítulo 4.

Um segredo do sucesso dos maquiavélicos está nas diversas táticas que eles usam para ludibriar os outros. Em um experimento inicial de psicologia social, indivíduos completaram uma série de tarefas (eles tinham que encontrar figuras escondidas em uma imagem), enquanto um indivíduo responsável pela experiência mensurava o tempo necessário para completá-las (GEIS; CHRISTIE & NELSON, 1970). No entanto, os indivíduos temporariamente assumiam o papel do responsável pela experiência e apresentavam aos próximos participantes o mesmo teste que eles tinham completado pouco antes. Quando um indivíduo terminava, o responsável pelo experimento vinha e pedia a eles que tentassem atrapalhar outro indivíduo que ainda estivesse trabalhando na tarefa, seja distraindo sua atenção, seja confundindo sua mente, o que provavelmente poderia atrasar a conclusão da tarefa. Porém, competia aos indivíduos decidir de quais meios eles lançariam mão para produzir a perturbação. Portanto, eles estavam praticamente livres para empregar qualquer tática, truque ou atividade capaz de produzir o efeito desejado. Os participantes acreditavam que o objetivo do experimento era estudar o efeito do poder das relações interpessoais quanto à recompensa e punição. O comportamento dos indivíduos foi observado, gravado em vídeo e anotado por observadores que se encontravam atrás de um espelho-espião; em seguida, os dados obtidos foram estatisticamente processados.

Os resultados revelaram que indivíduos com os maiores resultados na Escala Mach empregaram uma quantidade maior, mais diversa e técnicas de influência mais efetivas quando comparados aos demais indivíduos. Eles frequentemente mentiam, informando aos outros indivíduos regras falsas ou distorcidas para completar a tarefa. As mentiras também incluíam julgar questões incorretas como sendo corretas e reter informações importantes, assim como na proposição de questões e afirmações irrelevantes ou confusas. (P. ex., "a propósito, qual *camping* você frequentou no último verão?") Ademais, eles frequentemente empregaram vários meios de engano e distração: assoviaram, murmuraram, suspiraram com frequência, batiam com as canetas sobre a mesa e constantemente rearranjavam coisas sobre a mesa. De acordo com os autores, maquiavélicos foram discernidos não apenas pela intensidade e frequência da influência, mas também ao usar tais técnicas de formas fora do comum e inovadoras.

Obviamente, também importava saber sob quais circunstâncias eles usavam essas técnicas. Christie e Geis (1970) sugerem três tipos de situação onde maquiavélicos provaram efetividade e sucesso particulares ao superar os demais: 1) em um relacionamento íntimo com a "vítima"; 2) em um ambiente social ou instituição menos estruturado e menos regulado (p. ex., em um ambiente de trabalho) que oferece amplas oportunidades para descobrir táticas incomuns; 3) com parceiros que estão absorvidos ou ocupados pelas suas emoções.

A manipulação tem uma conexão multifacetada com a mentira. Os maquiavélicos frequentemente mentem e eles mentem convincentemente e efetivamente (box 1.3). Um estudo recente pretendia verificar a propensão dos participantes a mentir (AZIZLI et al., 2016). A extensão na qual esses indivíduos envolviam-se em logros de altos riscos foi mensurada em questionários diversos. Em um deles, os participantes foram compelidos a responder itens gerais sobre seus comportamentos típicos de mentira. (P. ex., "você mente com qual frequência?") O segundo questionário avaliava quantos participantes aprovavam ou desaprovavam narrativas descritas em dois cenários distintos. Um deles apresentava uma situação hipotética e importante quanto a um relacionamento, no qual o participante sairia para um café com um(a) ex-parceiro(a) sem o conhecimento do(a) parceiro(a) atual. No outro cenário, a situação hipotética era de natureza acadêmica e descrevia o plágio (empreendido pelo participante) de uma tarefa realizada por um amigo. Em primeiro lugar, os maquiavélicos correlacionaram de maneira intensa com todos os tipos de logro. Ademais, os maquiavélicos envolveram-se em logros de tão alto risco e em tamanha medida que chegaram até mesmo a exceder a propensão dos psicopatas para mentir.

Box 1.3 Mentiras

Em um estudo, indivíduos com altos níveis na Escala Mach informaram que mentiam com frequência, sobretudo quando isso promovia sua riqueza, *status* social ou prestígio (BAUGHMAN et al., 2014). Concordantemente, outros estudos descobriram que os maquiavélicos estavam mais dispostos a mentir quando isso ajudava-os na obtenção de benefícios (McLEOD & GENEREUX, 2008). Assim, por exemplo, os maquiavélicos, quando comparados com outros indivíduos, consideravam o papel do personagem principal da história a seguir, de um ponto de vista pessoal, como mais aceitável e aplicável:

> Sean acidentalmente bateu em um carro estacionado. Como ele estava saindo, o proprietário do veículo chegou e perguntou a Sean se ele viu quem danificou seu carro. Para evitar pagar pelo dano, Sean mentiu e disse que ele não fazia ideia de quem tinha feito isso.

Em um cenário interativo e experimental, indivíduos inicialmente completaram o Teste Mach-IV e, em seguida, informaram seu estado emocional em outro teste que listava palavras e frases relacionadas às emoções (MURPHY, 2012). Ato contínuo, eles tinham que resolver um teste que compreendia dez questões, e cada resposta correta foi recompensada com uma soma em dinheiro. Em seguida, ocorreu uma mudança no cenário: antes de os participantes serem informados sobre qual era a resposta correta, a tela do computador mostrava o valor da recompensa, e cada participante tinha que informar verbalmente o valor ao proponente do experimento (que não podia ver a tela). O estudo revelou que os indivíduos com altos índices na Escala Mach, quando contrapostos aos indivíduos com índices mais baixos, eram mais propensos a enganar o responsável pelo experimento informando somas falsas – naturalmente, aumentando o valor. Ademais, indivíduos com índices mais altos na Escala Mach sentiam menos culpa e remorso. Esse aspecto ficou refletido em uma segunda medida de seu estado emocional, que indicava mudanças insignificantes, isto é, que eles não se mostraram particularmente tensos ou ansiosos.

Porém, seria um erro pensar que maquiavélicos são mentirosos brandos, contando mentiras o tempo inteiro. Pelo contrário: eles não consideram mentir como uma tática compulsória ou inevitável, mas consideram tal ação necessária para ser usada em um mundo onde os outros não são dignos de confiança (GEIS & MOON, 1981). O fato de considerarem os demais indignos de confiança deriva, em primeiro lugar, de sua própria malevolência. Seja como for, eles escolhem mentir quando percebem que a verdade não seria efetiva. Em suma, os maquiavélicos tentam parecer sinceros, enquanto os não maquiavélicos consideram a sinceridade importante por si só.

2 Amoralidade

Os maquiavélicos estão inclinados a comportarem-se de maneira aética; eles podem facilmente manter um afastamento pessoal das percepções morais. Eles sempre perseguem seu próprio interesse e não são particularmente detidos por proibições morais. Eles ficam chateados quando encaram o fracasso em vez da injustiça, isto é, quando não conseguem influenciar os outros. Eles muitas vezes provocam os outros, testando continuamente quais são os limites de seus relacionamentos (GUNNTHORSDOTTIR et al., 2002). Quando sentem fraqueza ou leniência nos outros, eles lançam um ataque sem qualquer hesitação e estão particularmente dispostos a quebrar normas éticas quando esperam algum tipo de ganho material (WOODLEY & ALLEN, 2014). Geralmente, não estão interessados em normas atreladas com princípios como a justiça, a reciprocidade e a responsabilidade; de fato, eles creem não estarem atados a tais normas, e, simultaneamente, acreditam que não são tão diferentes dos demais, uma vez que os demais também desrespeitam os princípios éticos, apesar de eles, de maneira hipócrita, atestarem o contrário. Conforme Christie e Geis (1970), uma das características mais importantes dos maquiavélicos é resistir às expectativas sociais, não deixando que as regras e princípios comunitários imprimam influências sobre eles – e é exatamente isso que os torna manipuladores bem-sucedidos.

Um experimento "clássico" da psicologia social demonstra como eles estão pouco preocupados com os padrões éticos e as normas convencionais (HARRELL & HARTNAGEL, 1976). No estudo, indivíduos completavam primeiro um conjunto de testes e, em seguida, tinham que resolver várias tarefas para obter recompensas monetárias. Eles resolviam as tarefas em pares: cada par consistia de uma pessoa a ser estudada, além de um confederado dos experimentadores (doravante referido como "parceiro"). O autor do experimento dizia que, diferentemente do confederado, o indivíduo submetido ao estudo tinha duas maneiras de fazer dinheiro: ele poderia obtê-lo apenas para si mesmo, ao pressionar seu botão, ou ele poderia obtê-lo também para o confederado, ao pressionar outro botão. Quando isso ocorria, o valor recebido pelo confederado deveria ser direcionado para o contador do indivíduo estudado. Por outro lado, os parceiros dos indivíduos submetidos ao experimento dispunham de opções mais limitadas: eles também poderiam acessar seu próprio dinheiro ao pressionar um botão, mas não tinham chances de receber os valores dos indivíduos submetidos ao experimento. Assim, os responsáveis pelo experimento informavam aos experimentados que, uma vez que seus parceiros sofriam uma óbvia desvantagem (sendo incapazes de acessar os valores dos experimentados), o princípio da equidade requeria que a eles fosse dada a oportunidade de inspecionar periodicamente os experimentados para verificar se eles roubaram ou não. Produziam-se assim dois cenários alternativos: em um caso, os parceiros publicamente julgavam que alguns indivíduos submetidos ao experimento pareciam ser honestos e concluíam que checar seus atos era uma ação desnecessária (condição de confiança). Em um cenário alternativo, por outro lado, os parceiros declaravam que eles não confiavam nos experimentados e que muito provavelmente roubariam, a menos que eles mantivessem um olhar vigilante (condição de suspeição).

Indivíduos com altos índices na Escala Mach eram mais propensos do que os indivíduos com baixos índices a causar perdas aos seus parceiros em *condições de confiança*. Assim, eles roubavam daqueles que tinham previamente demonstrado confiança para com eles. Obviamente, eles estavam despreocupados com as normas convencionais. Isso também reflete o fato de nunca terem pedido a aprovação dos parceiros em troca da chance de fazerem mais dinheiro e gozarem de uma vantagem competitiva; eles não estavam particularmente preocupados sobre como os outros julgavam suas ações. Por sua vez, indivíduos com baixos índices na Escala Mach não roubaram em condições de confiança: eles escolhiam resignarem-se a um ganho material substantivo em vez de violarem as normas de justiça e responsabilidade. Aparentemente, eles relacionaram essas normas à aceitação dos outros, que é usualmente acompanhada pelo aumento de autoestima.

Box 1.4 Os maquiavélicos são maus?

Os estudos mais recentes confirmam que maquiavélicos têm uma atitude mais relaxada quanto aos princípios éticos e que se sentem menos presos a padrões morais do que "pessoas comuns". Estudantes de universidades americanas foram perguntados sobre a importância que eles atribuíam aos valores morais (JONASON et al., 2014). Cinco desses valores foram apresentados no estudo: Dano (com relação a gentileza, delicadeza, cuidado); Equanimidade (justiça, direitos, autonomia); Coletividade (lealdade, patriotismo, autossacrifício); Autoridade (deferência diante de uma autoridade legítima e respeito pela tradição); e Pureza (psicologia do desgosto e contaminação). Além de responderem questões sobre esses valores, os indivíduos examinados tinham que especificar a quantidade de dinheiro necessária para que se envolvessem em diferentes ações vistas como imorais ou consideradas tabu. Por exemplo, eles tinham que imaginar uma conduta, tal como "chutar um cachorro na cabeça, com força". Os indivíduos estimaram sua propensão em uma escala de oito pontos. Uma extremidade da escala representava a resposta "Eu faria isso por nada"; a outra extremidade, por sua vez, era "Jamais, por quantia nenhuma". As alternativas de resposta entre as duas extremidades indicavam somas específicas, isto é, 10, 100, 1.000 ou até mesmo mais dinheiro, importância pela qual os indivíduos cometeriam os malfeitos em questão. Os autores encontraram um relacionamento negativo entre os índices dos indivíduos na Escala Mach e o nível de importância que eles atribuíam aos valores Dano, Equidade, Coletividade e Autoridade. Esses resultados foram muito similares àqueles obtidos por psicopatas, mas foram muito diferentes daqueles alcançados por narcisistas (que não demonstraram um relacionamento significativo com qualquer uma das atitudes morais mencionadas).

Os maquiavélicos são ruins? Pensar assim pode ser um exagero. Usualmente eles não prejudicam os demais pelo prazer de causar algum prejuízo e não encontram prazer no sofrimento alheio, diferentemente dos psicopatas. Maquiavélicos agem racionalmente: eles usam os outros para tirar vantagem deles em vez de prejudicá-los pelo prazer de fazê-lo (apesar de, algumas vezes, esse possa ser o caso). O fim justifica os meios (benefícios podem ser alcançados ao enganar outrem), enquanto os meios não justificam os fins (benefícios não são obtidos de maneira a enganar outrem).

Maquiavélicos são amorais em vez de imorais. No entanto, a amoralidade em si também demonstra uma ampla variação entre os indivíduos maquiavélicos: alguns deles não estão preocupados, em última instância, com princípios éticos ou normas. Outros estão claramente cientes da importância de padrões morais, ainda que não considerem importante serem governados por eles na vida cotidiana. Por fim, alguns sentem culpa ao prejudicar os outros, mas não veem a razão de escolher não serem os vencedores quando outras condutas éticas também servem apenas como um disfarce hipócrita para se esconder atrás. Nós ainda sabemos pouco sobre as diferenças individuais no pensamento e conduta dos maquiavélicos, mas as descobertas alcançadas por vários estudos – e também em nossa experiência de vida cotidiana – sugerem uma grande diversidade neste grupo de pessoas usualmente apelidado como maquiavélicos.

3 Cinismo

À luz das afirmações prévias, não parece surpreendente que maquiavélicos sejam caracterizados por um profundo cinismo. Eles não acreditam no que os outros dizem e não consideram as outras pessoas em termos positivos (PILCH, 2008). Pelo contrário: eles constantemente atribuem traços negativos às pessoas, assumindo que elas são criaturas hipócritas, mentirosas e malévolas. Em um experimento, grupos de indivíduos jogaram um jogo no qual eles tinham que ranquear várias coisas conforme a importância (RAUTHMANN, 2011). Os membros do grupo tinham a oportunidade de fazer associações durante o jogo e, finalmente, eles preenchiam um questionário sobre a personalidade e a inteligência de seus parceiros. Os maquiavélicos usualmente estimavam os traços de personalidade dos outros com valores baixos, tais como Cuidado (coração gentil, gentileza, amabilidade), Gregarismo (risonho, amigável, extrovertido) e Aberto (não convencional, pensamento abstrato, individualista). Similarmente, eles estimavam a inteligência dos membros do grupo com índices baixos, e julgavam que eles demonstravam um baixo rendimento e pouca comunicação em grupo.

Um padrão central da visão de mundo maquiavélica é a desconfiança. Os maquiavélicos mantêm uma constante suspeita em relação aos outros, de quem eles esperam a insinceridade (GEIS & CHRISTIE, 1970). Eles acreditam que os outros fariam o mesmo com eles assim como eles fazem aos demais, isto é, que os outros iriam enganá-los na primeira oportunidade dada. Em sua própria perspectiva, os maquiavélicos agem de uma maneira preventiva: eles enganam os outros antes que os outros façam isso com eles (McILLWAIN, 2003). A rigor, esta é a perspectiva na qual a insensibilidade é melhor compreendida: "Por que eu devo ser atencioso e generoso se os outros não são?" Ademais, eles acreditam que é exatamente esse falso autoconhecimento dos outros que os fazem vulneráveis, uma vez que eles não são tão sinceros e benevolentes quanto eles supõem que são. A discrepância subjaz nas atitudes das pessoas e as ações que as tornam fracas, e essa fraqueza é digna de ser explorada para obter vantagens. Por outro lado, os maquiavélicos estão convencidos que são honestos com eles mesmos, e eles estão cientes de sua falta de preocupação em fazer algo errado com os demais. Na verdade, esse pode ser o caso; as crenças autoenganosas, tal como pensar que eles são boas pessoas, podem, na verdade, diminuir suas chances de enganar os outros.

McIllwain (2003) sugere que maquiavélicos usam seu cinismo para criar certo tipo de desequilíbrio de poder entre eles e suas potenciais vítimas. Eles não estão preocupados se os outros têm pesos iguais em uma negociação com eles. Eles se sentem superiores aos outros uma vez que eles estão convencidos de dispor de um verdadeiro conhecimento das condutas dos outros, diferentemente das crenças dos outros neles mesmos. Eles pensam que as pessoas são dirigidas mais por forças externas do que internas. Por essa razão, pessoas ordinárias são incapazes de dominarem suas condutas e controlarem suas vidas. Este é o ponto onde os maquiavélicos entram em ação e, como outra força externa, eles assumem o controle dos pensamentos e ações dos outros. Nesse ponto, os maquiavélicos se colocam no papel de cientistas sociais ingênuos da vida cotidiana, que acreditam piamente que eles sabem mais das pessoas do que os outros indivíduos. Ademais, eles vão além do escopo teórico e voltam seu conhecimento para a prática para obter benefícios. Posteriormente, neste mesmo volume, nós voltaremos às questões de como eles realmente alcançam vislumbres dos pensamentos e ações das pessoas.

Box 1.5 Suspeição quanto aos personagens da história

O cinismo dos maquiavélicos passou por profundo escrutínio em um experimento (SZABO; JONES & BERECZKEI, 2015) no qual os indivíduos foram expostos a histórias sobre casos de logro deliberado (cf. boxes 9.2 e 9.4). Tais casos incluíam denegrir alguém que estava em um relacionamento romântico por inveja dele(a), livrar-se de um indesejado, porém devoto "amigo(a)", caluniar um rival em uma competição para ser o melhor aluno da classe etc. Após cada história, os indivíduos escrutinados foram apresentados a um conjunto de afirmações pareadas a partir da qual eles tinham que escolher uma, conforme sua interpretação da história. Suas seleções revelaram quão adequadamente eles entenderam cada uma delas. Algumas das afirmações pareadas tinham como preocupação determinar como os indivíduos escrutinados tomavam os personagens nas histórias como responsáveis pelas suas más ações, e se eles estavam propensos a perdoar o manipulador do logro. Por exemplo, um par de afirmações relacionava a história apresentada no box 9.2, conforme os parâmetros a seguir:

A) "A namorada de Andrew mentiu para ele no intuito de apresentar seus amigos sob uma luz desfavorável."

B) "A namorada de Andrew não pretendia mentir para ele; ela só não lembrava exatamente o que os amigos de Andrew disseram."

Em suma, uma dessas afirmações pareadas reflete uma atitude sincera para com o protagonista (B), enquanto a outra afirmação representa uma visão suspeitosa (A), conquanto ambas possam ser aceitas como válidas conforme a história apresentada. Os resultados não produziram nenhuma surpresa: os indivíduos com altos índices na Escala Mach escolhiam mais frequentemente as afirmações que expressavam uma visão suspeita dos personagens. Eles estavam propensos a reconhecer a malevolência na conduta dos personagens, rejeitando a possibilidade de logro não intencional. Maquiavélicos raramente viam a conduta alheia como benevolente, mesmo se a situação os levasse a isso. Pelo contrário: eles assumem uma posição cínica e, na maioria das vezes, nem mesmo consideram a possibilidade de que os outros não têm intenções negativas.

4 Frieza

Os maquiavélicos são caracterizados pela atitude reservada, sangue-frio e postura indiferente. Eles se separam dos aspectos emocionais das situações, não se preocupando com os sentimentos alheios e, a rigor, adotam uma perspectiva racional sobre as coisas e pessoas. Eles são orientados aos objetivos em vez de orientados às pessoas, focando em seus próprios interesses e ignorando os interesses alheios (CHRISTIE & GEIS, 1970; HAWLEY, 2006).

Sua falta de envolvimento emocional é frequentemente acompanhada por certo tipo de orientação cognitiva: os maquiavélicos pensam racionalmente e consideram as possibilidades a partir de uma mentalidade fria (PILCH, 2008). Tendo em vista essa aproximação, eles são capazes de controlar uma dada situação; eles focam em suas metas acima de tudo, analisam a informação recém-chegada, intencionalmente escolhem opções e tentam optar por uma estratégia com a qual eles ganharão benefícios. Entrementes, eles não se permitem ser distraídos pela presença dos outros ou por suas próprias emoções. Sua falta de dúvidas, tal como uma concentração em metas pessoais, fornecem a eles imensas vantagens sobre os outros quanto ao ganho de bens materiais e posições favoráveis. Por outro lado, indivíduos com baixos índices na Escala Mach estão muito mais preocupados com sua rede pessoal de relacionamentos e com as normas morais, o que os torna sempre vulneráveis. Usualmente eles não estão dispostos a agir conforme o princípio de que "os fins justificam os meios"; igualmente, eles nem sempre estão atentos para as intenções dos manipuladores.

O desapego emocional dos maquiavélicos e seu pensamento racional estão bem refletidos no experimento a seguir (COOPER & PETERSON, 1980). Indivíduos examinados jogaram o muito conhecido jogo no qual eles tinham que combinar letras para formar palavras conforme regras específicas. Eles foram informados também que cada jogador deveria apostar a maior quantidade de pontos possível. Eles também foram informados que o placar médio em partidas prévias era de 26,5 pontos. Duas condições alternativas foram comparadas neste experimento: em uma delas, os indivíduos não tinham chance de trapacear porque o responsável pelo experimento supervisionava o jogo e contava os placares; no entanto, na outra condição, os indivíduos tinham chance de trapacear porque o responsável pelo experimento saía da cena após instruir os participantes a contarem seus próprios placares. Assim, os indivíduos tiveram muitas oportunidades de trapacear; incluem-se nelas a ultrapassagem do limite de tempo, a computação de palavras sem significado ou o aumento arbitrário dos placares.

O padrão do experimento foi ainda mais variado noutro aspecto. Em uma condição, os indivíduos jogaram sozinhos na sala e tentaram exceder os placares alcançados em partidas anteriores ("competição impessoal"). Na outra condição, os indivíduos jogaram em pares e tentavam derrotar seus parceiros ("competição pessoal"). Os resultados revelaram que indivíduos com baixos índices na Escala Mach raramente trapaceavam em competições impessoais, mesmo quando eles tinham a oportunidade. Por outro lado, essa foi a condição na qual indivíduos com altos índices frequentemente trapaceavam, uma vez que eles consideravam ser uma situação de menor risco. Porém, na condição de competição pessoal, eles não quebravam as regras, uma vez que a presença de seus parceiros impunha um alto risco de exposição. Os indivíduos com baixos índices na Escala Mach, quando posicionados em oposição aos indivíduos com altos índices, estavam mais propensos a trapacear nessa condição, algo que causou muita surpresa. A provável explicação é que a competição pessoal com objetivo de vitória contra um parceiro suscita intensas emoções. Tais emoções, sendo relacionadas ao ato de derrotar o parceiro, alcançar a vitória, a glória da vitória, além da ansiedade relacionada, frequentemente faz as pessoas esquecerem a importância de considerações racionais. Alguns podem até mesmo irem longe demais, irregularmente alocando pontos extras para eles mesmos.

Isso é exatamente o que maquiavélicos não fazem. Eles sempre mantêm suas emoções sob controle e não deixam sentimentos positivos ou negativos governarem suas ações. Previamente nós expressamos essa ideia ao perceber que os maquiavélicos se desligam do calor emocional da situação e tentam agir com uma mentalidade fria. No experimento descrito acima, eles consideraram que situação envolvia o menor risco de ser detectado, escolhendo aquela na qual eles jogavam sozinhos *e* quando o experimentador deixava a cena, trapaceando somente quando a situação envolvia estas duas condições.

5 Falta de empatia

Todos os atributos discutidos acima estão profundamente relacionados com a falta de empatia. Essa é uma das características maquiavélicas mais importantes, se não for *a* mais importante. É muito provável que eles sejam incapazes de se colocar no lugar dos outros, isto é, eles não conseguem ter empatia emocional com as outras pessoas. Numerosos estudos têm demonstrado que, diferentemente de outras pessoas, os maquiavélicos apresentam habilidades menores de sintonizar-se com a alegria, dor e desapontamento daqueles ao seu redor. Um relacionamento forte e negativo foi encontrado entre o maquiavelismo e o placar de empatia, independentemente do teste específico que for usado para medir essa habilidade (ANDREW; COOKE & MUNCER, 2008; WAI & TILIOPOULOS, 2012; AL AIN et al., 2013; JONASON & KRAUSE, 2013).

Box 1.6 Uma medida de empatia: excertos do autoquestionário de Baron-Cohen, item 60 (BARON-COHEN; RICHLER & BISARYA, 2003)

Os respondentes mensuram cada item conforme o quanto eles concordam e discordam com ele. Quatro alternativas de respostas são oferecidas:

A) Concordo veementemente.
B) Concordo levemente.
C) Discordo levemente.
D) Discordo veementemente.

- Eu posso facilmente dizer se alguém deseja começar uma conversa.
- Eu frequentemente encontro dificuldades para julgar se alguém é rude ou polido.
- Eu consigo perceber rapidamente se alguém diz algo que significa outra coisa.

- Eu facilmente consigo me colocar no lugar das pessoas.
- Eu sou hábil em perceber quando alguém em um grupo está se sentindo estranho ou desconfortável.
- Eu nem sempre consigo perceber quando alguém deve ter se sentido ofendido com uma observação.
- Eu fico chateado quando vejo um animal sentindo dor.
- Eu consigo facilmente dizer se alguém está interessado ou entediado com o que eu estou dizendo.
- Amigos usualmente me contam sobre seus problemas, pois eles dizem que eu sou muito compreensivo.
- Eu consigo sentir se eu estou sendo invasivo, mesmo quando as outras pessoas não me dizem isso.
- As outras pessoas frequentemente dizem que eu sou insensível, mesmo que nem sempre eu veja a razão.
- Eu consigo dizer se alguém está escondendo sua real emoção.

Não parece surpreendente que maquiavélicos exibam baixos índices de gentileza e abnegação (PAAL & BERECZKEI, 2007; BERECZKEI & CZIBOR, 2014). Dados obtidos pela escala de "cooperação" do questionário TCI (cf. box 3.2) sugerem que eles demonstram pouca pré-disposição em cooperar com outros ("É usualmente tolice promover o sucesso de outras pessoas"; "Eu gosto de imaginar meus inimigos sofrendo"; "Eu geralmente não gosto de pessoas que têm ideias diferentes das minhas"; "Pessoas envolvidas comigo têm que aprender como fazer as coisas à minha maneira"; "Eu não acho que princípios éticos ou religiosos sobre o certo e o errado devam ter muita influência em decisões de negócios").

A falta de predisposição dos maquiavélicos em cooperar com os outros e ajudá-los provavelmente não desponta de sua inabilidade em ter empatia pela dor e privações dos outros, prevenindo-os assim de ajudá-los quando eles estão com problemas. Outras explicações podem ser consideradas válidas: nomeadamente, que sua falta de empatia leva-os simplesmente a ignorar a dor que eles causam ou pretendem causar às suas vítimas. Se alguém não sente emoções negativas pelos outros, essa mesma pessoa não tem razões para se preocupar, pois foram essas pessoas que suscitaram tais emoções. Portanto, alimentar pouca responsabilidade emocional diante dos outros pode aumentar a eficiência e falta de misericórdia da manipulação.

A falta de empatia maquiavélica atravessa sua vida inteira. Um estudo perscrutou a escolha de carreiras e interesses profissionais de empregados americanos com idade entre 18 e 72 anos (JONASON et al., 2014). Os maquiavélicos preferem não escolher em especial dois tipos de ocupação: eles estavam menos inclinados do que os não maquiavélicos a preferir trabalhos no setor do serviço social ("ensinar crianças a ler") e aqueles que requerem uma atitude de cuidado ("cuidar de pessoas doentes"). Eles também não demonstram atitudes negativas ou positivas para com outras ocupações de caráter prático, inovador ou tradicional. Os interesses de vocação dos maquiavélicos foram similarmente reportados em um estudo canadense (KOWALSKI; VERNON & SCHERMER, 2017). No entanto, independentemente de suas atividades de trabalho, os empregados estão insatisfeitos com a atitude e o comportamento dos maquiavélicos. Talvez seja mais importante dizer que nem mesmo os maquiavélicos estão satisfeitos com o trabalho e o papel que eles desempenham na vida cotidiana (ALI & CHAMORRO-PREMUZIC, 2010).

Nós vimos até agora as cinco características mais importantes dos maquiavélicos: manipulação, amoralidade, cinismo, frieza e falta de empatia. Não há dúvidas que os outros indivíduos com baixos índices na Escala Mach também possam apresentar uma ou muitas dessas características de tempos em tempos. Contudo, os maquiavélicos representam um perigo aos outros porque eles incorporam todas as cinco características simultaneamente

(SLAUGTHER, 2011). Eles desejam esquecer os outros graças à frieza mental e egoísmo, conquanto eles estejam despreocupados com seus padrões morais ou com as emoções alheias. Eles são incapazes de alimentar empatia pela dor dos outros enquanto colocam suas próprias visões e ambições acima de qualquer outra pessoa. Eles desconfiam dos outros, apesar de eles estarem convencidos de que os outros merecem ser enganados. Nós temos visto a atitude dos maquiavélicos diante da vida e de outras pessoas, suas visões sobre a moralidade e suas deficiências sociais. Agora nós podemos voltar nosso olhar para a sua estrutura de personalidade básica.

Box 1.7 Maquiavélicos e sexualidade

A conduta sexual dos maquiavélicos fornece um excelente campo para ilustrar suas naturezas, uma vez que ela reflete todas as suas características típicas. Seus relacionamentos íntimos e românticos oferecem uma imagem peculiar de seus motivos para tirarem vantagem dos outros; o mesmo pode ser dito sobre o seu cinismo, sua amoralidade e sua falta de empatia. Christie, Geis e seus colegas, enquanto pioneiros da pesquisa sobre o maquiavelismo, deram relativamente pouca atenção para esse assunto. Décadas depois, John McHoskey (2001) foi um dos primeiros pesquisadores a explorar os estilos de conduta habituais, emoções e motivos característicos da vida sexual dos maquiavélicos. Para este fim, ele desenvolveu um teste que abarcou um amplo espectro: ele mede a atitude para a promiscuidade, o nível de excitação sexual, o nível de culpa relacionada à sexualidade e o número de outros fatores motivacionais e emocionais. Além disso, ele propôs questionamentos sobre os casos de comportamentos específicos, tais como a época da primeira experiência sexual, a quantidade de parceiros no período do teste ou a frequência de masturbação.

Ele descobriu que os indivíduos com altos índices na Escala Mach responderam quase todas as questões de maneira diferente dos indivíduos com baixos índices. As grandes diferenças foram encontradas na curiosidade sexual, excitação e promiscuidade: os maquiavélicos buscam, de maneira positiva, novas experiências e diversidade em sua vida sexual. Ao mesmo tempo, eles também são caracterizados por certo tipo de malevolência, na qual eles frequentemente intimidam e humilham seus parceiros quando eles julgam tais condutas como formas mais efetivas de sexualmente conquistar o(a) parceiro(a). À luz dessas características, não parece surpreendente que eles prefiram "a sexualidade livre" diante da opção de obedecerem a padrões morais e leis que regulem a sexualidade. Quanto aos eventos específicos da vida, todos os maquiavélicos informaram dispor de experiências sexuais mais intensas do que os outros. Eles se lançaram ao sexo antes dos demais, tiveram mais parceiros sexuais nos anos anteriores, embebedaram seus parceiros com frequência para conseguir relações sexuais, e assim por diante. No entanto, também não é surpreendente descobrir que os maquiavélicos estão insatisfeitos com sua vida sexual, sempre buscando por algo diferente ou novo. As diferenças de gênero acuradamente refletem a distribuição da população inteira: os maquiavélicos do sexo masculino reportaram mais promiscuidade e fantasias sexuais do que as mulheres maquiavélicas.

Estudos subsequentes claramente confirmaram essas observações. Os maquiavélicos têm maior propensão a mudar de parceiros frequentemente, quando colocados em oposição aos demais, são muito mais inclinados a relacionamentos de curta duração, além de engajarem-se em relação de coerção sexual e abuso daqueles do sexo oposto (JONASON et al., 2009). Eles demonstram baixos níveis de proximidade, intimidade e comprometimento em relação aos seus parceiros (ALI & CHAMORRO-PREMUZIC, 2010).

Box 1.7a Inventário da Orientação Sociossexual (IOS)

O relacionamento entre maquiavelismo e sexualidade tem sido frequentemente avaliado pelo Inventário de Orientação Sociossexual, que mede a propensão a envolver-se em relacionamentos casuais e encontros sexuais sem comprometimento. Uma das versões mais recentes do inventário envolve nove itens, incluindo questões e afirmações divididas em três grupos conforme três facetas de orientação sociossexual (PENKE & ASENDONF, 2008). Os respondentes mensuram cada afirmação ou pergunta em uma escala de 9 pontos, de acordo com o quanto eles concordam com elas.

1) O primeiro grupo de itens inclui questões sobre comportamentos específicos, isto é, a frequência do engajamento em encontros sexuais de curta duração.
    Por exemplo: "Com quantos parceiros diferentes você fez sexo nos últimos doze meses?"

2) O segundo grupo de itens consiste em três afirmações que avaliam a atitude dos respondentes quanto às atitudes sociossexuais, isto é, suas atitudes diante de uma sexualidade sem comprometimento.
    Por exemplo: "Sexo sem amor é OK".

3) Três questões formam o terceiro grupo, que avalia o desejo sociossexual. (Este é um tipo específico de estado motivacional relacionado a conceitos tais como interesse na sexualidade, fantasias sexuais e excitação sexual.)
    Por exemplo: "Quão frequentemente você tem fantasias sobre fazer sexo com alguém com quem você não está em um relacionamento amoroso?"

A soma dos placares obtidos nas três facetas fornece uma medida da assim chamada orientação sociossexual global. Altos índices de relacionamento no inventário IOS indicam a propensão dos respondentes em engajarem-se em relacionamentos de curta duração (esses respondentes foram descritos com o termo *sociossexualidade sem restrição*), enquanto baixos índices na medida IOS sugerem, por sua vez, uma preferência por relacionamentos de longa duração (esses respondentes foram descritos pelo termo *sociossexualidade restrita*). Resultados pertinentes mostram que os maquiavélicos são mais propensos a envolverem-se em relacionamentos sexuais sem compromisso emocional. Suas preferências por relações casuais são igualmente manifestas em suas formas de agir, desejos e atitudes; desse modo, não é surpreendente descobrir que sua orientação sociossexual é tipicamente *sem restrição*.

2
Motivos e consequências

No capítulo 1, eu enumerei os mais relevantes atributos dos maquiavélicos, e discuti suas formas usuais de ação e pensamento. O presente capítulo essencialmente expande esse foco para os motivos subjacentes que conduzem o comportamento dos maquiavélicos, assim como as consequências daquele comportamento. Mais especificamente, eu examino aqui os fatores motivacionais que subjazem às estratégias de manipulação, além das vantagens e desvantagens do maquiavelismo na vida cotidiana.

1 Comportamento conduzido pela recompensa

Ao enfrentar a questão daquilo que mais fundamentalmente e diretamente motiva o comportamento maquiavélico, a maioria de nós poderia colocar em destaque uma única palavra: a recompensa. Os maquiavélicos se esforçam para serem os vencedores da situação e têm como objetivo ganhar a maior margem de lucro possível. Tal atitude reflete os estudos baseados em jogos experimentais modelados conforme a experiência cotidiana. Um tipo de estudo pauta-se no assim chamado *Jogo da Verdade*, no qual os indivíduos alternativamente assumem o papel de primeiro e segundo jogador (cf. box 2.1). Todos os resultados mostram que jogadores com altos índices na Escala Mach, diferentemente daqueles com baixos índices na mesma escala, alcançam melhores pontuações no final do jogo (GUNNTHORSDOTTIR et al., 2002; BERECZKEI et al., 2013). Ao desconfiar de seus parceiros em primeiro lugar, eles subsequentemente oferecem um valor relativamente pequeno quando assumem o papel de primeiros jogadores. Ademais, eles não se sentem ligados às regras de reciprocidade (ou por padrões morais, em geral), e, portanto, eles também ofertam pequenas somas de volta quando são os segundos jogadores. Eles não fazem exceções àqueles que lhes ofereceram ofertas justas, ou até mesmo ofertas favoráveis. Esta última observação torna as táticas de lucratividade dos maquiavélicos particularmente salientes: apesar de eles estarem cientes da intenção cooperativa de seu parceiro, eles não se preocupam com isso; mas apenas buscam seu próprio interesse.

Os maquiavélicos ativamente buscam oportunidades de alcançar lucros enquanto tentam evitar situações que possam provavelmente privá-los de recompensas. Com maquiavélicos, a dependência da alta recompensa é combinada com uma alta preocupação com os possíveis danos. Em um experimento, indivíduos jogaram o então denominado *Jogo do Ultimato* (cf. box 2.1). Neste jogo, um participante oferece uma soma e o outro jogador decide se ele irá ou não aceitá-la. Se o segundo jogador aceita a soma, ambos recebem o dinheiro creditado a eles; por outro lado, no caso de uma resposta negativa, nenhum deles obtém nada. De um ponto de vista racional, as pessoas têm um interesse em aceitar mesmo a menor das somas, uma vez que ela é maior do que nada. No entanto, na prática, as pessoas usualmente agem de maneira diversa: a maioria delas se recusa a receber somas que são consideradas injustamente baixas, mesmo quando elas são privadas de qualquer quantia (GINTIS et al., 2003; HEINRICH et al., 2005).

Box 2.1 Jogo da Verdade, Jogo do Ultimato

Os jogos experimentais apresentados abaixo são tipicamente jogados por indivíduos sentados em lugares separados, mas conectados por uma rede de computadores. Eles podem ver as somas oferecidas por seus parceiros na tela, e podem responder a oferta (usualmente especificando outra soma) ao usar o teclado. Isso significa que jogadores permanecem anônimos durante o jogo: eles não têm informação sobre a aparência física de seus parceiros, idade, gênero etc., produzindo um padrão experimental altamente objetivo. A tela mostra quer os valores reais, quer os pontos, que são subsequentemente convertidos em dinheiro. Em ambos os casos, os jogadores realmente recebem as somas de dinheiro que eles ganham no jogo. Essa condição aumenta a "seriedade" do jogo e torna mais reais as decisões feitas no jogo.

Jogo do Ultimato: dois jogadores interagem de maneira a distribuir uma quantidade de dinheiro. O jogador A faz uma proposta sobre como distribuir a soma. Isto é, o "jogador A" pode transferir uma parte do recurso recebido do experimentador ao "jogador B", que pode aceitar ou rejeitar a distribuição ofertada. Caso ocorra a aceitação, ambos recebem a soma conforme a concordância da distribuição. Em caso de rejeição, nenhum deles ganha nada. O jogo compreende uma rodada única, isto é, a resposta do "jogador B" encerra o jogo. Este jogo é primariamente usado para estudar as condições nas quais cada "jogador A" demonstra generosidade ao "jogador B", assim como o limite estabelecido pelo "jogador B" quando se recusa oferecer somas consideradas injustas, punindo, assim, o "jogador A".

Jogo da Verdade: O jogo envolve dois jogadores que têm fundos de recursos iguais no início (algo como 10 dólares). O "jogador A" faz o primeiro movimento: ele tem duas alternativas. "A" pode escolher não confiar em seu parceiro, e assim não transferir nenhum valor ao "jogador B". No entanto, "A" pode, em vez disso, escolher confiar em "B" e transferir uma parte (ou a soma inteira) do dinheiro

> (digamos, 4 dólares). No último caso, o responsável pelo experimento dobra a soma transferida, de maneira que o "jogador B" não terá 14, mas 18 dólares. Em seguida, chega a vez do "jogador B", que também tem duas alternativas: ele pode ou manter a soma inteira, produzindo, assim, uma perda ao "jogador A", ou devolver uma parte de seus fundos para "A" (digamos, 6 dólares). Este é o fim de uma rodada única. Eis um exemplo para sumarizar as alternativas com uma transação exemplar: Se "A" não transfere nada para "B", ambos mantêm seus fundos iniciais (10 dólares cada). Se "A" transfere 4 dólares quando "B", que, por sua vez, nada oferece de volta, então "A" recebe 6 dólares, enquanto "B" recebe 18 dólares. No entanto, se "B" "demonstra gratidão" pela confiança de seu parceiro ao devolver 6 dólares, deste modo ambos eventualmente recebem uma soma maior (12 dólares cada) quando comparada ao valor inicial. O jogo serve para estudar duas situações de tomada de decisão e os estados psicológicos correspondentes: primeiro, em que extensão "A" confia em seu parceiro; em segundo lugar, em que grau "B" está disposto a praticar a reciprocidade.

Os indivíduos com altos índices na Escala Mach comportaram-se neste caso racionalmente: eles eram mais propensos a aceitar pequenas ofertas do que indivíduos com baixos índices na escala, que recusam ofertas que consideram injustas (MEYER, 1992). De maneira análoga, quando os indivíduos são perguntados por um "ponto de resistência" específico, isto é, a quantidade mínima que eles aceitariam, os maquiavélicos optam por não recusar até mesmo somas menores do que um terço dos fundos disponíveis aos seus parceiros. Esse comportamento sugere, por um lado, que os maquiavélicos procuram obter recompensas sem se preocuparem em demasia com problemas éticos tais como a injustiça e desigualdade. Por outro lado, eles tentam evitar a menor das perdas ao lançar as menores ofertas. Por fim, eles parecem ser capazes de controlar com maestria as emoções negativas suscitadas por oportunidades, isto é, por aqueles que oferecem somas injustas. A inibição de emoções negativas e os processos neurais subjacentes serão discutidos no capítulo 11.

Naturalmente, a dependência dos maquiavélicos quanto às recompensas vai além dos lucros financeiros. Em geral, é verdadeiro dizer que seus comportamentos são muito influenciados por seus esforços por ganhos. Tais ganhos incluem benefícios materiais, que superam os demais e a reputação entre os membros do grupo. Em um estudo recente, indivíduos completaram um teste que pretendia aferir a sensibilidade através de questões como "você geralmente prefere atividades que resultam em ganhos imediatos?"; "você frequentemente empreende atividades que para alcançar o apreço de seus colegas, amigos e familiares?"; "você está preocupado em causar uma boa impressão nos outros?" O nível de maquiavelismo (uma medida obtida pela Escala do Teste Mach-IV) demonstrou um relacionamento positivo com esses indicadores de sensibilidade em relação à recompensa: não há dúvidas de que os maquiavélicos resolutamente buscam vencer e ganhar independentemente daquilo que está em questão; quer seja dinheiro, prestígio ou posição.

No entanto, eles não buscam apenas ganhar, mas frequentemente querem ganhar *imediatamente*. No estudo supramencionado, indivíduos jogaram um jogo de cartas muito conhecido (o jogo de azar de Iowa)[4], que é essencialmente um mecanismo de apostas. Os jogadores retiram cartas de quatro pilhas, uma por vez. Cada jogador tem certa soma de dinheiro disponível no iní-

---

4 O *jogo de azar de Iowa* (*the Iowa gambling task*) é uma tarefa psicológica desenvolvida para simular a tomada de decisões na vida real. Ela foi desenvolvida por investigadores da Universidade de Iowa, razão pela qual o jogo foi batizado assim. Ele é amplamente utilizado para investigar a cognição e a emoção dos participantes [N.T.].

cio, e todos são informados que a meta de cada jogador é conseguir a maior soma possível após o descarte de cem cartas. Duas das pilhas (A e B) apresentam majoritariamente cartas que oferecem uma soma de dinheiro relativamente grande (recompensa) ao jogador que as vira para cima, mas apresenta também algumas cartas que impõem perdas consideráveis (punição). As cartas das duas outras pilhas (C e D) rendem recompensas menores enquanto as somas de possíveis punições também são menores. As pilhas A e B provam-se pouco lucrativas após um longo período, porque elas envolvem largas somas punitivas que não são contrabalançadas pelas recompensas mais amplas. Por outro lado, as pilhas C e D garantem um jogo seguro envolvendo baixo risco, no qual valores relativamente baixos podem ser alcançados. Um relacionamento negativo foi encontrado entre os índices na Escala Mach e a quantidade de dinheiro que os jogadores eventualmente ganhavam. Os maquiavélicos, diferentemente dos demais, estavam mais dispostos a retirar cartas das pilhas que oferecem altas recompensas, ainda que tenham percebido com o passar do tempo que as suas perdas excederiam seus ganhos. Eles tiveram uma preferência por recompensas imediatas, a despeito das consequências potencialmente negativas.

No entanto, é digno de nota que os maquiavélicos não se dirigem para recompensas diretas e imediatas. O jogo de apostas apresentado dispõe uma quantidade de situações incerta e imprevisível. Sob tais condições, os maquiavélicos, que tipicamente buscam alcançar lucros, podem julgar que não há razão para jogar um jogo seguro porque o desfecho é imprevisível. "Tome o que você pode e esqueça todo o resto." Jogadores com baixos índices Mach não foram necessariamente mais espertos; eles foram simplesmente menos conduzidos pela ganância do ganho e, portanto, tomaram decisões mais pensadas.

Seja como for, em muitos casos os maquiavélicos são capazes de serem bem-sucedidos também no longo termo. Apesar de eles perderem em uma situação de aposta muito especial, frequentemente vencem em situações que rememoram a vida cotidiana. Nos capítulos subsequentes, nós apresentaremos muitos estudos que revelam como a flexibilidade dos maquiavélicos adapta-se às circunstâncias em constante mudança, e como eles desenvolvem estratégias eficientes para garantir o sucesso de longo termo.

2 Conflitos no cérebro

O comportamento dirigido para a recompensa (e especialmente o comportamento que tem como objetivo obter lucros imediatos e recompensas diretas) inclui ações aparentemente simples, porém quase instintivas: esforços de persistência e confiança para alcançar os maiores lucros às expensas dos outros. De fato, é um processo de tomada de decisões complexo, como confirmado por estudos sobre os processos neurais subjacentes. Em um estudo fMRI[5] (cf. box 2.2), indivíduos que foram colocados em uma máquina participaram de um jogo de confiança com um parceiro sentado do lado de fora. Os indivíduos foram capazes de jogar ao ter uma tela inserida na parte interna da máquina, na qual eles poderiam ver as ofertas de seus parceiros enquanto determinariam o tamanho de suas próprias ofertas com suas mãos livres. Antes de lançarem uma oferta, indivíduos tinham poucos segundos para decidir a quantidade de dinheiro que ofereceriam. As mudanças na atividade cerebral que tiveram lugar nesta fase foram gravadas,

---

5 O fMRI (Functional Magnetic Ressonance Imaging, traduzido como "imagem por ressonância magnética funcional") é uma técnica para o uso de imagens por ressonância magnética que permite verificar variações no fluxo sanguíneo conforme as atividades neurais dos indivíduos submetidos ao exame [N.T.].

permitindo que os pesquisadores inferissem os processos cognitivos que subjacentes às tomadas de decisões.

Uma atividade crescente foi encontrada no córtex cingulado anterior (CCA) dos indivíduos com altos índices na Escala Mach que preenchiam o papel de primeiro jogador (BERECZKEI et al. 2013). Essa área do cérebro é uma das mais estudadas quanto aos relacionamentos sociais, e um amplo leque de funções cognitivas tem sido atribuído a ela. Ela está envolvida também na tomada de decisões baseada em recompensas como no processamento de estímulos novos e não automáticos (ETKIN; EGNER & KALISC, 2011; WESTON, 2011). Ela é bem conhecida por monitorar e eliminar conflitos que emergem a partir de várias áreas do cérebro (módulos). Ela monitora respostas em conflito que emergem durante processamentos de informações e sinais, e se as ações empreendidas requerem um controle cognitivo posterior (RILLING et al., 2002; DULEBOHN et al., 2009). O CCA parece estar especialmente envolvido no acesso ao desempenho negativo, que é colocado em uso como um alerta de risco durante os planos de ações futuras (DREISBACH & FISCHER, 2012).

À luz dessas funções, a atividade crescente no CCA dos indivíduos com altos índices na Escala Mach sugere que os maquiavélicos experimentam um intenso conflito na tomada de decisões durante o Jogo da Confiança. Desconfiando de seus parceiros, eles transferem pequenas somas quando são os primeiros jogadores ou quando são os segundos. Porém, eles estão provavelmente cientes da violação das normas de reciprocidade, que podem se mostrar desvantajosas em um relacionamento recíproco de longo termo. Tal medida produz um conflito entre suas metas de curto prazo (enganar os outros no "troco") e interesses de longo prazo (ganhar mais em uma parceria estável), o que provavelmente causou (e causa) o aumento da atividade do CCA no momento da tomada de decisão.

Box 2.2 Imagem cerebral

Um grande avanço na neurociência foi o desenvolvimento das técnicas de imagem. Elas permitem a observação de áreas do cérebro responsáveis por funções e anomalias específicas. Tais técnicas significam uma inovação revolucionária: imagens de mudanças nas atividades do cérebro humano permitem observações diretas de eventos neurais. Hoje, o exame de ressonância por imagem é a técnica de imagem cerebral mais usada na neurociência e nos procedimentos de diagnósticos médicos. A técnica está basicamente baseada em medir as mudanças na circulação do sangue no cérebro, ou, mais precisamente, mudanças na quantidade de oxigênio preso à hemoglobina no sangue. Tais mudanças oferecem informações da atividade metabólica das áreas do cérebro estudadas que, por sua vez, indicam a intensidade da atividade neural nessas áreas. A técnica permite clarificar quais funções estão envolvidas nas variadas áreas do cérebro. Inicialmente, a técnica foi usada principalmente para localizar áreas do cérebro envolvidas em várias funções básicas como, por exemplo, a visão colorida. Subsequentemente, procedimentos experimentais sofisticados foram desenvolvidos para explorar os relacionamentos entre os diferentes tipos de estímulos e respostas neurais. Em outro exemplo, foram determinadas quais áreas do cérebro são ativadas por imagens com estímulos ameaçadores (p. ex., um rosto raivoso) quando comparadas com imagens neutras.

Provavelmente a aplicação de técnicas de imagem cerebral mais comum inclui experimentos que comparam indivíduos ou grupos, visando revelar suas diferenças quanto ao nível de eventos neurais. Tais experimentos têm fornecido, por exemplo, uma compreensão muito maior das funções cerebrais particulares, ou a falta de tais funções, como nos casos da pobre habilidade de mentalização das pessoas com autismo, isto é, o pobre desempenho para compreender os estados mentais dos outros.

Estudos funcionais de ressonância magnética também têm sido conduzidos com maquiavélicos. Esses estudos usualmen-

> te envolvem indivíduos com altos e baixos índices na Escala Mach, ou seja, aqueles que alcançam índices de desvio padrão para além do valor de controle (usualmente 100) em ambas as direções (aproximadamente, índices acima de 115 e abaixo de 85). Em geral, o primeiro grupo é formado por típicos maquiavélicos, enquanto o último é composto por altruístas típicos. No padrão experimental dos estudos, os indivíduos estavam sob o escrutínio da máquina de fMRI enquanto participavam de um jogo do tipo "dilema social" com um parceiro.
>
> O procedimento experimental foi um tanto complicado, perfazendo entre 40 a 50 rodadas, incluindo fases de tomada de decisão de 6 a 8 segundos, assim como fases de *feedback* de 10 a 15 segundos, quando o balanço do momento dos jogadores foi apresentado. As medidas de atividades mentais da fase de tomada de decisão foram gravadas, ou seja, quando os jogadores selecionavam a soma a ser transferida aos seus parceiros como o primeiro passo ou como a resposta aos passos prévios de seus parceiros. O procedimento experimental requeria um total de 40 a 60 minutos por indivíduo.

Essa explicação é aparentemente corroborada pelo tempo de reação obtido; uma correlação positiva foi encontrada entre a atividade CCA dos maquiavélicos e seu tempo de reação (o lapso entre a percepção da oferta do parceiro e o ato de pressionar o botão de resposta). Este foi precisamente o resultado esperado: assumindo que os indivíduos com altos índices na Escala Mach experimentariam um conflito mais intenso entre seus motivos diferentes quando contrapostos aos indivíduos com baixos índices, eles poderiam precisar de mais tempo para preparar uma decisão adequada e processar uma informação relevante. Inferindo retrospectivamente, uma reação prolongada de tempo pode indicar o conflito enfrentado pelos maquiavélicos com um dilema que causa um retardamento da resposta ótima.

Box 2.3 Córtex anterior cingulado

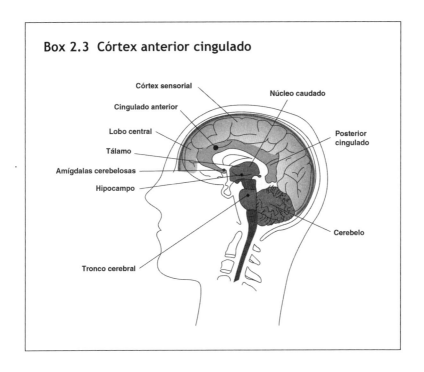

É importante notar que o emprego das técnicas de imagem cerebrais não tem substituído os experimentos psicológicos "tradicionais"; com efeito, eles representam os mesmos processos em níveis diferentes. Vários estudos a partir de questionários, experimentos da psicologia social e outros métodos são usados para inferir procedimentos comportamentais, dimensões da personalidade e respostas motoras. No entanto, eles não podem mapear os processos neurais subjacentes que são explorados por estudos pautados em fMRI que, simultaneamente, não se preocupam com o resultado comportamental observável. Apenas a integração dos dois níveis pode fornecer um entendimento complexo e compreensivo dos fenômenos em questão. As pesquisas sobre o maquiavelismo apenas começaram este processo de integração. Primeiro, as dimensões de personalidade mais importantes dos maquiavélicos, a saber, padrões comportamentais e processos de tomada de decisão, foram reveladas, e apenas após isso, praticamente durante os últimos 5 anos, que investigações com imagens cerebrais e tomadas de decisão têm tomado lugar. A pesquisa futura sobre o maquiavelismo ainda irá requerer vários procedimentos metodológicos de níveis diferentes.

3 Motivação intrínseca e extrínseca

O comportamento orientado para a recompensa está intimamente ligado à regulação da necessidade e ao comportamento orientado por meta, isto é, aos fatores motivacionais. Pesquisas mostram que o comportamento dos maquiavélicos orientados para a recompensa é majoritariamente motivado por fatores externos (FEHR et al., 1992; JONES & PAULHUS, 2009). A motivação extrínseca é o termo usado na literatura para fazer referência aos estímulos relacionados ao empreendimento de metas tangíveis ou recompensas, assim como aos estímulos que servem para evitar perigos e danos. Por outro lado, o termo motivação intrínseca cobre estímulos internos, ou seja, o prazer da atividade, o interesse e o esforço por desenvolvimento.

Estudos sugerem que maquiavélicos são tipicamente dirigidos por motivadores extrínsecos; suas ações são meios de obter ganhos externos (dinheiro, poder, influência). John McHoskey (1999) usou vários testes que revelam diferentes fatores motivacionais considerados de valor para pessoas com diferentes índices na Escala Mach. Um teste de quatro itens focado na importância de perseguir metas: sucesso material, comunicação, amor-próprio e laços familiares. Os respondentes estimaram a importância subjetiva dessas metas em escalas de 9 pontos. O maquiavelismo foi positivamente correlacionado com sucesso material, enquanto foi negativamente correlacionado com todos os fatores motivadores intrínsecos (comunhão, laços familiares, amor-próprio). Indivíduos com altos índices na Escala Mach estão firmemente convencidos que circunstâncias externas têm uma influência maior sobre sua vida do que os direcionamentos internos. Isso provavelmente se deve ao forte sentimento de alienação em seus relacionamentos pessoais, uma vez que eles acreditam viver em isolamento e que sua vida seja essencialmente desprovida de sentido.

Outro fator motivacional está relacionado à busca individual em oposição aos interesses comunitários. Um estudo recente (JONASON et al., 2014) percebeu que o maquiavelismo foi positivamente correlacionado com uma orientação de valor individualista (enfatizando a autonomia, independência e competição) enquanto negativamente correlacionada com valores coletivistas (sublinhando a lealdade para com a comunidade). Essa descoberta corrobora com a imagem sugerida pelos estudos previamente apresentados de psicologia social: os maquiavélicos são caracterizados por uma sociabilidade acentuadamente baixa; quando comparados aos outros, eles são menos hábeis em ir além do próprio interesse e demonstrar sua preocupação para com os demais.

Sobre isso, o repertório maquiavélico mostra certa dualidade. Por um lado, eles acreditam que são escravos das circunstâncias; eles são caracterizados por um tipo de fatalismo na medida em que acreditam que o resultado de suas ações depende da chance, circunstâncias ou do comportamento dos outros (cf. box 2.4). No entanto, por outro lado, eles não estão preocupados com a visão dos outros, e eles guardam a si próprios do envolvimento emocional em relacionamentos sociais íntimos (McILLWAIN, 2003).

Box 2.4 Perspectiva de tempo e fatalismo

Em um estudo publicado recentemente, pesquisadores investigaram a perspectiva de tempo dos maquiavélicos – tal como de psicopatas e narcisistas (BIRKAS & CSATHO, 2015). As perspectivas de tempo das pessoas são pontos de vista subjetivos, ou seja, as formas e caminhos com que eles experimentam os eventos sobre seu passado, presente e futuro prospectivo. A percepção de tempo subjetiva é fortemente influenciada pela compreensão dos eventos da vida, assim como pela forma de atribuir significado a eles. De maneira a acessar as perspectivas de tempo, os pesquisadores usaram um autorrelato de 56 itens desenvolvido por Boyd e Zimbardo. Os respondentes estimavam cada item em uma escala de 5 pontos a partir do quanto eles concordavam ou discordavam dele. O construto medido pela escala está baseado na suposição de que há grandes diferenças nas formas pelas quais as pessoas orientam a si próprias quando tomam decisões e em relação ao passado, presente ou futuro. Essas diferenças foram sorteadas sob cinco categorias. Os *hedonistas do presente* aspiram satisfações imediatas, assumem riscos, buscam por estímulos excitantes e ignoram as consequências futuras ("Eu sou varrido pela excitação do momento"). Os *fatalistas do presente* acreditam no destino e na predestinação dos eventos da vida ("Meu caminho de vida é controlado por forças que eu não posso influenciar"). As pessoas *positivas em relação ao passado* adotam uma perspectiva nostálgica e sentimental sobre os eventos do passado ("Memórias felizes dos bons tempos despontam rapidamente em minha mente"). Por outro lado, *negativistas em relação ao passado* preferem focar em falhas e azares prévios ("Eu tenho minha cota de abuso e rejeição no passado"). Por fim, as pessoas *orientadas para o futuro* estabelecem metas e planos que perseguem e tentam realizar com esforços persistentes ("Eu posso resistir à tentação quando sei que há um trabalho a ser feito").

Os pesquisadores descobriram que o maquiavelismo estava positivamente correlacionado com as perspectivas pre-

> sente-fatalista ou negativista quanto ao passado (resultados similares foram alcançados também por psicopatas). A orientação presente-fatalista é compreensível a partir das descobertas anteriormente mencionadas: os maquiavélicos tendem a pensar que suas vidas são governadas pelo destino em vez deles mesmos. Suas preferências estão na perspectiva do pessimismo em relação ao passado, isto é, em suas tendências de recobrarem más memórias em vez de boas do passado, inclinação provavelmente relacionada com suas experiências infantis negativas. Como o capítulo 10 discutirá em detalhes, no momento basta afirmar que uma infância maquiavélica é caracterizada por um proporcionalmente baixo nível de cuidado parental. Quando adultos, os maquiavélicos recobram a falta de regras claras e de laços familiares estáveis. Possivelmente esse ambiente infantil provoca suas subsequentes inabilidades de ligarem-se aos outros, assim como ao fracasso ao tentarem aprender as normas de cooperação. O que parece certo é que suas perspectivas de tempo são fortemente influenciadas pelas sombras e fantasmas do passado.

De fato, maquiavélicos são caracterizados por certo tipo de direcionamento interno que os leva a enganar os outros e obter lucros. O fatalismo sugere, simultaneamente, passividade e resignação: "nós somos brinquedos nas mãos do destino, sem chances de interferirmos nele". Para resolver essa contradição, é válido retomar a atitude cínica e desconfiada em relação aos outros dos maquiavélicos. Eles acreditam que obter vantagem dos outros é inevitável, de maneira a não sofrerem desvantagem dos outros. Quanto a isso, o comportamento maquiavélico é motivado pela necessidade de evitar ser explorado em vez de alcançar metas independentes. Em suma, essas pessoas são simultaneamente caracterizadas pela passividade e atividade, resignação e orientação para as metas. Eles se esforçam para explorar todas as situações;

a todo tempo eles se consideram como brinquedos das circunstâncias. Eles acreditam que suas sortes estão nas mãos dos outros, que fazem esquemas contra eles; portanto, suas únicas chances envolvem adiantar a ação alheia.

Essa realidade também é verdadeira em outro aspecto similar. Por um lado, eles não estão particularmente preocupados com as normas sociais, e eles resistem às expectativas comunitárias. Tal aspecto foi sugerido por estudos que demonstraram como os maquiavélicos enganam aqueles que acreditam neles e causam perdas àqueles que oferecem cooperação (EXLINNE et al., 1970; BERECZKEI; SZABO & CZIBOR, 2015). Por outro lado, eles se preocupam com as opiniões dos outros, tentando causar uma boa impressão para obterem a benevolência alheia. Essa questão foi claramente demonstrada em um experimento, revelando que, enquanto os maquiavélicos têm má vontade de ajudar as outras pessoas que enfrentam problemas quando membros camaradas do grupo não estão presentes, eles ofertam donativos de caridade quando sabem que provavelmente os demais estão cientes de suas atividades (BERECZKEI; BIRKAS & KEREKES, 2010; cf. cap. 10).

Eles não tentam por si produzir uma impressão favorável: os demais frequentemente consideram os maquiavélicos inteligentes, enquanto as pesquisas têm mostrado claramente que a inteligência geral dos maquiavélicos não excede a média (WILSON et al., 1996). Suas características mais proeminentes aos olhos dos demais são ser carismáticos e líderes efetivos (DELUGA, 2001). Os não maquiavélicos possivelmente julgam os maquiavélicos como bons líderes de um grupo porque eles podem empregar a mesma estratégia contra grupos rivais, tal como contra membros do próprio grupo: eles reconhecem plenamente seus interesses; eles estão despreocupados com os pensamentos e sentimentos mais profundos dos outros; e eles buscam oportunidades de alcançar os maiores ganhos possíveis. Se eles alcançam o poder, seus interesses pessoais frequentemente tornam-se mesclados com interesses coletivos do grupo, uma vez que em muitos casos eles podem realizar a primeira meta através da última. Portanto, é de seu próprio interesse proteger o grupo e levantar-se contra os outros grupos. Nestes casos, as pessoas presumivelmente toleram o comportamento maquiavélico dos membros do grupo e até mesmo os colocam em altas posições, na esperança do compartilhamento dos benefícios alcançados nas competições intergrupos. Assim, alguém poderia levantar a questão: quem tira vantagem de quem?

4 Estratégia

Os maquiavélicos nem sempre enganam, e os altruístas nem sempre ajudam. Poderia ser um erro pensar que certos traços de personalidade e fatores motivacionais consistentemente e constantemente levam as pessoas a agirem de certas maneiras. Ninguém se torna o explorador de outro alguém uma vez e para sempre porque tem características maquiavélicas.

A exploração também requer certas condições ambientais. O contexto social tem uma importância primária, isto é, quem está associado a quem, o que alguém sabe ou pensa sobre os demais, quais as chances de um logro bem-sucedido, quão grande é o risco de exposição, e assim em diante. É a interação entre a personalidade e os fatores situacionais que influenciam a intenção e os sucessos do engano.

Conforme esta linha de pensamento, os maquiavélicos estão mais pré-dispostos e desejosos de trair e enganar os demais quando eles alcançam um benefício pessoal por agir assim. Isso requer que os benefícios da manipulação excedam seus custos. Em outras palavras, o maquiavelismo é dependente do contexto. Ele é benéfico quando alguém: 1) evita ser detectado com sucesso; 2) não será punido por enganar; 3) conforma-se às normas e expectativas comunitárias quando as condições para explorar os demais não são dadas.

Raciocinando retroativamente, os maquiavélicos apenas enganam os outros quando as circunstâncias de engano e manipulação são lucrativas. Um marcador da estratégia maquiavélica de tomada de decisões é a contínua pesagem das condições situacionais. Em um experimento de psicologia social primevo, indivíduos completaram tarefas em pares (BOGART et al., 1970). Cada par incluía um indivíduo sob avaliação, que era informado que o estudo tinha como objetivo revelar se a cooperação entre pessoas com personalidades similares ou diferentes poderiam fazer uma equipe efetiva e bem-sucedida. A outra pessoa em cada par era um confederado do experimentador, que tinha recebido instruções detalhadas previamente sobre o que fazer. Os indivíduos foram informados sobre seu parceiro logo no início. No entanto, informações diferentes foram dadas em duas condições diversas do experimento. Em uma condição, os indivíduos foram informados que seus parceiros eram similares a eles em diversos aspectos, enquanto, ao mesmo tempo, esses parceiros eram pessoas impopulares que tinham alcançados índices abaixo da média em testes psicológicos ministrados anteriormente. Na outra condição, os indivíduos foram informados que seus parceiros eram diferentes deles na maioria dos aspectos, conquanto fossem populares aos olhos dos demais, alcançando alto prestígio e traços favoráveis.

Tudo isso foi seguido por tarefas nas quais os indivíduos eram levados a escolher interpretações alternativas de histórias intrigantes. As tarefas davam aos indivíduos muitas coisas para pensar. Após terminar a primeira tarefa, o experimentador tinha uma ligação telefônica "não esperada" na sala ao lado e deixava o espaço com pressa. Assim, o confederado começava a suspirar, gemer e eventualmente sugerir ao seu parceiro (o real sujeito do experimento) que eles dessem uma olhada no caderno do experimentador, que tinha sido deixado aberto sobre a mesa diante deles.

O experimento revelou que a resposta de indivíduos com altos índices na Escala Mach diante dessa sugestão depende da situação. Eles rejeitavam a sugestão quando previamente receberam uma avaliação negativa do seu parceiro, enquanto eles não demonstravam tal relutância para trapacear quando eles acreditavam que seu parceiro era uma pessoa popular que gozava de alto prestígio e dispunha de uma personalidade atrativa. A explicação dos autores foi que os maquiavélicos tinham recebido certo tipo de justificativa para seus atos errados na última situação, uma vez que eles poderiam se beneficiar da colaboração com uma pessoa reconhecida e apoiada pela comunidade. Ou seja, eles não baseiam suas decisões em considerações éticas (uma vez que, neste caso, eles poderiam concordar com a trapaça em ambas as situações ou em nenhuma delas). Eles ora trapaceavam, ora negavam a trapaça conforme os rótulos descritivos dados a eles pelos experimentadores. Por outro lado, a decisão dos indivíduos com baixos índices Mach sobre trapacear não estava relacionada com o rótulo de seus parceiros. Eles foram influenciados pelo envolvimento pessoal com eles e pelos sentimentos pessoais de seus parceiros, circunstâncias desenvolvidas na interação direta entre eles. Essas descobertas estão alinhadas com outros resultados, sugerindo que maquiavélicos usam mais frequentemente sugestões cognitivas racionais durante a resolução de problemas, enquanto não maquiavélicos confiam, por sua vez, em suas emoções (CHRISTIE & GEIS, 1970).

5 As desvantagens

Até aqui, o leitor pode ter formado a impressão que os maquiavélicos habilmente manobram um amplo leque de situações, eficientemente enganam seus companheiros humanos e, de forma bem-sucedida, produzem ganhos materiais e sociais. Enquanto isso é frequentemente verdadeiro, este é apenas um lado da moeda, e os maquiavélicos são frequentemente condenados a pagar o preço.

Esse foi o objeto de um estudo no qual pediram a homens e mulheres americanos para ler uma história e projetarem-se nela (WILSON; NEAR & MILLER, 1998). A história apresenta três náufragos jovens que estão em uma ilha deserta (para simplificar, todos eles são ou homens ou mulheres). Antes do naufrágio, eles tinham se conhecido apenas a bordo e não tinham qualquer contato anterior. Eles agiram de maneira a economizar comida e água suficientes para três dias. Cada indivíduo teve que escrever, a pedido do experimentador, uma narrativa em primeira pessoa dos eventos que eles esperavam ter ocorrido na ilha nos dias seguintes. Esperava-se que os indivíduos escrevessem primariamente sobre o desenvolvimento de seus relacionamentos imaginários com os outros dois sobreviventes. Eles tinham 50 minutos para escrever a história, e então eles completaram o Teste Mach-IV.

Foi pedido que outros indivíduos (como leitores ou juízes) lessem duas histórias cada: uma escrita por um indivíduo com baixo índice na Escala Mach, e outra por outro indivíduo com alto índice, e então eles deveriam indicar, pautados em critérios diversos, quão dispostos eles estavam a relacionar-se com o autor de cada história (cf. box 2.5). É digno de nota que os juízes não conheciam os índices na Escala Mach dos autores. Ademais, eles tinham que descrever o personagem principal (autores) das histórias com atributos negativos ou positivos que eles selecionavam de uma lista. Por fim, eles foram também requeridos para completar o Teste Mach-IV, mas eles tinham que estimar o personagem principal em vez de eles próprios. Ou seja, eles deveriam descrever os personagens principais de acordo com quão egoístas, manipuladores e exploradores cada um deles era, em vez de eles mesmos. Isto é, eles foram inquiridos a descrever os personagens principais conforme o quão egoístas, manipuladores e exploradores cada um era de acordo com seu ponto de vista.

Box 2.5 Excertos do estudo relatado por Wilson, Near e Miller (1998)

I – Na realidade, quão disposto você estaria a entrar nos seguintes relacionamentos sociais ou situações com o autor (personagem principal) da história? Indique sua pré-disposição em uma escala de -3 (absolutamente sem vontade) até +3 (absolutamente desejoso).
1) Parceiro em um pequeno negócio
2) Dividir um apartamento
3) Confidente (alguém com quem você compartilha problemas e segredos)
4) Membro de um time de debate
5) Empregador (alguém que supervisiona seu trabalho)
6) Alguém a quem você emprestaria dinheiro

II – Que atributos vantajosos e desvantajosos o personagem principal da história tem?
1) Vantajosos: realista, efetivo, um bom amigo, autoconfiante, cooperativo, otimista, inteligente, cuidadoso, trabalhador, prestativo.
2) Desvantajosos: egoísta, descuidado, imoral, não inteligente, gosta de julgar os outros, pessimista, não confiável, agressivo, irritável, envergonhado.

III – Exemplos de narrativas típicas da situação de naufrágio:
1) Autores com baixos índices na Escala Mach: Nós estamos juntos nessa situação difícil. Nós percebemos que devemos cooperar internamente; John, Peter e eu decidimos pela divisão igualitária dos recursos limitados.
2) Autoras com baixos índices Escala Mach: Mary, Jane e eu parecemos nos dar bem... é engraçado como nós começamos a confiar imediatamente umas nas outras.
3) Autores com altos índices Escala Mach: Eu particularmente não me preocupo com John e Peter, e suspeito que

> teremos problemas reais logo... Eles são dois e eu sou um. Eu espero que me livre da ameaça humana logo.
> 4) Autoras com altos índices na Escala Mach: Mary e Jane são vagabundas frias que constantemente reclamam... quando eu estiver realmente faminta, eu me pergunto como poderia cozinhá-las com o equipamento limitado de cozinha que nós temos à disposição.

Esse estudo complexo forneceu muitas descobertas interessantes. Primeiro, uma correspondência íntima foi encontrada entre os índices Mach dos autorrelatos dos autores e os índices Mach dos personagens principais estimados pelos leitores. Ou seja, os leitores foram hábeis em inferir o grau de concordância do maquiavelismo nos autores apenas a partir de suas histórias, mesmo que não tivessem ciência da pontuação alcançada pelos autores na Escala Mach. Em segundo lugar, não surpreendentemente, os leitores atribuíram traços muito mais negativos aos autores com altos índices na Escala Mach quando comparados aos autores com baixos índices. Os primeiros foram julgados como egoístas, não confiáveis e agressivos, além de despreocupados com os problemas dos outros. Em terceiro lugar e, por fim, os leitores preferiram entrar em vários tipos de relacionamentos sociais com indivíduos com baixos índices na Escala Mach como personagens principais do que com indivíduos com altos índices. Eles estavam mais dispostos a aceitar os primeiros como parceiros em pequenos negócios, como parceiros de apartamento, como empregados ou professores etc.

Essas descobertas claramente levam à conclusão de que o maquiavelismo cobrava um preço sério, nomeadamente, a privação de laços sociais de longo termo (WILSON; NEAR & MILLER, 1998). As pessoas que tomavam conhecimento de seus motivos e intenções tentavam evitar qualquer relacionamento próximo com eles. Os autores concluíram que os maquiavélicos são mais bem-sucedidos em um curto período de tempo; ou seja, em casos nos quais não há tempo ou oportunidade para detectá-los. Eles lançam um "primeiro ataque" imediato e, em seguida, movem-se em busca de uma nova presa. No entanto, a pesquisa feita na década passada sugere que tal dicotomia entre a realização dos interesses de curto e longo prazos não é tão afiada como se supunha até então. Tem se revelado que maquiavélicos podem também enganar os outros com sucesso ao analisar os fatores situacionais e outros comportamentos através de um longo período de tempo (cf. cap. 10). Isto é, os maquiavélicos são caracterizados por certo tipo de pensamento estratégico que primariamente pertence à adaptação flexível e às mudanças dos ambientes sociais. No entanto, ainda é verdadeiro que maquiavélicos frequentemente pagam o preço pela manipulação, e não raro tornam-se isolados, especialmente em uma comunidade muito unida, tais como uma companhia de amigos, uma comunidade de trabalho ou um clube esportivo.

6 Sucesso ou insucesso social?

As observações supramencionadas levantam a questão de quão bem-sucedidos os maquiavélicos são em várias áreas da vida social. Isto é, as questões giram em torno da eficiência que eles alcançam na vida cotidiana em vez de como eles reagem em condições de laboratório ou como eles estimam itens de questionários. Eles podem ser trazidos ao foco não como objetos de estudo, mas como pessoas do dia a dia que conduzem suas vidas, trabalhos e negócios. Quanto a esses aspectos, é prático estudar as variáveis sociais que representam medidas relativamente confiáveis e produzem comparações mais ou menos acuradas, tais como o *status* ocupacional e os rendimentos.

Uma meta-análise abarcou dados incluídos em diversos estudos prévios de vários países e grupos sociais sobre a *performance* de trabalho de indivíduos com diferentes pontuações nos testes Mach (O'BOYLE et al., 2013). Os dados obtidos de um total de 43.000 indivíduos incluíam 245 amostras independentes. A análise descobriu que maquiavélicos, quando comparados aos demais indivíduos, têm uma renda média mais baixa enquanto eles estavam mais frequentemente engajados em um tipo de comportamento "desviante" no ambiente de trabalho. Assim, por exemplo, eles faltavam mais ao trabalho sem permissão e recebiam mais reclamações sobre seus comportamentos. Por outro lado, os maquiavélicos tentavam produzir uma boa impressão diante dos outros no ambiente de trabalho. Eles buscavam alcançar as maiores recompensas possíveis (aumentos salariais, promoções etc.) e, para tanto, frequentemente tentavam desenvolver relações íntimas com colegas. Doutra feita, eles não podiam negar sua própria natureza, e seus empregadores percebiam mais cedo ou mais tarde que eles geravam tensões em torno de si por conta de sua dissimulação, mentiras e intrigas. Eles faziam isso na esperança de aumentos e ganhos, mas a exposição de seus planos muitas vezes malogravam suas intenções. Considerando todos esses elementos, eles claramente pareciam ser malsucedidos em espaços de trabalho comunitários.

Todavia, outros estudos sugerem que, em certos casos, indivíduos com altos índices na Escala Mach alcançavam salários maiores, *status* ocupacionais maiores e posições mais altas do que indivíduos com baixos índices. Em parte, isso pode ter ocorrido por sua aspiração pelo sucesso e influência, que podem garantir o crescimento material e o controle sobre os outros. No entanto, isso também leva à tendência de que os outros confiram a eles atributos que são geralmente associados com um bom líder, isto é, carisma e habilidades que podem ser usados a favor do grupo

(JONES & PAULHUS, 2009). Em um estudo húngaro, os índices da Escala Mach das pessoas que trabalhavam em diferentes posições foram comparados (SÁRKÁNY & BERECZKEI, 2013). Os autores perceberam que os principais líderes tinham os maiores níveis de maquiavelismo, enquanto administradores medianos e líderes de equipe atingiram baixos índices na Escala Mach-IV. Esse relacionamento era mais notável em companhias com um passado de apenas poucos anos, quando comparadas com outras estabelecidas há muito tempo. Essa descoberta presumivelmente reflete que companhias multinacionais com uma longa trajetória operam em condições bem organizadas e controladas, enquanto companhias húngaras jovens, estabelecidas nas duas últimas décadas, ou seja, após o colapso do socialismo, não tinham elaborado plenamente as regras de administração efetiva e cooperação.

Os pioneiros dos estudos do maquiavelismo já tinham revelado isso (CHRISTIE & GEIS, 1970). Essa explicação é apoiada por estudos que apontam como os maquiavélicos positivamente preferem organizações onde não prevalecem papéis e regulações definidas, e onde os eventos não são controlados de perto (GABLE; HOLLON & DANGELLO, 1992). Diante de tais condições, eles podem sentir que têm mais liberdade de escolha e que podem buscar seus empreendimentos sem riscos sérios de punição. Ademais, eles têm mais oportunidades de improvisar, isto é, de empregar estratégias individuais de engano. Um estudo alemão também revelou que, em companhias menos organizadas do ponto de vista de instruções normativas superiores, indivíduos com altos índices na Escala Mach recebem duas vezes mais do que os funcionários com baixos índices; isso também se aplica aos empregados dentro do mesmo grupo etário (SHULTZ, 1993). O velho *slogan* permanece verdadeiro: algumas pessoas gostam de pescar em águas perigosas.

3
Personalidade

Muitos especialistas consideram o maquiavelismo como um conjunto de traços específicos de personalidade que são *per se* mais ou menos característicos a cada condição psicológica individual (PAULHUS & WILLIAMS, 2002). Naturalmente, cada indivíduo dispõe de uma constituição psicológica complexa caracterizada pelas interações entre vários traços de personalidade. Alguns psicólogos desenvolveram tipologias que descrevem vários desses traços psicológicos como componentes estáveis e reais da organização psicológica. Por exemplo, cada indivíduo mostra certo nível de *extroversão* que está relacionada com a sociabilidade e impulsividade (EYSENCK, 1970). Extrovertidos tendem a gozar de interações humanas e vivem de forma muito ativa e intensa. Eles são dominantes, impetuosos, otimistas e falantes quando comparados com outras pessoas. Por outro lado, introvertidos são mais quietos e introspectivos; eles evitam estar na companhia de muitas pessoas, e são propensos à ansiedade. Naturalmente, esses dois "protótipos" são extremos de uma dimensão contínua segmentada por tremendas variações intermediárias. É geralmente aceito que os traços de personalidade são continuamente distribuídos na população, e as pessoas mostram uma ampla variedade desses traços.

Nas últimas décadas, o Modelo *Big Five* tornou-se dominante na Psicologia (DIGMAN, 1990). Neste modelo, a estrutura básica da personalidade compreende cinco traços superiores (chamados de fatores principais ou dimensões) que determinam, em essência, cada constituição psicológica individual. Um desses fatores é a supramencionada *extroversão*. Outro fator é a *agradabilidade*, que compreende vários níveis de simpatia, apoio emocional, cuidado e altruísmo, além de suas contrapartes negativas. O fator da *consciência* está ligado à responsabilidade, empreendimento motivacional, persistência e comportamento orientado para a meta. O fator de *instabilidade emocional* ou *emotividade* (ou neuroticismo em uma terminologia alternativa) refere-se à forma como as pessoas reagem emocionalmente aos efeitos ambientais, tais como estímulos negativos (p. ex., em uma situação estressante), que fazem algumas pessoas ficarem zangadas rapidamente enquanto mantêm-se calmas e, em outras circunstâncias, dão respostas balanceadas. Finalmente, a *franqueza à experiência* ou *abertura intelectual* inclui o imaginativo, a criatividade, o interesse e a rapidez de absorção. As características mais importantes dos cinco fatores, isto é, os adjetivos pelos quais eles são descritos, são apresentadas no box 3.1.

Também é digno de nota nesta curta introdução que cada fator principal pode ser dividido em diversos subfatores que descrevem conteúdos de personalidade específicos ou concretos. Por exemplo, um subfator de extroversão é a sensação ou busca pela novidade, que faz referência à predisposição a buscar por novas, intensas, variadas e possivelmente pouco usuais experiências.

Box 3.1 Modelo *Big Five*

As escalas adjetivas bipolares e unipolares caracterizam os cinco principais fatores da personalidade (CARVER & SCHEIER, 1998). Escalas unipolares descrevem os conteúdos ou "tema" de cada fator, enquanto escalas bipolares especificam os extremos dos traços de personalidade em cada fator. Naturalmente, as escalas definidas por esses extremos abrangem muitos níveis intermediários; os traços de personalidade demonstram um amplo leque de variação individual em uma dada população.

Fator	Escalas bipolares	Escalas unipolares
Extroversão	Arrojado – tímido	Sociabilidade
	Assertivo – complacente	Franco
	Autoconfiante – irresoluto	Enérgico
	Falante – calado	Feliz
	Espontâneo – inibido	Reservado
Agradabilidade	Amigável – não amigável	Invejoso
	Caloroso – frio	Atencioso
	Gentil – indelicado	Malévolo
	Polido – rude	Sensível
	Amável – irascível	Queixoso
Consciência	Cauteloso – audacioso	Prático
	Sério – frívolo	Persistente
	Responsável – irresponsável	Prudente
	Meticuloso – descuidado	Cuidadoso
	Diligente – preguiçoso	Extravagante
Emotividade	Nervoso – estável	Preocupado
	Ansioso – calmo	Nervoso
	Destemperado – imperturbável	Tímido
	Relaxado – tenso	Tenso
Franqueza	Imaginativo – não imaginativo	Inteligente
	Intelectual – não intelectual	Aguçado
	Sofisticado – não sofisticado	Imaginativo
	Não curioso – curioso	Verbal
	Não criativo – criativo	Original

Algumas pessoas sentem prazer em situações que ofertam novas e excitantes experiências, enquanto positivamente evitam situações cotidianas que consideram entediantes. De forma contrastante, outros ficam claramente ansiosos com o pouco usual, o não esperado e estímulos intensos. Pesquisas têm recentemente revelado que essas reações apresentam relações íntimas com áreas do cérebro atreladas com a noção de recompensa. Ademais, efeitos genéticos subjacentes à busca por sensações e ao ato de evitar comportamentos também têm sido revelados (PLOMIN et al., 2005).

1 A personalidade dos maquiavélicos

De acordo com a introdução, a questão em foco é se os maquiavélicos têm traços de personalidade característicos e, se eles têm de fato, como diferem dos demais nessas características. A resposta para a primeira questão é definitivamente "sim"; conforme estudos conduzidos em diferentes países, os resultados alcançados mostram um padrão um tanto universal. Esses estudos encontraram um relacionamento negativo entre o maquiavelismo e a agradabilidade. Relatórios de indivíduos com altos índices na Escala Mach foram comparados aos relatórios de indivíduos com baixos índices na mesma escala (JACOBWITZ & EGAN, 2006; PAULHUS & WILLIAMS, 2002; EGAN; CHAN & SHORTER, 2014); não foi surpreendente notar que maquiavélicos tipicamente usam os outros como meios para atingirem suas metas, geralmente descrevendo os demais em termos negativos e frequentemente demonstrando malevolência diante dos demais.

De maneira análoga, outros estudos revelam um relacionamento negativo entre maquiavelismo e o principal fator da consciência (JACOBWITZ & EGAN, 2006; PAULHUS & WILLIAMS, 2002 etc.). Novamente, não é uma surpresa, uma vez que os maquiavélicos são notórios, entre outras coisas, pela ausência de sensação de responsabilidade, pelo cinismo e, por fim, pela pouca preocupação com implicações morais de suas ações. Simultaneamente, alguns estudos encontraram um relacionamento positivo entre neuroticismo (instabilidade emocional) e maquiavelismo (JACOBWITZ & EGAN, 2006). Isso sugere que indivíduos com altos índices na Escala Mach são caracterizados por transparecer uma aparentemente frieza e um comportamento reservado. Eles frequentemente experimentam emoções intensas em seus relacionamentos pessoais, especialmente em situações estressantes tais como quando obtêm uma recompensa desejada ou quando correm risco de serem expostos. No entanto, eles são incapazes ou não têm pré-disposição para expressarem suas intensas emoções; seu comportamento e aparência não revelam nada sobre seus sentimentos. Uma vez que esta é uma característica essencial do maquiavelismo, nós iremos discutir detalhadamente esse assunto no capítulo 7.

Uma atitude não amigável, com pobre senso de responsabilidade e instabilidade emocional; essas são as características que constituem o maquiavelismo? As pessoas que possuem esses traços de personalidade que nós nomeamos como maquiavélicas? A partir dessa perspectiva, alguém poderia argumentar que aqueles indivíduos que buscam enganar e explorar os outros são aqueles que costumam combinar esses traços em sua personalidade. Essas características da constituição mental de alguém são desenvolvidas durante a infância, como o resultado de uma adaptação infantil a certos efeitos do ambiente familiar – presumivelmente negativos (cf. cap. 5).

Porém, eu acredito que o maquiavelismo não pode ser limitado a uma construção de personalidade específica. Ele compreende um fenômeno psicológico mais amplo que também inclui processos característicos do pensamento e da cognição. Como os capítulos subsequentes deste livro revelam, os maquiavélicos realizam operações mentais muito específicas de maneira a explorar os outros. Eles tomam decisões racionais, monitoram e predizem o comportamento dos outros e concebem planos estratégicos. Ademais, há redes neurais específicas que subjazem esses processos, cujos padrões de atividades diferem daqueles observados nos cérebros de não maquiavélicos. Nesse sentido mais compreensivo, o maquiavelismo é um complexo sistema comportamental que compreende vários componentes, desde mecanismos cognitivos, mecanismos de aprendizado e o processamento de informações afetivas até a estrutura da personalidade particular.

2 Temperamento e caráter

Seja qual for o caso, a ideia de que os traços de personalidade moldam o caráter maquiavélico está fora de questão. O relacionamento íntimo entre maquiavelismo e certos padrões de personalidade foi revelado não apenas pelos questionários pautados pelo *Big Five*. Claude Cloninger et al. (1994) desenvolveram o então chamado Inventário de Temperamento e Caráter (ITC), que mede sete traços de personalidade, incluindo os chamados de fatores de temperamento e fatores de caráter. Os fatores de temperamento representam padrões inatos, ou seja, geneticamente prescritos de processamento da informação ambiental. Eles determinam os padrões básicos individuais de resposta automática de acordo com o princípio de estímulo e causa-reação. Os quatro fatores de temperamento são: busca por novidades, evitar danos, dependência da recompensa e persistência; eles permanecem relativamente estáveis independentemente do ambiente cultural e social. O outro grupo de traços de personalidade, isto é, os traços de caráter, incluem a cooperatividade, a autotranscendência e o autodirecionamento; eles descrevem diferenças individuais que gradualmente desenvolvem-se como um resultado de interações entre o temperamento, o ambiente familiar e as experiências de vida individuais. O questionário ITC permite que nós mensuremos um espectro relativamente amplo de personalidade, apesar de seus sete fatores principais e vinte e quatro subfatores.

Em um estudo, uma correlação muito negativa foi encontrada entre índices na Escala Mach e os índices obtidos pelo fator de cooperatividade do Teste ITC (BERECZKEI & CZIBOR, 2014). Falta aos maquiavélicos, tal como nós vimos, abertura aos outros e eles apresentam índices baixos de empatia, além de não manifestarem cuidado e presteza para com os demais. Estão mais propensos em concordar com afirmações do Teste ITC do tipo "eu não tenho paciência com pessoas que não aceitam minhas formas de ver as coisas"; "princípios como justiça e honestidade têm pouca importância em alguns aspectos de minha vida"; "membros da equipe raramente recebem sua justa parte"; "eu sinto prazer ao ver meus inimigos sofrerem"; "eu sinto prazer ao obter vingança das pessoas que me feriram"; "é difícil tolerar pessoas que são diferentes de mim".

Tudo leva a crer que os indivíduos maquiavélicos do estudo mencionado não apenas completaram o Teste ITC, mas também tomaram decisões em uma situação de dilema social. Claramente, eles participaram do Jogo dos Bens Públicos, no qual eles tinham a oportunidade de beneficiarem-se da benevolência e confiança alheia (cf. box 10.3). Na maioria dos casos, eles monopolizavam grandes quantidades de dinheiro transferidas para as contas do grupo e deixavam o jogo com os maiores lucros (CZIBOR & BERECZKEI, 2012). Naturalmente, a baixa cooperatividade dos maquiavélicos não é surpreendente e está em linha com aqueles estudos previamente mencionados, que os apresentaram com uma preocupação empática pequena e uma atitude altamente manipuladora.

Box 3.2 Uma curta descrição dos principais fatores do ITC

I – Fatores temperamentais

1) Busca por novidades – ativação comportamental, iniciativa, curiosidade.
Maiores pontuadores: impulsivo, desejoso de explorar novos ambientes, irritável, irresoluto, inconsistente, desordeiro, incontrolável, facilmente propenso ao tédio.
Baixos pontuadores: não atraído por novidades, desejoso de se ocupar com os detalhes, pensa muito antes de tomar uma decisão, rígido, organizado, persistente.

2) Evitar o dano – inibição comportamental, evasão passiva, aversão aos estímulos negativos.
Maiores pontuadores: cauteloso, tímido, preocupado, tenso, inibido, facilmente exausto.
Baixos pontuadores: despreocupado, desinibido, autoconfiante, relaxado, otimista, enérgico, sociável.

3) Dependentes da recompensa – dependência da aprovação dos outros, sensibilidade, apego social.
Maiores pontuadores: sensível a estímulos sociais e reconhecimento.
Baixos pontuadores: desligado socialmente, prático.

4) Persistência – orientação por meta, diligência, ambição.
Maiores pontuadores: diligente, esforçado, ambicioso, perfeccionista, pronto para a ação.
Baixos pontuadores: ocioso, negligente, facilmente desiste das metas.

II – Fatores de caráter

1) Autodirecionamento – a habilidade de seguir as regras e adaptar-se.
Maiores pontuadores: responsável, confiável, eficiente, leva uma vida com propósito.
Baixos pontuadores: irresponsável, autoaceitação e autodirecionável.

> **2) Cooperatividade** – aceitação dos outros, empatia, consciência.
> *Maiores pontuadores*: auxiliador, misericordioso, tolerante, empático.
> *Baixos pontuadores*: sem envolvimento social, egoísta, desprovido de consciência.
> **3) Autotranscendência** – identificação com uma força cósmica independente do individual
> *Maiores pontuadores*: paciente, criativo, sábio, espiritual.
> *Baixos pontuadores*: impaciente, ama a si mesmo, falta de humildade.

De maneira importante, outro achado interessante foi também obtido nesse estudo. No final do experimento, os indivíduos tinham que descrever e ofertar uma razão para seu comportamento anterior, isto é, a estratégia que eles usaram no jogo. Os textos resultantes foram analisados em termos de conteúdo por meio de um software desenvolvido para tais propósitos (CZIBOR; VINCZE & BERECZKEI, 2014). A análise focou primariamente na ocorrência de verbos que descreviam estados cognitivos, emoções e intencionalidade. Os resultados revelaram que indivíduos com altos índices na Escala Mach usaram de forma menos frequente as formas verbais da primeira pessoa do plural (p. ex., nós pensamos/esperamos/aprovamos) quando comparados com indivíduos com baixos índices. Ademais, eles usaram menos palavras que indicavam emoções (p. ex., medo, excitação, alegria). Conforme os autores, esses resultados indicam que os indivíduos com altos índices na Escala Mach têm um senso de orientação de grupo e pertencimento mais fracos que os indivíduos com baixos índices Mach, que estão muito mais propensos a valorizar tais laços entre os membros do grupo.

Voltando aos traços de personalidade medidos pelo ITC, a falta ou ao menos um nível insignificante de princípios morais foi indicado pelas baixas pontuações dos maquiavélicos nos termos do autodirecionamento e autotranscendência (BERECZKEI & CZIBOR, 2014). Esses resultados confirmam que eles são incapazes de ir além de seu próprio ego, e que se mantêm no centro do universo. Eles não se sentem obrigados a aceitar regras sociais se isso for contrário aos seus próprios interesses, e também não se sentem preocupados ao prejudicarem os outros. Além disso, suas altas pontuações no quesito *persistência* sugerem que eles permanentemente tentam se manter atinentes às próprias decisões, que são baseadas em considerações racionais. No Jogo dos Bens Públicos, por exemplo, eles consistentemente transferiam as menores somas para a conta do grupo do que os demais a cada rodada e, como resultado, eles coletavam mais dinheiro para as suas contas individuais. Eles não foram convencidos a agir de forma diferente nessa manobra persistente, mesmo diante da possibilidade de que eles pudessem perder a benevolência dos membros do grupo, uma vez que seus comportamentos egoístas mais cedo ou mais tarde se mostrassem óbvios. Esse resultado está estritamente relacionado com a pontuação relativamente baixa dos maquiavélicos no *fator da dependência da recompensa*, que mede a sensibilidade da aprovação e o reconhecimento recebidos pela comunidade como uma fonte fundamental de recompensa, em vez da sensação de recompensa material imediata. Para um maquiavélico, a aprovação dos outros aparentemente não conta.

3 Busca por sensações, impulsividade, tomada de risco

Os maquiavélicos pontuam alto no fator busca por novidade do supramencionado Teste ITC. Isso significa, conforme a definição de Cloninger, que eles são impulsivos e propensos a tomarem a iniciativa, além de explorarem novos ambientes, por um lado, enquanto por outro são irritáveis, descontrolados e facilmente ficam entediados.

Essa descrição em si reflete que a busca por novidades é uma categoria psicológica imensamente complexa e heterogênea. Pode-se buscar novidade no trabalho, em esportes extremos ou até mesmo no sexo. Ademais, a busca por novidade está intimamente associada com conceitos tais como a busca por sensações, impulsividade ou tomada de risco. Os conteúdos dessas categorias em parte sobrepõem-se, enquanto cada categoria dispõe de um conteúdo único que as distingue das demais.

Talvez a busca por sensações seja o conceito mais intimamente associado com a busca por novidade. O termo foi cunhado por Marvin Zuckerman (1994), que o utilizou para fazer referência à prontidão para novos e pouco usuais estímulos, assim como a vontade de buscar excitação, desafio ou experiências de aventura. Os ávidos por aventura, isto é, aqueles que alcançam altos índices na Escala de Busca por Sensações de Zuckerman (EBS) são um tipo de hedonistas que procura o prazer ao encarar circunstâncias variadas, novas e possivelmente arriscadas. Por outro lado, indivíduos com baixos índices sempre preferem permanecer no ambiente habitual e evitar eventos inesperados. Os ávidos por aventuras parecem precisar de um constante nível de excitação, que está relacionado ao incremento de atividade cerebral. Em outras palavras, tais pessoas precisam de mais estímulos do que outras para sentirem-se confortáveis e realizarem tarefas de forma otimizada. Esse conforto interno pode ser alcançado de diversas maneiras, como na prática de esportes, viajando ou realizando tarefas arriscadas (p. ex., *bungee jumping*), entre outras.

Os maquiavélicos são também caracterizados pelo índice acima da média na busca por sensações (CRYZEL; CROSIER & WEBSTER, 2013; LINTON & POWER, 2013). Isso implica, por um lado, que eles encontram novos estímulos, situações e rivais positivamente desafiadores. Por outro lado, isso sugere que a busca por novidade pode estar relacionada com a tomada de risco. Zuckerman também considerou a tomada de risco como um componente essencial na busca por sensações (busca por novidade). Portanto, não é acidental que a Escala de Busca por Sensações desenvolvida por ele e a maior parte de suas versões revisadas incluem muitos itens especificamente relacionados com a tomada de risco (cf. box 3.3). Vários estudos descobriram que aqueles que pontuam alto nessa escala – geralmente gostam de apostar, dirigir rápido – preferem esportes excitantes que envolvem risco, têm uma inclinação para escolher ocupações perigosas, são mais frequentemente engajados em sexo casual, além de apresentarem maior propensão ao uso de drogas ou consumo de álcool (ZUCKERMAN, 1994).

Box 3.3 Versão resumida de uma das Escalas de Busca por Sensações de Zuckerman (itens selecionados)

Pede-se aos indivíduos que escolham uma das duas afirmações alternativas que melhor o(a) descrevem.
A) Eu gostaria de um emprego que requeresse muitas viagens.
B) Eu gostaria de um emprego em apenas uma localização.

A) Eu fico entediado ao ver as mesmas pessoas de sempre.
B) Eu gosto da familiaridade confortável dos amigos do dia a dia.

A) Eventualmente eu gosto de fazer coisas que são um pouco assustadoras.
B) Uma pessoa sensível evita atividades que são perigosas.

A) Eu gostaria de tentar pular de paraquedas.
B) Eu nunca tentaria pular de um avião, com ou sem paraquedas.

> A) Eu entro na água gelada gradualmente, dando tempo para que eu me acostume a ela.
> B) Eu gosto de mergulhar ou pular direto no oceano ou na água gelada.
>
> A) Eu prefiro pessoas que são emocionalmente expressivas em vez daquelas que são um pouco instáveis.
> B) Eu prefiro pessoas que são calmas e até mesmo temperadas.
>
> A) As pessoas que dirigem motocicletas devem ter algum tipo de necessidade inconsciente de ferir elas mesmas.
> B) Eu gostaria de dirigir ou ser levado em uma motocicleta.

Alguém poderia supor que maquiavélicos são genuínos tomadores de risco. Naturalmente, isso é parcialmente verdadeiro. Eles são propensos a obter uma recompensa imediata mesmo se arriscam um sucesso futuro por agirem assim. No capítulo anterior nós apresentamos um experimento que revelou como os maquiavélicos sacavam, em um jogo de apostas, as cartas que ofereciam as maiores recompensas, mesmo quando percebiam, com o passar do tempo, que tal estratégia incorria em um desproporcional alto risco de perder tudo. Nós também sabemos que os maquiavélicos frequentemente violam as normas, que estão intimamente relacionadas com a tomada de risco. Na esperança de obter lucros, eles se recusam a assumir as normas de cooperação ou reciprocidade, e, consequentemente, assumem o risco de os seus parceiros deixarem de confiar neles ou até mesmo abandoná-los (WILSON et al., 1998; GUNNTHORSDOTTIR et al., 2002).

Não obstante, os maquiavélicos não podem ser considerados como típicos tomadores de risco. Nenhum relacionamento foi encontrado entre os índices da Escala Mach e os níveis de consumo de álcool, o uso de drogas e o tabagismo (JONASON; KOENIG & TOST, 2010). Muitos estudos sugerem que maquiavélicos positivamente evitaram enganar os outros em circunstâncias que envolvessem alto risco de exposição (COOPER & PETERSON, 1980; BERECZKEI; BIRKAS & KEREKES, 2010). Outras vezes, eles agem como estrategistas prudentes, que tentam se prevenir de perder lucros previamente obtidos. Em um experimento, indivíduos jogaram um jogo de apostas no qual o volume de recompensa era mantido pelo jogador que ganhava, enquanto, em caso de perda, a soma era deduzida dos fundos do próximo jogador, e não de seus próprios (dele ou dela). Por outro lado, esse último jogador poderia punir o jogador anterior, de maneira que ele poderia perder todo o seu dinheiro. O estudo descobriu que os maquiavélicos jogavam de forma cautelosa, e não perdiam muito dinheiro diante da ameaça imposta pelos parceiros prejudicados (JONES, 2014). Eles tomaram uma decisão estratégica: não assumiam riscos desnecessários que poderiam tê-los lançado em resultados negativos no saldo final. Por outro lado, psicopatas não clínicos demonstraram uma inflexibilidade notória durante o jogo: eles permaneceram apostando e perderam seu dinheiro.

Tanto a busca por sensações quanto a tomada de risco estão relacionadas com a impulsividade, que pode ser descrita pelos termos de tomada de decisão rápida, resposta instantânea, espontaneidade, entusiasmo e gosto pela aventura. A diferença entre a impulsividade e as outras duas categorias psicológicas é que a primeira faz referência à prontidão interna para agir sem especificar seu conteúdo ou objeto, oposta a sensação de focar em novos estímulos e riscos, com foco em situações perigosas. Esse campo de pesquisa também fornece descobertas contraditórias para os maquiavélicos. Alguns dos estudos que empregam vários questionários encontraram correlações positivas entre o maquiavelismo e a impulsividade (McHOSKEY, 2001; CRYSEL; CROSIER & WEBSTER, 2013).

Isso é possível porque maquiavélicos frequentemente (mas nem sempre) agem conforme o princípio do "primeiro golpe": eles imediatamente tomam vantagem da vulnerabilidade de seus parceiros e atacam a primeira oportunidade que se manifesta.

Porém, outros estudos não encontraram um relacionamento significativo entre os níveis de maquiavelismo e a impulsividade. Muitas análises dos membros da Tríade Negra revelam que certas formas de impulsividade estavam relacionadas com o narcisismo e psicopatia, mas não com o maquiavelismo (JONES & PAULHUS, 2011; MALESZA & OSTASZEWSKI, 2016). Nosso conhecimento do maquiavelismo também oferece uma explicação consistente das descobertas. Os maquiavélicos são caracterizados por certo tipo de controle de impulso: eles são capazes de tomar decisões frias sobre a melhor estratégia manipuladora em uma dada situação. Eles racionalmente consideram os fatores situacionais mais importantes enquanto escondem suas emoções (cf. cap. 7). Tamanha falta de impulsividade pode ser adaptativa, uma vez que ela previne decisões apressadas e auxilia na tomada de ações cuidadosamente pensadas.

Não é um presságio científico favorável quando um fenômeno e seu oposto podem ser igualmente bem explicados. Os maquiavélicos provam ser impulsivos em um estudo e não impulsivos em outro, enquanto cada descoberta é apoiada por dados empíricos. O dilema pode possivelmente ser resolvido ao focar na natureza multifacetada e diversa do próprio maquiavelismo. Os maquiavélicos algumas vezes empregam a tática do primeiro golpe, enquanto, em outras ocasiões, suas ações empreendem metas de longo termo, dependendo do ambiente social que eles enfrentam. Quando se espera que o logro leve a um benefício, e quando ele não envolve nenhum risco óbvio, eles primariamente confiam em sua intuição e agem imediatamente. Nestes casos, a prontidão para agir, a espontaneidade e a velocidade resultante da impulsividade podem se mostrar cruciais. Contudo, quando a situação requer uma análise dos efeitos complexos e mutáveis, pode se mostrar mais interessante aguardar um pouco por possíveis desfechos alternativos. Sobriedade e a ativação do cálculo frio pela impulsividade reduzida podem, em um longo termo, garantir o sucesso em tal forma de manipulação racional e analítica.

4 Personalidade antissocial

O maquiavelismo não é uma desordem. Ele não pode ser considerado como um fenômeno psicopatológico. Não obstante, ele pode estar relacionado a muitos traços de personalidade que podem ser classificados como desordens mentais, conforme os mais diversos critérios de diagnóstico. A impulsividade já mencionada, a tomada de risco e a violação das normas levantam a questão: em que medida os maquiavélicos podem ser considerados como personagens antissociais? Em termos mais gerais, uma personalidade antissocial é caracterizada por uma absoluta falta de preocupação diante dos outros e pela violação de seus direitos fundamentais. Pessoas com desordem de personalidade antissocial ignoram obrigações e normas sociais, recusam-se a seguir ordens, desprezam a autoridade e exibem uma fria indiferença quanto aos sentimentos alheios. Apesar de eles na maioria das vezes saberem que suas condutas seguem na contramão das expectativas e normas sociais, eles continuam despreocupados. É como diz o ditado: a personalidade antissocial não ama, não sente medo e não aprende. Naturalmente, o comportamento não é necessariamente igual a violência ou ao abuso físico, embora isso também ocorra frequentemente. O repertório inclui assédio e ameaças, conflitos recorrentes com as autoridades (p. ex., ao forjar documentos), envolvimento sem fim em práticas ilegais (p. ex., fraude no casamento), e assim por diante. O box 3.4 mostra os critérios de classificação clínica para a desordem de personalidade antissocial.

Box 3.4 Critérios de diagnóstico para a desordem de personalidade antissocial conforme o DSM-IV

A) Há um padrão penetrante de desrespeito e violação dos direitos dos outros, que ocorre desde os 15 anos de idade, como indicado por três (ou mais) das seguintes situações:
1) falha de conformar-se às normas sociais com respeito aos procedimentos legais, indicada por repetidos atos que são passíveis de prisão;
2) falsidade, como indicado pelo uso de repetidas mentiras, uso de pseudônimos, ou lograr outrem para obter lucro pessoal ou por prazer;
3) impulsividade ou falha para planejar o futuro;
4) irritabilidade e agressividade, indicados por lutas físicas repetidas ou agressões;
5) desleixo desrespeitoso pela segurança de si mesmo ou dos outros;
6) irresponsabilidade consistente, indicada pela repetida falha para sustentar uma conduta de trabalho consistente ou honrar obrigações financeiras;
7) falta de remorso, indicada por indiferença ou racionalização por ter ferido, maltratado ou roubado de outrem.

B) O indivíduo tem ao menos 18 anos de idade.

C) Não há evidência de conduta desordeira antes dos 15 anos de idade.

D) A ocorrência de um comportamento antissocial não ocorre exclusivamente durante o curso da esquizofrenia ou de um episódio maníaco.

Considerando os padrões e critérios listados acima, não é surpreendente que indivíduos com altos índices na Escala Mach foram encontrados entre as pessoas submetidas ao tratamento psiquiátrico por desordem de personalidade antissocial (RADA; TARACENA & RODRIGUEZ, 2004). Obviamente, os dois grupos têm um conjunto de características comuns: desrespeito às normas éticas, obtenção de benefícios ao enganar os outros, cinismo, sangue-frio. Os maquiavélicos demonstraram uma alta antissociabilidade conforme uma medida proposta por um autorrelatório de 99 itens (PDQ-4), diferentemente daqueles com baixos índices no Teste Mach-IV (McHOSKEY, 2001). Em um estudo recentemente conduzido na Inglaterra, indivíduos selecionados randomicamente foram perguntados sobre quantas vezes eles estiveram envolvidos em atos violentos ou ofensivos durante os últimos 12 meses (PAILING; BOON & EGAN, 2014). Eles receberam questões tais como "você atirou algo em alguém que fosse capaz de machucá-lo?"; "você puxou, agarrou ou empurrou alguém durante uma discussão?"; "você atingiu alguém com um punho ou objeto?"

Não é surpreendente que aqueles com altos índices de psicopatia provaram-se mais violentos conforme o autorrelatório. No entanto, é surpreendente que eles foram imediatamente seguidos pelos maquiavélicos (com uma medida no placar da violência pouco inferior ao grupo anterior). Trata-se de uma informação que causa estranheza porque os maquiavélicos são conhecidos pela fala mansa, inteligência e por intrigar as pessoas, além de preferirem enganar suas vítimas com sagacidade e palavras, eles também não estão muito distantes da violência aberta. O fato de que eles são realmente inclinados a empregar a violência física pode possivelmente ser um reflexo de sua malevolência e preconceito, que formam uma parte integral de seu caráter. Usualmente eles não pensam nos outros enquanto indivíduos com suas próprias emoções e desejos, mas como objetos impessoais de manipulação.

Essencialmente, eles veem suas vítimas potenciais como representações de um tipo de coisa sem face, e que esse tipo particular determina a maneira que eles escolhem para manipular e enganar a vítima em uma dada circunstância.

Eu suspeito, ainda que sem qualquer experiência empírica comprovada, que os maquiavélicos recorrem à violência quando seus movimentos táticos falham. Tal ação pode ser o reflexo da frustração causada pela falha ou ao serem expostos, o que eventualmente conduz à violência. É também possível, no entanto, que eles sejam orientados ao sucesso e à recompensa de tal maneira que escolhem cometer a violência em vez de desistirem de seus planos e resignarem-se de explorar os outros. Outra possível explicação é que a busca por sensações e natureza impulsiva leve-os a cometer atos de violência, sobretudo no caso em que eles falham no exercício do autocontrole. Essa ideia é apoiada por um estudo no qual um relacionamento próximo foi encontrado entre índices Mach e a propensão a agredir física e verbalmente (McDONALD; DONELLAN & NAVARRETE, 2012). Os maquiavélicos concordam com afirmações como "de vez em quando eu não posso controlar a vontade de bater em alguém" ou "Eu não consigo argumentar quando uma pessoa discorda de mim". Obviamente, apenas pesquisas futuras podem confirmar ou negar essas explicações alternativas para a conduta violenta maquiavélica.

Box 3.5 Maquiavelismo e humor agressivo

Após um primeiro olhar, o humor não está relacionado com o comportamento antissocial e agressão. No entanto, isso é apenas aparente. Muitas disciplinas como a Etologia, a Etnografia e a Psicologia Social têm apontado que piadas, tiradas humoradas e risadas frequentemente transmitem conteúdo e significado agressivos (EIBL-EIBESFELDT, 1989). Uma escala de autorrelatório recentemente desenvolvida (Questionário de estilos de humor) não apenas mensura a compreensão e o uso do humor, mas também fornece um corte preciso no sistema de categorias (MARTIN et al., 2012). Em um nível primário, o humor positivo e o negativo são distinguidos pelas respectivas escalas, e após elas ambas são divididas para outras dimensões. Os autores definem o humor positivo pela condição de que todas as partes envolvidas se beneficiam pelo uso do humor e que ninguém é prejudicado (p. ex., ao ser ridicularizado). Dentro desta categoria, a escala de humor afiliativo mede a vontade que alguém tem para comunicar conteúdos humorísticos, contando piadas e provocando os outros, com o objetivo de entreter os demais (p. ex., "eu gosto de fazer as pessoas rirem"). A escala do humor autointensificação, que é igualmente positiva, mensura a atitude de alguém quanto ao humor. Isso inclui um olhar humorado sobre a vida, a habilidade de encontrar aspectos humorísticos de situações cotidianas e uso do humor como um meio de cópia (p. ex., "minha perspectiva humorada sobre a vida me preserva de ficar chateado ou deprimido com as coisas"). Por outro lado, o humor negativo sempre prejudica alguém ao reduzir sua autoestima. Essa categoria inclui o humor agressivo, que serve para criticar os outros (sarcasmo, ridicularização, zombaria) ou como um meio de ameaçar ou ofender, como nos casos do humor racista e sexista, por exemplo ("se alguém comete um erro, eu irei frequentemente provocá-lo(a) sobre isso). Por fim, o humor contraproducente é também um tipo de humor negativo manifesto na autocrítica e autodepreciação com o propósito de entreter os outros (p. ex., "eu frequentemente tento fazer as pessoas gostarem de mim ou me aceitarem, principalmente ao dizer algo engraçado sobre as minhas próprias fraquezas, mancadas ou faltas").

Uma equipe de pesquisa canadense usou este questionário em um estudo que descobriu que o maquiavelismo foi apenas correlacionado com o humor negativo, e a correlação encontrada foi positiva (VESELKA et al., 2010). Isso significa que os

> maquiavélicos preferem contar piadas e afirmações engraçadas que prejudicam, degradam ou depreciam os outros. (P. ex., "se a estupidez te faz crescer, agora você pode lamber a lua sentado!") Esse estilo de humor, que comunica com a falta de empatia, frequentemente torna-se um meio de exercer controle sobre os outros e, consequentemente, pode contribuir para a concretização de metas pessoais.
>
> De maneira interessante, os maquiavélicos também têm pontuações mais altas que a média na escala de humor contraproducente. Isso possivelmente pode ser explicado por sua intenção de mostrar uma imagem negativa e pessimista dos outros ao degradar a si próprio: "eu sou ridículo, porém de forma alguma diferente de você". Os maquiavélicos, diferentemente dos psicopatas e narcisistas, não necessariamente se colocam acima dos demais. Em vez disso, eles pensam que todos são mentirosos e hipócritas, incluindo eles mesmos. Porém, eles também pensam que, embora estejam cientes de seu verdadeiro eu, os outros alimentam ilusões sobre eles mesmos e pensam que são melhores do que realmente são. Tal aspecto permite que os maquiavélicos acreditem, de forma confiante e resoluta, que a mentira é a melhor maneira de enganar os outros.

Outro estudo não apenas focado sobre aqueles engajados em comportamentos antissociais, mas também sobre suas vítimas. Jovens empregados canadenses foram perguntados sobre a frequência do *bullying* no ambiente de trabalho (LINTON & POWER, 2013). Neste caso, os pesquisadores não focaram primariamente na violência física, mas em um amplo espectro comportamental incluindo diversos atos antissociais que abrangiam da intimidação e do abuso emocional até a violência brutal. O questionário usado neste estudo incluiu diversos itens como "humilhar ou ridicularizar em conexão com o trabalho" ou "ordenar a fazer um trabalho abaixo do nível de competência". Foi pedido aos indivíduos que indicassem quão frequentemente eles tinham se envolvido em tais atos durante os últimos seis meses, seja como perpetradores ou como alvos. O estudo descobriu que indivíduos com altos índices de maquiavelismo (assim como aqueles com altos níveis de narcisismo ou psicopatia, i. é, membros da Tríade Negra) mais frequentemente cometeram violência contra seus colegas do que os outros indivíduos, conquanto eles também fossem alvos mais frequentes de atos violentos. Tomando todos os três grupos da Tríade Negra em consideração, 41,7% dos alvos reportaram que eles praticaram *bullying* contra alguém ao menos uma vez por semana, e vice-versa: 89,7% dos perpetradores frequentemente tornaram-se alvos de violência. Tudo leva a crer que ambos os grupos são propensos a envolver-se em eventos negativos. Pessoas com certos tipos de personalidade frequentemente comportam-se de maneira a provocar os outros que, por sua vez, respondem com violência. Por exemplo, tem sido frequentemente observado que superiores em um ambiente de trabalho frequentemente agem agressivamente com aqueles que violam as normas (p. ex., permanecer fora do trabalho por muitas horas). Ademais, parece que perpetradores e alvos desses ambientes de trabalho violentos possuem traços de personalidade semelhantes. O comportamento maquiavélico é categorizado por reações raivosas, hostilidade, agressão verbal e propensão para a tomada de risco em ambos os papéis. Todas essas características fazem deles mais adequados, quer para se tornarem abusadores, quer para se tornarem vítimas.

5 Personalidade *borderline*

John McHoskey sugere que os maquiavélicos exibem uma série de problemas de personalidade (1995). Suas descobertas revelaram que apesar de eles demonstrarem sintomas de muitas desordens mentais (antissocialidade, paranoia, esquizotipia), é provavelmente a personalidade *borderline*, entre os traços apresentados, a mais característica deles. Essa observação foi sujeita a um minucioso exame em um estudo de András Láng, no qual o autor usou um questionário de 53 itens (Inventário de Personalidade *Borderline*, IPB) para acessar os sintomas de desordem de personalidade (LÁNG, 2015). A desordem de personalidade *borderline* é altamente prevalente, afetando entre 2-3% da população. Indivíduos com essa condição comportam-se de maneira imprevisível e caótica; eles frequentemente demonstram emoções intensas e fazem cenas, enquanto, em outros momentos, recuam e ocasionalmente mergulham em uma passividade completa. Eles são quase sempre continuamente ansiosos e muito frequentemente reagem com extrema emoção. Geralmente, eles têm dificuldades para controlar suas emoções, frequentemente beirando os limites do comportamento ético, e não é incomum que entrem em conflito com a lei. Seus relacionamentos sociais são também caracterizados por eventos extremos e imprevisíveis: eles são igualmente capazes de amar e odiar até situações extremas, e esses sentimentos são frequentemente direcionados para a mesma pessoa.

O estudo encontrou uma correlação forte entre o maquiavelismo e a desordem de personalidade *borderline* em três campos diferentes avaliados por três subescalas do inventário. Uma dessas subescalas é a "difusão de identidade", na qual o indivíduo percebe a si próprio como uma entidade sem forma, sem limites e unidade ("eu sinto como se eu estivesse desintegrando"). Naturalmente, este estado acarreta muitas consequências negativas na vida dos indivíduos, como o sentimento de vazio interior, de inferioridade ou o abuso de drogas. No entanto, é possível que os maquiavélicos – entre os quais este estado é muito mais típico do que entre os não maquiavélicos – sejam hábeis em empregar a indeterminação e a plasticidade de sua personalidade para servirem às suas ações. Nomeadamente, um dos núcleos do sucesso dos maquiavélicos é a flexibilidade comportamental, isto é, a habilidade que eles têm em rapidamente adaptarem-se às circunstâncias em constante mudança (cf. cap. 8). O indivíduo maquiavélico pode também ser descrito como certo tipo de camaleão social, que assume faces diferentes em diferentes relacionamentos que eles tratam de forma negligente e impessoal.

Outro campo importante onde a relação entre o maquiavelismo e a desordem de personalidade *borderline* se manifesta é "o medo de fusão" – o temor de estar intimamente ligado a outras pessoas emocionalmente ("se um relacionamento torna-se íntimo, eu me sinto encurralado"). Por um lado, isso provoca a solidão e a perda do apoio social, enquanto, por outro lado, isso pode ajudar o maquiavélico a manter a distância emocional. Eles também são hábeis para distanciarem-se da atmosfera emocional da situação, além de ponderarem friamente as táticas que podem ser colocadas em prática. Tamanha reação fria pode servir à manipulação e logro, uma vez que a exploração eficiente dos outros não é perturbada pelo sentimento de arrependimento, culpa ou generosidade (em detalhes, cf. cap. 5). Possivelmente a mesma função é preenchida pelos assim chamados mecanismos primitivos de defesa, que formam o terceiro campo que interconecta a personalidade *borderline* e os maquiavélicos. Essa função serve para prevenir o indivíduo de reconhecer e realizar experiências que ameaçam sua autoestima, levando à ansiedade e angústia ("pessoas parecem hostis para mim"). Muitos mecanismos de defesa são baseados naquilo que conhecemos como *clivagem*, onde o indivíduo divide seus ambientes sociais em dois grupos opostos, incluindo as pessoas "boas" e "ruins". Eles confiam no primeiro enquanto demonstram desconfiança, precaução e frequentemente desprezo pelo segundo. É possível que os maquiavélicos usem seus mecanismos de defesa como um meio para desenvolverem um relacionamento impessoal com suas vítimas, assim como para preveni-los de encarar as consequências emocionais da situação.

Os maquiavélicos mais provavelmente demonstram um relacionamento mais íntimo com a psicopatia, considerando o escopo das desordens mentais, de maneira que o maquiavelismo é usualmente referido como uma forma não clínica de psicopatia. Esse último aspecto será discutido no próximo capítulo, que trata sobre a Tríade Negra.

4
Tríade Negra

Em 1990, foi levantada a ideia de que o maquiavelismo pode ser uma parte da personalidade complexa relacionada ao lado negativo da constituição da psicologia humana. Alguns pesquisadores traçaram a malevolência e o mal humanos da assim chamada personalidade Tríade Negra, que abrange os traços do maquiavelismo, narcisismo e psicopatia (PAULHUS & WILLIAMS, 2002; FURNHAM; RICHARDS & PAULHUS, 2013). Esses autores não negam que cada um desses três tipos de personalidade tem um perfil único, mas eles argumentam que uma aproximação mais acurada deveria integrá-los em um único constructo. Eles propuseram que nós podemos alcançar um vislumbre mais profundo da fragilidade humana se nos aproximarmos e analisarmos esses traços através da perspectiva ampla da Tríade Negra, em vez de examiná-los na relação de traços individuais de personalidade. Os autores não argumentam que a Tríade Negra ou qualquer um de seus membros necessariamente descrevem personalidades patológicas. Como nós vimos, o maquiavelismo não é considerado uma desordem mental, posição também refletida pelo fato de que os maquiavélicos geralmente não são tratados como pacientes em uma prática clínica. Por outro lado, o narcisismo e a psicopatia dispõem de formas patológicas, uma vez que seus níveis mais extremos requerem intervenções psicológica e psiquiátrica como desordens mentais diagnosticadas. No entanto, os tipos "menos graves" do narcisismo e psicopatia permanecem dentro do arco de comportamentos não clínicos na população normal. Em outras palavras, a Tríade Negra inclui o maquiavelismo, assim como formas não clínicas de narcisismo e psicopatia. É inquestionável que essas são expressões malevolentes da natureza humana; porém, ainda assim elas formam parte da vida cotidiana. Aqueles que apresentam tais comportamentos não estão mentalmente doentes; suas personalidades não são patológicas e muito menos anormais. Acima de tudo, elas são pessoas do dia a dia, mesmo quando produzem muitos problemas para os demais (e para elas mesmas).

1 Narcisismo e psicopatia

O narcisismo é usualmente associado com noções como presunção, vaidade, orgulho e egoísmo. Essencialmente, ele é definido pela adoração de si mesmo, um sentimento de grandiosidade e uma crônica necessidade de afirmação. Um narcisista é autocentrado e adora a si mesmo; eles se consideram como únicos e continuamente sofrem com a falta de devida atenção e respeito. São arrogantes, complacentes e apresentam uma aparentemente altíssima autoconfiança que frequentemente serve, porém, para selar sua insatisfação com eles mesmos. Eles acreditam que têm privilégios especiais e sentem extrema inveja pelo sucesso alheio. São extremamente egoístas e estão convencidos de que todos estão ali para servir seus interesses. Eles são incapazes de preocuparem-se com as necessidades e sentimentos dos demais, embora sejam, na maioria das vezes, capazes de sentir preocupações empáticas e frequentemente exibem culpa. Seus relacionamentos com os outros são superficiais e eles precisam de outras pessoas apenas para servi-los, respeitá-los e reconhecê-los. Após um curto período de tempo, são até mesmo capazes de agir de maneira persuasiva de forma a receber o reconhecimento alheio. Conforme a preferência da pessoa narcisista de ser superior e sua propensão de dominar as demais, uma correlação positiva foi encontrada entre o narcisismo e o nível de testosterona, o hormônio relacionado com a dominância (PLATTHEICHER, 2016).

A desordem de personalidade narcisista compreende, enquanto a forma patológica do narcisismo, todos esses sintomas em níveis extremamente patológicos. Tais indivíduos são caracterizados por uma autoadoração anormal, reclamando sua pretensa superioridade, megalomania, carência e espera por admiração incondicional dos outros, além de hipersensibilidade diante da crítica. Essas características colocam em perigo suas relações com a realidade.

A extensão pela qual alguém pode ser considerado como portador de uma personalidade narcisista é avaliada através de vários questionários e testes, de maneira análoga com relação ao maquiavelismo (box 4.1).

Embora tanto os narcisistas quanto os maquiavélicos produzirem muitos problemas para os seus companheiros, os psicopatas são provavelmente aqueles que produzem mais perigo ao seu ambiente social. Pessoas com um alto nível de psicopatia são primariamente caracterizadas por um pobre julgamento moral, pela falta de preocupação com as emoções alheias e a falta de arrependimento e culpa. Os psicopatas estão convencidos de que eles estão acima dos outros e têm privilégios, e, assim, não se preocupam com as normas sociais. Eles são incapazes de amar; eles não sentem ansiedade antes de prejudicarem os outros e não sentem remorso após fazê-lo. Eles são extremamente impulsivos, e quase todos demonstram algum tipo de comportamento antissocial, tal como a incapacidade de controlarem seus desejos. Eles frequentemente engajam-se em condutas criminais, de fraudes de casamento a assassinato. Na maioria dos casos, suas ações parecem não ter uma intenção razoável, e eles raramente veem qualquer uso aos seus empreendimentos. São frequentemente indivíduos inteligentes e de fala macia, que ludibriam até mesmo os *experts* com seu carisma. Não há consenso quanto ao "nível de critério" que deve ser estabelecido para a psicopatia, isto é, a partir de qual ponto o indivíduo deve ser submetido a um tratamento psiquiátrico.

Box 4.1 Inventário de Personalidade Narcisista (IPN) (Itens selecionados)

O teste consiste de quarenta pares de afirmações. Para cada par os participantes devem selecionar um que melhor reflete suas personalidades.
1.a) Eu tenho um talento natural para influenciar as pessoas.
1.b) Eu não sou bom em influenciar as pessoas.

2.a) A modéstia não se aplica a mim.
2.b) Eu sou essencialmente uma pessoa modesta.

3.a) Eu faria quase tudo em um desafio.
3.b) Eu costumo ser uma pessoa cautelosa.

4.a) Quando as pessoas me cumprimentam, eu algumas vezes fico envergonhado.
4.b) Eu sei que sou bom porque todos dizem isso continuamente a mim.

5.a) O pensamento de governar o mundo produz um medo sem igual em mim.
5.b) Se eu governasse o mundo, ele seria um lugar melhor.

6.a) Eu posso usualmente dizer o que fazer sobre qualquer assunto.
6.b) Eu tento aceitar as consequências do meu comportamento.

7.a) Eu prefiro seguir a multidão.
7.b) Eu gosto de ser o centro das atenções.

8.a) Eu serei um sucesso.
8.b) Eu não estou tão preocupado quanto ao sucesso.

9.a) Eu não sou melhor nem pior que a maioria das pessoas.
9.b) Eu acho que sou uma pessoa especial.

10.a) Eu não tenho certeza se eu seria um bom líder.
10.b) Eu me vejo como um bom líder.

11.a) Eu sou assertivo.
11.b) Eu queria ser mais assertivo.

12.a) Eu gostaria de ter a autoridade sobre outras pessoas.
12.b) Eu não me importo em seguir ordens.

Dois tipos básicos de psicopatia são percebidos:
• *Psicopatia primária*: a mais insensível e brutal forma de comportamento antissocial, que é mais suscetível às intervenções. Ela está amplamente baseada em pré-disposições genéticas que estão presumivelmente envolvidas na regulação do temperamento e dos estados de excitação psicológica. Eles são insensíveis diante dos estímulos sociais (p. ex., são incapazes de decodificar emoções a partir de expressões faciais), assim como a quase qualquer forma de punição.

- *Psicopatia secundária*: As formas de comportamento incluídas neste tipo são principalmente influenciadas por fatores ambientais em vez de efeitos genéticos. Os psicopatas secundários tipicamente crescem em um ambiente social desfavorável onde eles desenvolvem modelos deficientes de comportamento social. Diferentemente dos psicopatas primários, eles têm escrúpulos morais e, até certo ponto, são capazes de sentir culpa e empatia.

Box 4.2 Escala de psicopatia de Levenson (autorrelatório)

O teste consiste de 26 afirmações. Os participantes devem mensurar a concordância ou discordância com cada uma delas em uma escala de 1 a 5, onde (1) discordam totalmente, (2) discordam, (3) não concordam nem discordam, (4) concordam, (5) concordam totalmente.

1) O sucesso está baseado na sobrevivência do mais forte; eu não estou preocupado com os perdedores.
2) Eu me deparo com os mesmos tipos de problemas de tempos em tempos.
3) Para mim, o certo é ficar impune, não importa como.
4) Eu me sinto frequentemente entediado.
5) No mundo de hoje, eu me sinto justificado a afastar qualquer coisa para conseguir o que eu quero.
6) Eu acho que sou capaz de perseguir uma meta por um longo período.
7) Meu propósito principal na vida é obter o máximo de coisas que eu puder.
8) Eu não planejo nada com muita antecedência.
9) Conseguir uma montanha de dinheiro é a meta mais importante.

10) Eu rapidamente perco o interesse nas tarefas que inicio.
11) Eu deixo os outros se preocuparem com coisas nobres; minha maior preocupação é com o resultado.
12) A maioria dos meus problemas deve-se ao fato de que a maioria das outras pessoas não me compreendem.
13) Pessoas que são estúpidas o suficiente para serem excluídas geralmente merecem isso.
14) Antes de fazer qualquer coisa, eu cuidadosamente considero as possíveis consequências.
15) Prezar por mim mesmo é minha maior prioridade.
16) Eu estive em um monte de relacionamentos problemáticos com outras pessoas.
17) Eu digo aos outros o que eles desejam ouvir, de maneira que farão o que eu quero que eles façam.
18) Quando fico frustrado, eu frequentemente desabafo perdendo a paciência.
19) Eu ficaria chateado se meu sucesso chegasse às custas de outra pessoa.
20) O amor é superestimado.
21) Eu frequentemente admiro um golpe realmente esperto.
22) Eu me esforço para não ferir os outros quando persigo minhas metas.
23) Eu sinto prazer ao manipular os sentimentos dos outros.
24) Eu me sinto mal se minhas palavras ou ações provocam dor emocional em alguém.
25) Mesmo se eu estivesse querendo muito vender alguma coisa, seria incapaz de mentir para conseguir.
26) Trair não é justificável porque é injusto com os demais.

2 Padrões comuns

Pesquisas prévias têm revelado que os três membros da Tríade Negra têm muitas características em comum. Embora os autores coloquem nos elementos diferentes compartilhados, as características mais fortes são a malícia, a desonestidade, a falta de empatia e o antagonismo interpessoal (JONES & PAULHUS, 2011). Outros autores deram mais espaço para a inimizade, a falta de sinceridade e insensibilidade como aspectos comuns (FURNHAM; RICHARDS & PAULHUS, 2013). Um estudo usando fatores de análise revelou que a manipulação e a insensibilidade são necessária e suficientemente os componentes de uma personalidade malévola (JONES & FIGUEREDO, 2013).

Nas últimas décadas, estudos que usaram uma ampla variedade de questionários e testes têm estabelecido um relacionamento mais ou menos próximo entre as medidas de maquiavelismo, narcisismo e psicopatia. O relacionamento mais próximo foi encontrado entre o maquiavelismo e a psicopatia, o que não é surpreendente, uma vez que ambos estão associados com um pobre senso de responsabilidade e pouco compromisso com a moral (PAULHUS & WILLIAMS, 2002; WAI & TILIOPOULOS, 2012). Ademais, esse relacionamento é mediado por uma forte influência genética; um estudo com gêmeos encontrou uma sobreposição entre o maquiavelismo e a psicopatia (VERNON et al., 2008). O maquiavelismo demonstra uma correlação particularmente forte com a psicopatia primária, e o coeficiente pode até mesmo exceder 0,7 (ALI & CHAMORRO-PREMUZIC, 2010), apesar de ele permanecer, na maioria dos casos, na faixa entre 0,5 e 0,6. A psicopatia secundária é menos intimamente relacionada ao maquiavelismo, enquanto o narcisismo é mais fracamente associado com ela (PAULHUS & WILLIAMS, 2002; JACOBWITZ &

EGAN, 2006). É geralmente verdadeiro que o narcisismo é mais ou menos "aquilo que não combina" na Tríade Negra, uma vez que a maioria dos estudos descobriu que ele é frouxamente relacionado aos dois outros componentes (RAUTHMANN & KOLAR, 2013; VERNON et al., 2008).

Uma característica comum dos três membros da Tríade Negra é o baixo nível de agradabilidade. Este aspecto fica refletido em características tais como ser esperto, autoritário, egoísta, arbitrário, rígido, teimoso, impaciente, intolerante, firme, agressivo e problemático. Não apenas os maquiavélicos, mas também os narcisistas e psicopatas demonstram um baixo nível de empatia emocional, isto é, eles têm uma habilidade relativamente pobre para perceberem os sentimentos e as necessidades dos outros (WAI & TILIOPOULOS, 2012). Eles também se sobrepõem, em seu relacionamento negativo, com a empatia cognitiva (WAI & TILIOPOULOS, 2012; JONASON & KRAUSE, 2013), o que faz referência à compreensão dos estados emocionais dos outros; isso está claramente relacionado com a habilidade de ler mentes (cf. cap. 8 e 9). Todos os membros da Tríade Negra são associados com um baixo nível de autocontrole envolvido em diversos comportamentos, de tendências antissociais até a preferência por relacionamentos de curta duração (FURNHAM; RICHARDS & PAULHUS, 2013). O narcisismo e a psicopatia são intimamente ligados à extroversão, e todos os três membros da Tríade Negra, incluindo o maquiavelismo, são caracterizados por uma alta busca por sensações, aliada com uma forte orientação em direção aos estímulos novos e não usuais (CRYSEL; CROSIER & WEBSTER, 2013). Finalmente, todos os três membros da Tríade Negra predominantemente incluem homens.

Box 4.3 Maquiavelismo e psicopatia primária

É surpreendente que o maquiavelismo esteja mais intimamente relacionado à psicopatia primária. Essa informação é inesperada, pois a psicopatia é considerada como a faceta "mais negra" da Tríade Negra (PAILING; BOON & EGAN, 2014), o que é um sinônimo do mal nesse contexto. Os psicopatas primários não são apenas aqueles que não sentem remorso e são malévolos, mas aqueles positivamente cruéis e impiedosos. Eles não sentem remorso ou culpa. Por outro lado, os maquiavélicos são muito mais "humildes" e pacíficos, como ficou claro através dos capítulos anteriores. Eles raramente são levados a empregar a violência, uma vez que preferem humilhar os outros; ademais, eles são mestres do engano. E mais, eles não ferem os outros por prazer, mas para obter algo.

Ao tomar essas diferenças essenciais em conta, a relação íntima entre medidas de maquiavelismo e psicopatia clamam por uma explicação. Isso se deve provavelmente à psicopatia, uma vez que psicopatas têm muitas características em comum com os maquiavélicos: ambos manipulam os outros, pensam racionalmente e previnem-se de serem afetados por suas próprias emoções. Alguém poderia dizer que o maquiavelismo é o "nível básico" da psicopatia, e que esta é a origem do relacionamento entre ambos. Contudo, psicopatas desenvolvem características adicionais sobre essa fundação que os diferenciam fortemente dos maquiavélicos, como fica claro ao considerar seus comportamentos. Eles são pessoas antissociais, violentas e cruéis, que gostam de ferir os outros. Essas características pertencem apenas a poucos maquiavélicos. Estudos futuros terão que clarificar essas veredas em desenvolvimento e efeitos parentais que canalizam seus comportamentos adultos sobre diferentes percursos.

3 Diferenças

Como essas descobertas devem ser interpretadas? Por um lado, os três membros da Tríade Negra atualmente têm perfis de personalidades que se sobrepõem, tal como muitos traços de personalidade em comum. Por outro lado, há diferenças fundamentais que também aparecem, o que questiona um olhar muito estrito ou até mesmo um uso exclusivo da Tríade Negra como um enquadramento unificado para compreender esses três componentes.

Essencialmente, o Modelo *Big Five* (cf. box 3.1) tem apenas uma única dimensão que demonstra um relacionamento fortemente negativo com todos os três componentes da Tríade Negra, a saber, a agradabilidade (PAULHUS & WILLIAMS, 2002). Quanto aos outros quatro fatores principais de personalidade, os membros da Tríade Negra não apresentam qualquer consistência. O narcisismo e o maquiavelismo diferem tanto entre si que nenhum outro traço de personalidade além da agradabilidade pode ser relacionado. Alguém poderia esperar que o maquiavelismo estivesse intimamente conectado com a psicopatia no constructo da personalidade, mas muitos estudos têm revelado diferenças entre eles quanto à extroversão e estabilidade emocional (PAULHUS & WILLIAMS, 2002; RAUTHMANN, 2011; VERNON et al., 2008). Ademais, uma diferença igualmente notória entre maquiavelismo e psicopatia é que o último está mais propenso à ansiedade (AL AIN et al., 2013). Como foi previamente discutido, os maquiavélicos usualmente não demonstram uma grande impulsividade, apesar de os estudos nesse campo terem alcançado resultados um tanto quanto contraditórios. Por outro lado, os psicopatas são claramente muito impulsivos, com especial destaque para a impulsividade disfuncional que incluem falta de atenção e a busca pelo risco (JONES & PAULHUS, 2011). Os psicopatas, similarmente aos maquiavélicos, são mentirosos incuráveis, enquanto os narcisistas não o são: nenhum relacionamento foi encontrado entre o nível de narcisismo, a frequência das mentiras e o número de pessoas ludibriadas (JONASON et al., 2014). Em geral, comparados aos maquiavélicos e psicopatas, as pessoas narcisistas são consideradas menos malévolas, uma vez que elas demonstram um caráter socialmente mais positivo e uma alegria autorreferida mais alta (EGAN; CHAN & SHORTER, 2014; KOWALSKI; VERNON & SCHERMER, 2017).

Diferenças similares foram encontradas no tocante à antissociabilidade e às tomadas de risco. Como apresentado no capítulo anterior, os maquiavélicos são apenas pré-dispostos a assumir um risco moderado, de modo a alcançar um ganho imediato, uma consequência de sua orientação estratégia de longo prazo. Esse não é o caso dos psicopatas; eles perseguem os ganhos a qualquer custo, mesmo quando isso provoca uma punição. Eles não se controlam quanto ao jogo e, como resultado, eles perdem muito devido à punição que incorrem (JONES, 2014). Tamanha insensibilidade diante da punição é apenas uma das manifestações de inflexibilidade caracterizada pelos psicopatas. O outro traço relacionado é a agressão, também característica de psicopatas: eles frequentemente assaltam os outros e estão prontos para imediatamente se vingar de qualquer dano que tenham sofrido (FURNHAM; RICHARD & PAULHUS, 2013; JONES & PAULHUS, 2010; PAILING; BOON & EGAN, 2014). Embora os maquiavélicos também cometam atos antissociais, eles permanecem muito atrás dos psicopatas na brutalidade e crueldade, o que provavelmente tem origem na falta de controle dos impulsos de agressividade. Ao olhar as diferenças mais proeminentes entre os dois grupos, alguém provavelmente iria apontar a quase total e absoluta falta de remorso e culpa nos psicopatas. Os maquiavélicos estão, na maioria das vezes, despreocupados com os sentimentos dos outros, mas eles não exibem esse tipo de falta de misericórdia que é tão característica na forma como os psicopatas se relacionam com os outros. Não é por acaso que os psicopatas ficam muito atrás dos dois outros grupos no tocante a valores éticos como justiça e altruísmo (JONASON et al., 2015). Uma diferença adicional importante é que tanto psicopatas quanto narcisistas atestam sua própria grandeza e superioridade, enquanto os maquiavélicos são caracterizados por algum tipo de realismo. Eles não se colocam sob uma luz mais favorável; pelo contrário, eles pensam que são tão egoístas e hipócritas quanto os outros.

Diferenças essenciais foram encontradas em um estudo recente quanto ao domínio das estratégias de sobrevivência (BIRKÁS; GÁCS & CSATHÓ, 2016). Na psicologia, a sobrevivência (ou sucesso) significa resolver problemas pessoais e interpessoais de modo a minimizar ou tolerar o estresse e conflito. A redução dos efeitos de fatores de estresse pode ser realizada através de várias estratégias de sobrevivência. Acontece que os membros da Tríade Negra escolhem diferentes estratégias para dominar os problemas pessoas e interpessoais. O narcisismo é o único membro da Tríade Negra que foi positivamente associado com as estratégias de sobrevivência que têm em vista a alteração de situações estressantes. Em linha com suas personalidades autocontroladas e amigavelmente dominantes, os narcisistas vão bem nos testes que mensuram abordagens ativas de soluções de problemas em situações estressantes, e um deliberado esforço para mudar o efeito daquilo que provoca o estresse. Os maquiavélicos e psicopatas, por outro lado, não tendem a enfrentar e alterar os fatores de estresse. A característica essencial deles é uma negligência do apoio social: eles não buscam apoio informativo, emocional ou tangível dos outros para resolverem seus problemas pessoais; o que pode ocorrer devido a suas atitudes sociais cínicas e exploradoras.

À luz dessa evidência, muitos autores sugerem que o narcisismo não pertence ao conglomerado de traços de personalidade malévolas (EGAN; CHAN & SHORTER, 2014; KOWALSKI; VERNON & SCHERMER, 2017). Em vez da Tríade Negra, eles propuseram a Díade Negra (maquiavelismo e psicopatia), e um narcisismo relacionado, porém separado. Esse conceito está baseado em descobertas empíricas que demonstram a maioria dos comportamentos prossociais são fortemente e negativamente correlacionados com o maquiavelismo e a psicopatia, mas não com o narcisismo, embora o último tenha, de forma óbvia, algumas conotações negativas (p. ex., a baixa agradabilidade).

Ainda que se tenha enfatizado a forte associação entre o maquiavelismo e a psicopatia, e também que o narcisismo seja considerado como um terceiro caráter de personalidade, apesar de fracamente conectado aos últimos dois, muitos estudos descrevem outra imagem. Uma pesquisa polonesa investigou o relacionamento entre a Tríade Negra e o materialismo, isto é, a tendência de colocar a posse material em uma posição muito alta dentro da hierarquia individual de valores (PILCH & GÓRNIK-DUROSE, 2016). Um alto nível de narcisismo e o maquiavelismo foram fortemente conectados com orientações materialistas, mas a psicopatia não foi. Os autores concluíram que possuir recursos materiais não pode ser, *per se*, o fator motivacional que conduz os psicopatas. Por outro lado, como nós vimos anteriormente, profundas diferenças foram encontradas entre os membros da Díade Negra (maquiavelismo e psicopatia) em termos de ansiedade, impulsividade e agressão. Ademais, um estudo recente tem revelado que a diferença existe no enfrentamento emocional com o estresse psicológico. Enquanto os maquiavélicos são caracterizados por comportamentos envolventes, tais como a ruminação ou tornar-se emocional como resposta a situações de estresse, os psicopatas, por outro lado, não demonstram sinais de emotividade em situações estressantes. Esse resultado confirma a primeira evidência sobre a impulsividade, a crueldade e as atitudes antissociais dos psicopatas (BIRKÁS; GÁCS & CSATHÓ, 2016).

4 Sumário

Assim, o que é a Tríade Negra? Dan Jones está provavelmente correto quando explicou que a Tríade Negra é um constructo complexo que está enraizado na estrutura básica dos traços igualmente característicos dos três componentes (JONES & FIGUEREDO, 2013 etc.). Uma análise detalhada dessa estrutura básica mostra que ela compreende dois componentes maiores. Um deles é a insensibilidade, que essencialmente significa a falta de preocupação por e empatia quanto aos outros. O outro componente é a manipulação intimamente relacionada com a mentira, a depreciação alheia e, muito frequentemente, egoísmo sem remorso. Quando ambas as características são incorporadas em um indivíduo, o resultado é uma "personalidade negra". Para além desses padrões comuns, no entanto, todos os três membros da Tríade Negra apresentam traços específicos que estão pautados em uma estrutura básica. Os maquiavélicos são primariamente caracterizados por um planejamento estratégico, os psicopatas pela extrema antissocialidade, e os narcisistas, por fim, pela disposição egocêntrica para com a vida.

Eu penso que o maquiavelismo, por um lado, tem traços básicos em comum com outros membros da Tríade Negra. Por outro lado, ele também demonstra padrões específicos ou típicos, tais como um modo racional de pensar, as tomadas de decisões flexíveis, e os cálculos do tipo custo/benefício quanto à saída comportamental. A partir dessa perspectiva, o conceito de Tríade Negra tem, no meu ponto de vista, um poder explicativo enfraquecido. Ele não fornece uma dimensão da personalidade distinta e unificada que pode servir para predizer formas específicas do comportamento humano. Pelo contrário: ele representa uma estrutura vaga dos três componentes atualmente presentes, mas não constitui um único e separado traço de personalidade. A Tríade Negra é mais útil para os propósitos de descrição e categorização na medida em que ela oferece um enquadramento no qual as maiores características da malevolência e do mal humano podem ser integradas. Contudo, este é apenas um enquadramento amplo e fracamente integrado, que não pode de forma alguma substituir as explicações sobre o maquiavelismo, a psicopatia e o narcisismo como entidades distintas.

5
Desenvolvimento, socialização, história de vida

Como algumas pessoas se tornam maquiavélicas? Que eventos ocorrem em sua vida que as tornam egoístas, manipuladoras e enganadoras para com as demais pessoas? Ou, alternativamente, elas nascem maquiavélicas, ou seja, esta conduta egoísta está prescrita em seus genes?

1 Genética

Poucos estudos têm se dedicado à hereditariedade do maquiavelismo. Philip Vernon e colegas (2008) compararam gêmeos idênticos e fraternos conforme suas pontuações no Teste Mach-IV. Os autores descobriram que o maquiavelismo apresenta uma hereditariedade relativamente baixa (0,31), o que significa que apenas 31% da variação individual na Escala Mach pode ser explicada por fatores genéticos, enquanto 69% são devido à influência do ambiente. Isso é particularmente interessante porque uma alta hereditariedade foi encontrada nos demais membros da Tríade Negra: o valor foi de 0,69 na psicopatia e 0,59 no narcisismo. Ainda assim, fatores genéticos também contribuem para o maquiavelismo, como um estudo recente revelou através da análise das moléculas genéticas (MONTAG et al., 2015). O estudo descobriu que um certo tipo de gene receptor da dopamina é frequentemente portado por indivíduos que alcançam pontuações muito altas no Teste Mach. A dopamina é conhecida por seu importante papel no processamento e predição de eventos positivos, prazerosos e recompensadores, apesar de nenhum conhecimento particular estar disponível quanto aos mecanismos fisiológicos e psicológicos que fazem a mediação entre esse efeito genético e o maquiavelismo.

Box 5.1 Estudos de gêmeos e hereditariedade

Um exame do panorama genético do traço comportamental ou mental exige efeitos ambientais e hereditários sobre o fenótipo individual a ser separado. Essa separação é uma abordagem relativamente comum e aceita para o comportamento animal; alguém poderia citar a endogamia, por exemplo. No entanto, o escopo de tais experimentos em humanos é altamente restrito por óbvias considerações éticas. Seja como for, é possível encontrar maneiras éticas e aceitáveis para analisar fatores genéticos no comportamento humano. Uma forma é o estudo comparativo de gêmeos. É de conhecimento geral que há dois tipos de gêmeos: os idênticos (monozigóticos ou MZ), ou seja, gêmeos que carregam o mesmo padrão genético, enquanto os fraternos (dizigóticos ou DZ) são os gêmeos que apenas carregam 50% da carga genética do(a) outro(a) irmão(ã). Se os gêmeos idênticos são, quando comparados aos gêmeos fraternos, portadores de grandes semelhanças comportamental e mental, além de características de personalidade, então a alta correlação pode ser explicada pela influência genética. Se, por exemplo, um estudo de capacidade de resposta emocional envolvendo centenas de gêmeos obtivesse uma correlação médica de 0,5 para gêmeos idênticos enquanto o valor de 0,2 fosse alcançado para gêmeos fraternos, deste modo seria uma conclusão bem fundamentada supor que a grande semelhança entre gêmeos idênticos tenha origem, ao menos parcialmente, em seus genótipos idênticos (PLOMIN et al., 2005).

Estudos com gêmeos, para além dos estudos de pessoas adotadas, permitem que os pesquisadores estimem a hereditariedade de um dado comportamento através de cálculos específicos. No exemplo supramencionado, a hereditariedade da capacidade de resposta emocional é de aproximadamente 0,6. Em aspectos teóricos, a hereditariedade pode ser aferida em uma proporção de 0 a 1, e a proporção demonstra a extensão na qual a variação individual no traço estudado pode ser traçada quanto aos fatores genéticos. Por exemplo, se a proporção de hereditariedade de 0,55 é alcançada para a inteligência em geral, isso sugere que 55% da variação individual encontrada nas pontuações de QI em determinada população deve-se a fatores genéticos (enquanto 45% correspondem a efeitos ambientais).

Embora tais cálculos forneçam uma imagem confiável de um nível de influência genética, eles devem ser usados com cautela. Geneticistas humanos concordam que a influência genética sobre o comportamento e pensamento humanos não deve ser entendida nos termos de um determinismo rígido. Doutra feita, os genes canalizam o comportamento: eles geram estruturas sensoriais, mecanismos neurais e caminhos de desenvolvimento que produzem certos tipos de personalidade e habilidades mentais que mais facilmente podem se desenvolver. No entanto, o ambiente também fornece uma contribuição importante, uma vez que as disposições genéticas são manifestas em contínua interação, incluindo mudanças nos fatores ambientais.

Nas décadas recentes, uma nova disciplina na pesquisa do comportamento humano, a Genética Molecular, tem avançado rapidamente. Ela foca na posição, função e manifestação bioquímica de genes singulares inerentes aos comportamentos específicos e traços cognitivos. Milhares de genes descobertos até agora desempenham um importante papel no desenvolvimento do pensamento e comportamento humanos em áreas como a inteligência, a busca por novidades e o alcoolismo, para nomear apenas algumas delas (BENJAMIN; EBSTEIN & BELMAKER, 2005).

Essas descobertas levam à conclusão de que os fatores genéticos, mesmo que possam ter certo papel no desenvolvimento da forma de vida e pensamento maquiavélicos, o maquiavelismo é primariamente um resultado dos efeitos ambientais. Estudos adicionais também têm apontado que essas influências externas frequentemente vêm do ambiente familiar, usualmente na forma de impressões e experiências que grosseiramente igualam o efeito de gêmeos que são criados juntos. A genética humana refere-se às condições do "ambiente compartilhado", o que inclui efeitos familiares comuns, tais como o estilo parental, a atmosfera emocional ou o *status*. Um estudo publicado há 40 anos apontou a possível importância da influência parental: a correlação positiva foi encontrada em índices Mach de crianças de 12 anos de idade e seus pais (KRAUT & PRICE, 1976). De modo similar, um relacionamento íntimo foi encontrado entre o Índice Mach dos pais e o sucesso de seus filhos em um jogo de cartas essencialmente baseado no blefe e logro.

2 Ambiente familiar

Neste ponto, levanto as seguintes questões: qual ambiente familiar e, em particular, qual comportamento parental "produz" indivíduos maquiavélicos? András Láng e Béla Birkás (2014) pediram que estudantes secundaristas descrevessem seus ambientes familiares. O estudo primariamente focou na coesão familiar e a comunicação entre membros da família, informações alcançadas com um questionamento especificamente desenvolvido pelos autores (box 5.2). Os resultados revelaram que indivíduos com altos e baixos índices na Escala Mach manifestaram percepções diferentes quanto ao funcionamento da família. Os maquiavélicos percebem suas famílias com pouco apego emocional, além de mais caóticas e menos coesivas, com uma clara falta de regras e laços estáveis. Eles também comunicaram recursos de comunicação mais pobres dentro da família, tal como menos satisfação com a vida familiar.

Os autores sugerem que, sob tais circunstâncias, as crianças não podem desenvolver relacionamentos íntimos e têm menos oportunidades de praticar várias habilidades sociais. Elas podem se tornar mais solitárias e isoladas em certos ambientes familiares, que podem compeli-las a desenvolver um narcisismo autodefensivo: elas se protegem ao se colocarem sob uma luz extremamente positiva, enquanto consideram os outros como não merecedores de sua atenção. Ademais, um ambiente familiar caótico é mais passível de fazer com que a criança não desenvolva o sentimento de que pode confiar nos outros e que a cooperação é benéfica. O comportamento parental imprevisível pode fazer com que as crianças sintam que só podem confiar nelas mesmas, o que, por sua vez, prejudica o desenvolvimento de um autocontrole normal. As crianças podem perceber a comunicação ambígua ou enganadora entre os membros da família como uma forma de mentira involuntária que pode ser benéfica em futuras interações sociais. Considerando tudo isso, não parece surpreendente que os maquiavélicos adultos mostrem pouca preocupação empática, cinismo e inteligência emocional pobre. Porém, uma interpretação reversa das descobertas também é digna de nota: aqueles adolescentes que alcançaram altos índices na Escala Mach podem julgar seus pais negativamente. Se este for o caso, então não são as condições desvantajosas familiares que subsequentemente fazem com que as crianças desenvolvam o maquiavelismo como uma forma de pensar, mas a atitude maquiavélica das crianças que as leva a formar uma imagem desfavorável sobre as suas famílias.

Box 5.2 Adaptabilidade da família e escala de coesão (Faces-IV; itens selecionados)

Foi solicitado aos respondentes para que indicassem em que extensão cada item era aplicável às suas famílias, mediante a escolha de uma das cinco alternativas de resposta: 1) Não descreve em nada nossa família; 2) Descreve levemente nossa família; 3) De alguma forma descreve nossa família; 4) Geralmente descreve nossa família; 5) Descreve bem nossa família.

1) Os membros da família estão envolvidos nas vidas dos outros.
2) Nossa família tenta novas formas para lidar com os problemas.
3) Nós temos relacionamentos melhores com pessoas fora da nossa família do que com nossos próprios familiares.
4) Nós passamos muito tempo juntos.
5) Há consequências rigorosas ao quebrar regras em nossa família.
6) Nós nunca alcançamos um nível de organização familiar.
7) Os membros da família se sentem muito próximos uns dos outros.
8) Os pais checam com as crianças antes de tomarem decisões importantes.
9) Os membros da família parecem evitar contato entre si quando estão em casa.
10) Os membros da família sentem-se pressionados a passar seu tempo livre juntos.
11) Há consequências severas quando um membro da família faz algo errado.
12) Nós precisamos de mais regras em nossa família.
13) Os membros da família apoiam uns aos outros durante tempos de dificuldade.
14) As crianças têm algo a dizer quanto à disciplina.
15) Os membros da família sentem-se mais íntimos de pessoas fora dela do que de membros que fazem parte dela.

16) Membros da família são muito dependentes uns dos outros.
17) Essa família tem uma regra para quase toda situação possível.
18) As coisas não chegam a bons termos em nossa família.
19) Os membros da família consultam os outros membros sobre decisões pessoais.
20) Na resolução de problemas, as sugestões das crianças são seguidas.
21) Os membros da família estão sozinhos quando há um problema a ser resolvido.
22) Os membros da família têm pouca necessidade de amigos fora da família.
23) É difícil que alguma regra seja mudada em nossa família.
24) Não está claro quem é responsável pelas coisas (tarefas domésticas, atividades) em nossa família.

Obviamente, pesquisas posteriores são necessárias para clarificar como essas variáveis estão relacionadas. Pouquíssimos estudos têm sido conduzidos no campo, mas os dados disponíveis sugerem que a ligação com um dos pais desempenha um papel-chave no desenvolvimento da personalidade maquiavélica. Um estudo envolvendo jovens entre os 16 e 18 anos avaliou os relacionamentos com seus pais antes dos 12 anos de idade, através do Inventário de Comportamento Parental (OJHA, 2007). Um relacionamento negativo foi encontrado entre o comportamento amoroso parental (tanto o comportamento do pai quanto da mãe avaliados separadamente) e a orientação maquiavélica da criança. Aparentemente, o comportamento restritivo e repulsivo nutre o desenvolvimento de tendências manipuladoras em crianças. Um relacionamento de dupla via entre pais e crianças possivelmente subjaz esse processo: as crianças sentem raiva, pois não recebem cuidados suficientes, enquanto, ao mesmo tempo, elas temem que seus pais continuem a negligenciá-las. De maneira a quebrar essa armadilha, as crianças podem desenvolver um estilo comportamental que está baseado em enganar e iludir seus pais, e assim estendem tal estratégia aos demais.

Um estudo recente similar focou no relacionamento entre a experiência de jovens adultos quanto ao cuidado parental que eles receberam na infância e seus índices conforme os parâmetros da Tríade Negra, incluindo o maquiavelismo (JONASON; LYONS & BETHELL, 2014). Os autores desse estudo também usaram uma medida retrospectiva autodeclarada: os jovens adultos envolvidos no estudo foram orientados a usar questões específicas para recobrar e tratar do estilo de parentalidade de seus pais e o cuidado que eles receberam durante a infância (até os 16 anos de idade). Eles usaram uma escala que abrangia de 1 a 4 para estimar afirmações como "minha mãe parecia emocionalmente fria comigo". Ademais, os partícipes desse estudo também completaram uma medida de apego com um adulto para estimar a qualidade de seus relacionamentos atuais com os outros. Eles avaliaram sentenças como "eu considero fácil tornar-me emocionalmente íntimo de alguém". O estudo revelou que a baixa qualidade de cuidado materno é um dos fatores mais importantes que contribuem para a personalidade maquiavélica. O cuidado maternal pobre resulta em um afeto adulto inseguro, primariamente como um estilo de afeto caracterizado por um estilo de ligação pautado no temor-esquiva (cf. box 5.3). Pessoas que demonstram tal padrão de afeto são caracterizadas por uma perspectiva ambivalente: elas anseiam por relacionamentos emocionais mais íntimos enquanto, concomitantemente, sentem dificuldades em tornarem-se íntimas em relacionamentos. Essas emoções ambivalentes frequentemente as levam a formar ideias negativas sobre os outros, o que é uma característica essencial dos maquiavélicos.

Considerando os aspectos mencionados acima, não chega a ser surpreendente que estudos usaram o Teste Mach "Infantil" (box 5.4) – ou seja, especificamente desenvolvido para crianças – para alcançarem conclusões similares. Estudantes com idade entre 9 e 13 anos que obtiveram altas pontuações nos testes demonstraram concomitantemente baixos índices de empatia, conforme indicado pelas respostas de seus professores em um questionário (SLAUGHTER, 2011). Sua falta de empatia pode estar relacionada com sua pobre habilidade de leitura de pensamentos, ou seja, seu déficit em inferir as emoções e necessidades alheias (STELLWAGEN & KERIG, 2013). Outros estudos sugerem que crianças com altos índices na Escala Mach com idade entre 8 e 12 anos geralmente alimentam desconfiança de outras pessoas, e elas mentem com mais frequência do que a média. Não têm confiança na benevolência alheia e não demonstram preocupações com outras crianças e adultos (SUTTON & KEOGH, 2000). Essas características relembram de maneira impressionante aquelas já mencionadas dos adultos maquiavélicos.

No entanto, é possível que as crianças "maquiavélicas" inicialmente não busquem enganar e ferir as outras pessoas. Ademais, as crianças podem até mesmo ser incapazes de produzir uma distinção aguda entre os comportamentos manipuladores e cooperativos (SUTTON & KEOGH, 2000).

Box 5.3 Estilos de afeto adulto

Convencionalmente, quatro tipos de estilo de afeto adulto são notados:
1) *Seguro* – Adultos com afeto seguro usualmente concordam com afirmações como "eu não me preocupo em ficar sozinho ou que os outros não me aceitem" ou "eu estou confortável dependendo dos outros e quando os outros dependem de mim".

Pessoas desse tipo frequentemente julgam a si mesmas e seus relacionamentos de maneira positiva. Elas estão mais satisfeitas e emocionalmente estáveis do que outros. Não sentem dificuldades com intimidade ou independência diante dos demais.

2) *Ansioso-preocupado* – Pessoas com esse tipo de afeto tendem a concordar com sentenças como "eu me sinto desconfortável quando não tenho relacionamentos íntimos, mas, eventualmente, me preocupo que os outros não me valorizem tanto quanto eu os valorizo". Elas esperam altos níveis de aprovação de seus parceiros enquanto desvalorizam a si próprios nos relacionamentos. Elas se tornam mais e mais dependentes de seus parceiros, o que paulatinamente amplia sua ansiedade.

3) *Desdenhoso-esquivo* – Tais pessoas concordam com afirmações como: "é muito importante para mim sentir-me independente e autossuficiente" ou "eu estou confortável com poucos relacionamentos emotivos". Elas frequentemente negam a necessidade de relacionamentos próximos e até mesmo veem a si próprias como invulneráveis graças à sua forma de viver sem relacionamentos íntimos. Desejam a independência completa, o que também inclui uma tendência de suprimir seus sentimentos, tal como verem a si próprias mais positivamente do que os outros.

4) *Temeroso-esquivo* – As pessoas que manifestam esse estilo de afeto tendem a concordar com as seguintes sentenças: "eu quero relacionamentos emocionais íntimos, mas eu sinto dificuldades em confiar plenamente em outras pessoas" ou "eu algumas vezes me preocupo em ser ferido se eu me permitir ser mais íntimo dos outros". Esses indivíduos manifestam certo tipo de ambivalência. Eles aspiram por relacionamentos íntimos enquanto, simultaneamente, acham difícil portar a intimidade emocional, e sentem medo da intimidade. Eles não confiam suas intenções aos seus parceiros, sobretudo por quem alimentam visões negativas. Não expressam suas emoções apropriadamente e não esperam a afeição de seus parceiros.

Box 5.4 Escala Mach Infantil (itens selecionados)
Esta versão da Escala Mach foi desenvolvida para crianças entre 8 e 16 anos de idade. Os respondentes devem indicar o grau de concordância com cada item ao escolher uma das alternativas de resposta a seguir: 1 = discordo completamente; 2 = geralmente discordo; 3 = indeciso(a); 4 = geralmente concordo; 5 = concordo completamente.

- Nunca conte a ninguém sobre o que você fez, exceto se isso te ajudar.
- A maioria das pessoas é boa e gentil.
- A melhor maneira de se dar bem com as pessoas é dizer a elas o que as faz feliz.
- Você deve fazer algo apenas quando tem certeza de que é a coisa certa a se fazer.
- Certas vezes você precisa ferir outras pessoas para conseguir o que você quer.
- É melhor dizer a alguém por que você quer a ajuda dele(a) do que contar uma boa história para convencê-lo(a).
- Um criminoso é apenas como outra pessoa qualquer, exceto que ele(a) foi estúpido(a) o suficiente para ser pego.
- A maioria das pessoas é corajosa.
- É mais inteligente ser gentil com pessoas importantes, mesmo que você não goste delas realmente.
- Algumas vezes você precisa trapacear um pouco para conseguir o que você quer.
- Nunca é certo contar uma mentira.
- Dói mais perder dinheiro do que um amigo.

Adultos com altos índices na Escala Mach-IV concordam com afirmações como "a melhor maneira de lidar com pessoas é dizer o que elas querem ouvir". Por outro lado, as crianças com altos índices na Escala Mach Infantil concordam com sentenças como "a melhor maneira de se dar bem com as pessoas é dizer a elas algo que as façam felizes". Obviamente, há uma grande diferença entre o significado das duas sentenças; seja como for, é altamente provável que a natureza cínica e grosseira dos maquiavélicos adultos tenha raízes desenvolvidas em uma influência ingênua infantil e técnicas de engano.

Caso positivo, como tal desenvolvimento ocorre? Neste momento foram propostas apenas hipóteses a esse respeito. As crianças podem pouco a pouco desenvolver tais técnicas e habilidades, isto é, aquilo que as ajude a se favorecer em um ambiente social desfavorável, tal como, por exemplo, um ambiente familiar incerto ou um afeto inseguro em relação aos seus pais. Por exemplo, elas podem aprender que restringir suas reações emocionais fomentadas pela frustração e privação pode permitir a elas considerar as circunstâncias racionalmente e de maneira fria. Tais afetos inseguros com seus pais podem produzir a incapacidade de ligações emocionais com as outras pessoas. Suas atitudes frias e sem emoção podem, por sua vez, preveni-las da internalização de normas reguladoras de cooperação e regras de reciprocidade. Ademais, em um ambiente onde elas experimentam desconfiança mútua e comunicação ambígua, podem aprender a monitorar o comportamento dos demais de maneira que possam imediatamente se adaptar às expectativas do meio. Elas também desenvolvem uma paixão contumaz pela busca por recompensas, e desejam obter ganhos imediatos em ambientes de privação e imprevisibilidade. Igualmente, elas aprendem a inibir seus comportamentos espontâneos altruísticos e benevolentes de maneira a evitar relacionamentos que possam impor desvantagens e angústias sobre elas.

3 Desenvolvimento moral

Um ambiente familiar desvantajoso também tem uma influência sobre o desenvolvimento moral das crianças. Baseado em um estudo envolvendo mais de duzentos adultos com gêmeos idênticos e fraternos, Jennifer Campbell e seus colegas sugeriram que maquiavélicos (e psicopatas) ficam atrás das demais pessoas ao adquirir e aplicar normas morais (CAMPBELL et al., 2009). Índices altos na Escala Mach são fortemente correlacionados com baixos níveis de desenvolvimento moral, o que corresponde aos estágios 2 e 3 no modelo de Kohlberg (box 5.5). As respostas dos indivíduos obtidas em um questionário revelaram que os maquiavélicos estão claramente conscientes de seus próprios interesses; porém, não podem reconciliá-los com as expectativas de seus grupos. Eles são capazes de julgar as implicações morais de uma ação ao considerarem suas consequências, embora falte a eles um senso de compromisso e responsabilidade, sobretudo quanto à observância consistente das regras (este último aspecto corresponderia ao estágio 4 no modelo de Kohlberg). Eles não respeitam ou talvez não se preocupam com o fato de que pessoas que vivem em diferentes partes do mundo têm visões, direitos e valores diferentes (estágio 5).

O envolvimento de gêmeos no estudo supramencionado implica uma importância particular quando os autores voltam suas atenções às causas dos baixos níveis de desenvolvimento moral. Os autores têm estabelecido que o desenvolvimento moral é um resultado da interação complexa entre fatores genéticos e ambientais. Tanto os índices altos quanto os baixos de desenvolvimento moral podem ser traçados de volta à infância, ou seja, para os efeitos de um ambiente familiar compartilhado. Assim, tudo leva a crer que princípios parentais e a acessibilidade emocional dos pais, tal como as angústias e confianças dentro da família, têm uma influência considerável em alguém que alcança um dado estágio de desenvolvimento moral. Os resultados demonstraram que o relacionamento entre níveis de desenvolvimento moral e os índices do maquiavelismo provém das impressões infantis recebidas na família em vez de fatores genéticos, que têm um pequeno papel neste assunto. Essa descoberta é consistente com as observações previamente mencionadas sobre a socialização dos maquiavélicos: o cuidado parental deficiente, a confiança rompida e a comunicação desordenada podem fomentar um ambiente propício ao maquiavelismo.

Box 5.5 Modelo de Kohlberg

Lawrence Kohlberg (1927-1987) foi um psicólogo excepcional de seu tempo, que estendeu a teoria vigente na época de Jean Piaget sobre o desenvolvimento cognitivo para o campo do desenvolvimento moral. Conforme o seu modelo, o desenvolvimento de julgamentos morais assume lugar através de seis estágios sucessivos; cada qual oferece respostas cada vez mais maduras e complexas aos problemas morais. Os seis estágios são os seguintes:

1) A conformidade com as regras é dirigida pela obediência diante de figuras de autoridade e pelo medo de punição. As figuras de autoridade são obedecidas incondicionalmente; nenhuma distinção é feita entre interesses do meio e o próprio interesse.

2) As ações são motivadas pelo reconhecimento dos interesses dos outros e dos próprios interesses. A conformidade com as regras é importante apenas se elas estiverem em harmonia com os interesses pessoais de alguém.

3) A conformidade com as regras torna-se essencial porque ela representa as expectativas do meio (família, amigos). Uma importância primária é atribuída aos valores tais como confiança, lealdade, reconhecimento e gratidão.

4) Apesar do sistema de motivos pessoais, as expectativas sociais também aparecem em decisões morais. Tais ações

são desejáveis, de maneira que não entram em conflito com o sistema prevalente de normas e obrigações.

5) Um período de reconhecimento de princípios, que são mais importantes do que as normas sociais prevalentes. Torna-se ciente da diversidade de visões e valores das pessoas, assim como da natureza relativista das regras e valores. Valores fundamentais (p. ex., o direito à vida e liberdade) têm prioridade; porém, os indivíduos podem livremente e democraticamente decidir mudar as regras se elas não servirem mais para o bem-estar social.

6) A razão moral é pautada em princípios éticos universais; a pessoa reconhece que os sistemas legais de diferentes sociedades são também baseados em tais princípios. Segue-se individualmente princípios éticos elaborados; regras existentes e normas sociais são válidas apenas enquanto estejam baseadas em considerações sobre os princípios individuais.

4 Mudanças neurais

Pesquisas dignas de nota publicadas nos últimos anos sugerem que as experiências supramencionadas podem mudar certas estruturas cerebrais com o passar dos anos. Essa ideia não é nova: muitos estudos apontam que interações contínuas com o meio resultam em mudanças locais na estrutura do sistema nervoso (box 5.6). Novas conexões sinápticas podem ser desenvolvidas entre os neurônios; dendritos podem crescer em comprimento e ramificações, e até mesmo a atividade metabólica dos neurônios pode mudar (KOLB & WHISHAW, 1998). Em um estudo de imagem cerebral usando a técnica MRI (box 2.2), muitas diferenças foram encontradas entre as estruturas cerebrais de indivíduos com altos e baixos índices na Escala Mach (VERBEKE et al., 2011). Tem sido enfatizado que esse estudo, diferentemente de outros estudos de ressonância magnética, não examinou o cérebro durante a tomada de decisões em várias tarefas. Os autores mensuraram, em vez disso, as mudanças locais no volume de várias áreas cerebrais dos indivíduos adultos estudados e, por fim, olharam as diferenças entre grupos com altos e baixos índices Mach.

Diferenças foram encontradas em diversas áreas cerebrais. Por exemplo, os maquiavélicos tinham um gânglio basal mais largo, uma parte do qual (o corpo estriado, mais especificamente o núcleo caudado) exerce um importante papel no processamento de estímulos relacionados com a recompensa. Na mesma medida, os indivíduos com altos índices na Escala Mach apresentaram um hipocampo maior, a parte do cérebro envolvida na formação e retenção de memórias, especialmente da memória declarativa geral (memórias que podem ser explicitadas verbalmente). Um aumento similar no volume foi observado na insula, cuja função principal é regular as emoções negativas (medo, desgosto, raiva etc.) e, de maneira mais geral, identificar e monitorar os processos emotivos internos. Além disso, volumes maiores foram medidos naquelas regiões dos cérebros dos maquiavélicos, a saber, áreas que outros estudos descobriram ser particularmente ativas durante a tomada de decisão em situações de dilema social (cf. detalhes no cap. 11). Aquelas áreas cerebrais cujas funções incluem a inibição das respostas socioemocionais (cortes dorsolateral pré-frontal), os processos de inferências e no processamento de pistas sociais (giro frontal inferior), assim como a persistência na perseguição de metas e filtragem de informação (giro frontal médio); eles eram maiores em indivíduos com altos índices na Escala Mach do que em suas contrapartes com baixos índices. As imagens estruturais cerebrais têm revelado que, para além da intensa atividade dessas áreas durante a tomada de decisões, seus volumes são maiores em maquiavélicos adultos. Parece razoável admitir que o aumento de volume dessas regiões esteja ligado ao maior uso delas no curso de vida de um indivíduo. Especificamente, é um provável resultado das conexões complexas e do desenvolvimento de redes entre grupos relacionados de neurônios.

Box 5.6 O caso do motorista de táxi de Londres

Muitos relatórios de pesquisa publicados nas duas últimas décadas apontam que os indivíduos que apresentam *expertise* em certa área (como a música, p. ex.) têm uma estrutura cerebral distinta das demais pessoas. Uma das descobertas mais amplamente conhecidas no âmbito dos estudos de MRI estrutural envolve os motoristas de táxi de Londres, que têm um volume maior de matéria cinza na região posterior do hipocampo (MAGUIRE; WOOLETT & SPIERS, 2006) do que motoristas de carros não profissionais. O hipocampo é conhecido por sua importância nas funções da memória e orientação espacial. A atividade de um motorista de táxi usualmente envolve tarefas de navegação difíceis, que requerem o desenvolvimento de mapas cognitivos detalhados do ambiente do táxi, incluindo a rede de ruas, a posição de vários prédios, os sentidos do trânsito etc. Os motoristas de táxi de Londres particularmente precisam adquirir um alto índice de *expertise*, uma vez que eles apenas podem obter suas licenças de motoristas de táxi após completar 3 a 4 anos de treinamento; como resultado disso, eles são capazes de recobrar aproximadamente 25.000 ruas e 20.000 localizações sem usar um mapa. Conforme os resultados dos exames psicológicos, eles conseguiram um melhor resultado ao recobrar informações visuais relacionadas a Londres, enquanto demonstraram capacidades mais limitadas de aprendizado e memória para certos tipos de informação visual que nunca tinham visto antes (p. ex., relembrar figuras complexas depois de algum tempo). Isso sugere que seu avanço de memória está relacionado com processos cognitivos estreitamente ligados e específicos que, por sua vez, estão unidos ao conhecimento de um meio familiar.

Considerando tudo isso, os pesquisadores concluíram que a *expertise*, a memória espacial e o volume do hipocampo estão intimamente ligados. Ademais, eles sugeriram que as diferenças entre as estruturas cerebrais dos motoristas de táxi e dos outros motoristas de carro envolveram um processo de aprendizado de longo termo que mudou a quantidade, as conexões e a rede de neurônios envolvida no desenvolvimento de mapas mentais. No entanto, uma explicação alternativa das descobertas também se mostra: nomeadamente, parece possível que a escolha da profissão de motorista de táxi poderia, em primeiro lugar, ter ampliado a habilidade de processar informação espacial, o que está provavelmente relacionado com uma melhor capacidade do hipocampo.

De modo a testar essa hipótese, os mesmos autores subsequentemente conduziram um estudo longitudinal (WOOLETT & MAGUIRE, 2011). O cérebro de cada motorista de táxi foi envolvido em um estudo que examinava dois aspectos: primeiro, quando eles iniciavam a preparação para o exame de motoristas de táxi e, em seguida, muitos anos depois, quando eles já tinham uma licença válida e tinham trabalhado como motoristas profissionais. O estudo descobriu que o volume de matéria cinza do hipocampo posterior tinha aumentado com o passar dos anos nos motoristas que tinham passado no exame, enquanto nenhuma mudança de volume foi encontrada naqueles que falharam ou em indivíduos-controle (motoristas não profissionais). Isso sugere, conforme os autores, que o aumento do volume do hipocampo mais provavelmente ocorria como um resultado da aquisição do *layout* da representação espacial de Londres. Quanto às causas exatas desse aumento de volume, apenas experimentos animais servem como parâmetro até este momento. Estudos em roedores e em outros mamíferos demonstram que os processos de aprendizado espacial resultam, entre outras coisas, no recrutamento de novos neurônios e no aumento de conexões sinápticas e ramos de dendritos no hipocampo.

Em suma, é razoável concluir que diferenças na estrutura cerebral entre grupos com altos e baixos índices na Escala Mach resultam dos processos de desenvolvimento prévios moldados pelas recorrentes interações com o meio. Devido às supramencionadas influências parentais e familiares, as crianças desenvolvem um mundo interno que implica mentir e enganar como meios eficientes para alcançar metas. Elas forjam seus relacionamentos com o meio social de tal maneira que elas podem usar de forma bem-sucedida essas habilidades para manipular as outras pessoas; enquanto isso, seu sucesso positivamente reforça suas maneiras de pensar e suas visões de mundo. O sucesso ao enganar alguém também reforça tais processos cognitivos e emotivos que envolvem a realização de objetivos, tais como a busca de recompensa, a regulação emotiva, a predição do comportamento alheio, a inibição de respostas que dificultem a manipulação e a orientação de tarefas. Esses processos cognitivos podem gradualmente fortalecer e notificar, quando frequentemente praticados na vida cotidiana, as bases neurais que irão, desse modo, demonstrar padrões específicos de atividades na vida adulta.

Enquanto o desenvolvimento da personalidade maquiavélica e o pensamento maquiavélico estão evidentemente relacionados ao desenvolvimento de certas estruturas neurais, pouco sabemos sobre o processo em si. O caráter maquiavélico provavelmente muda gradualmente da infância para a vida adulta (o mesmo vale para as etapas subsequentes). Um estudo descobriu um relacionamento íntimo entre os índices na Escala Mach em crianças e suas idades (SUTTON & KEOGH, 2000). Tudo leva a crer que, conforme as crianças crescem, elas se tornam mais desconfiadas, pessimistas e cínicas em relação ao meio. No entanto, uma compreensão mais profunda dos mecanismos, a "agenda" e as principais causas dessas mudanças requerem mais estudos a serem realizados.

5 Estratégias de histórias de vida

Um modelo baseado na Teoria da Evolução, ou mais especificamente na ecologia comportamental, pode ajudar os pesquisadores a obter vislumbres adicionais para a socialização maquiavélica. Uma das proposições fundamentais da ecologia comportamental evolucionista sugere que organismos vivos têm sido selecionados de tal maneira que eles investem os recursos obtidos para incrementar sua representação genética em sua prole (cf. tb. o cap. 12). Uma vez que os recursos são sempre limitados, tanto na quantidade quanto nas formas possíveis de utilização, executar uma atividade sempre reduz a quantidade de tempo e energia disponíveis para outra atividade. Por exemplo, frequentemente os comportamentos que fazem os indivíduos bem-sucedidos no acasalamento são mutuamente exclusivos dos comportamentos que resultam em uma parentalidade bem-sucedida. Portanto, a seleção natural tem favorecido as estratégias que propiciam os organismos a tomar decisões sobre a ótima utilização de recursos limitados (BORGERHOFF-MULDER, 1992). Esse também é o caso com humanos: os sistemas cerebrais de processamento de informação são sensíveis às mudanças ambientais e dão respostas comportamentais alternativas a diferentes desafios ecológicos e sociais. Eles são capazes de estimar custos e benefícios nos termos de sobrevivência e reprodução, e desenvolvem respostas comportamentais que garantem adaptação ótima a um dado meio.

Um modelo que tem uma importância-chave na ecologia comportamental ficou conhecido como a Teoria da História da Vida: ela propõe que organismos vivos têm sido selecionados pela capacidade de ajustar suas opções de desenvolvimento como resposta a condições ambientais diversas (WILSON, 1975). Quanto aos humanos, isso significa que experiências adquiridas durante o sensível período do início da vida pode ter um grande efeito no curso subsequente da vida do indivíduo. A acessibilidade aos recursos, a qualidade de afeto dos pais e a previsibilidade do meio social durante a infância são influências cruciais para os tipos de estratégias que alguém desenvolve quando se torna um adulto. Ambientes familiares favoráveis e desfavoráveis podem gerar caminhos de desenvolvimento diferentes (BELSKY; STEINBERG & DRAPER, 1991). Os pesquisadores têm descoberto que em famílias onde os recursos materiais são escassos e imprevisíveis, onde o afeto entre crianças e pais é inseguro e onde os altos níveis de aflição e de um clima de privação emocional dominam, as crianças demonstram uma maturação acelerada, um incremento da atividade sexual e uma preferência por relacionamentos de curta duração na adolescência e na vida adulta. Comparadas às demais, elas iniciam sua vida sexual e deixam a escola mais cedo, e mais frequentemente envolvem-se em comportamentos não complacentes (p. ex., vadiagem; cf. BERECZKEI & CSANAKY, 2001). As garotas que crescem sob tais circunstâncias alcançam o primeiro ciclo menstrual entre seis a dez meses antes da média, e dão à luz, casam-se e divorciam-se mais cedo (ELLIS & GRABER, 2000; KIM & SMITH, 1998). Por outro lado, nas famílias onde os recursos são relativamente abundantes, seus membros têm relacionamentos mais estáveis com os outros, e onde os pais e as crianças são mais ligados emocionalmente, as crianças apresentam uma maturação sexual mais lenta, começando a sentir interesse pelo sexo oposto e pela primeira relação sexual mais tardiamente; elas mais frequentemente envolvem-se, quando adultas, em relacionamentos íntimos com parceiros de longo prazo.

Box 5.7 Estilo de vida alternativo e evolução

Essas estratégias de história de vida têm raízes evolutivas. Em humanos, assim como em outras espécies, tais programas comportamentais foram selecionados em um passado que exigia respostas a efeitos ambientais de maneira adaptativa, isto é, recursos que auxiliavam o indivíduo a sobreviver e reproduzir em situações específicas. Em um meio que não fornece condições sociais e materiais adequadas para o cuidado infantil (p. ex., economia empobrecida, relacionamentos com privação emocional, ausência de pais etc.), uma estratégia mais benéfica para mulheres foi alcançar a maturidade sexual mais cedo, não ser particularmente seletiva quanto aos parceiros e dar à luz a tantas crianças quanto possível, para que alguma delas sobrevivesse. No entanto, diante de circunstâncias mais favoráveis, o estilo de vida de nossos ancestrais mudou de tal modo que uma grande ênfase foi colocada nos relacionamentos íntimos do parceiro e no cuidado parental intenso. Eles criavam proporcionalmente uma quantidade relativamente pequena de crianças; por outro lado, elas tinham chances maiores de serem bem-sucedidas na competição por recursos sociais (*status* ocupacional, riqueza, casamento vantajoso etc.).

Tem sido enfatizado que tais diferenças entre estratégias de história de vida fomentam processos cognitivos distintos em crianças. Com efeito, as experiências da infância têm uma grande influência nas opções de desenvolvimento e nos processos de maturação de um indivíduo, resultando em estilos comportamentais particulares na vida adulta. Ainda sabemos pouco sobre os processos que moldam diretamente as estratégias de história de vida; isto é, os processos mediadores entre as experiências pregressas e os padrões comportamentais emergentes subsequentes. Presumivelmente, um papel mediador importante é desempenhado pelos processos de desenvolvimento do cérebro (especialmente do lobo frontal), pelas mudanças hormonais induzidas pela aflição (p. ex., o aumento do nível de cortisol) e pelo afeto inseguro formado com uma pessoa que adentrou a família relativamente tarde (p. ex., um padrasto; cf. GRABER; BROOKS-GUNN & WARREN, 1995; ELLIS et al., 1999).

Como nós discutimos previamente, a infância do maquiavélico é caracterizada por afetos inseguros, baixos níveis de cuidado parental e comunicação pobre. A Teoria da História da Vida prediz que tais circunstâncias facilitam uma "estratégia rápida", ou seja, um caminho de desenvolvimento caracterizado por processos de maturação precoces e relacionamentos com parceiros de curta duração. Muitos estudos apoiam essa ideia (FIGUEREDO et al., 2005; McDONALD; DONELLA & NAVARRETE, 2012). Esses estudos têm revelado que os indivíduos com altos índices na Escala Mach-IV exibem um comportamento menos restritivo quanto ao sexo, diferentemente dos indivíduos com baixos índices na mesma escala; ou seja, eles são mais propensos ao sexo casual e a relacionamentos com parceiros sem compromissos. Eles iniciam suas vidas sexuais mais cedo, têm mais parceiros sexuais do que a média e afirmam que têm mais experiências sexuais do que os outros. Os relacionamentos maquiavélicos de curta duração são frequentemente associados com a alta quantidade de abortos espontâneos e os ciclos menstruais mais curtos em mulheres (JONASON & LAVERTU, 2017). Considerando o ambiente social, os maquiavélicos começam a exibir precocemente vários comportamentos, como a busca por sensações, agressão e antissociabilidade, principalmente quando comparados aos não maquiavélicos. Essas características variadas podem estar bem integradas ao enquadramento da Teoria da História da Vida.

No entanto, tudo leva a crer que esse enquadramento teórico – assim como qualquer enquadramento teórico – tem certas limitações. Alguns estudos analisaram as atitudes quanto ao futuro manifestadas por membros da Tríade Negra, incluindo os maquiavélicos. Os autores supuseram que os possuidores de uma estratégia de história de vida rápida usualmente estariam menos preocupados com os acontecimentos futuros e raramente fariam planos de longo prazo. Em um experimento, atitudes quanto ao futuro foram medidas de duas formas (JONASON; KOENIG & TOST, 2010). Em um dos casos, foi apresentado aos indivíduos um dilema financeiro muito à frente no futuro: "você pode ter 100 dólares agora ou 1.000 dólares em um ano. O que você prefere?" Em outro caso, os autores verificaram a disposição dos indivíduos em engajarem-se em comportamentos de tomada de risco, o que pode estar intimamente relacionado às expectativas futuras. Para este fim, foi perguntado aos indivíduos sobre a frequência e quantidade de álcool ingerida, o uso de drogas e o tabagismo. Diferentemente daquilo que se previa, na maioria dos casos o estudo não encontrou diferenças significativas nas respostas entre indivíduos com altos e baixos índices na Escala Mach. Os maquiavélicos não escolhem recompensas imediatas com mais frequência do que os não maquiavélicos, e eles também não se mostram mais propensos a riscos em termos de hábitos prejudiciais (exceto por um leve efeito de consumo de álcool). Essencialmente, isso é consistente com a observação prévia sobre a personalidade maquiavélica (cap. 3): os maquiavélicos não são caracterizados pelo risco impulsivo ou pela tomada de risco. Por outro lado, a tomada de risco é parte da estrutura de personalidade dos outros dois membros da Tríade Negra. Indivíduos com altos índices de psicopatia demonstram fortes tendências ao vício, ao uso de drogas, tabaco ou o consumo de álcool. O consumo de álcool também foi positivamente correlacionado com o narcisismo.

Novamente, essas descobertas sugerem que a maneira de pensar do maquiavélico não é necessariamente caracterizada por estratégias de curto prazo, nem mesmo por cegueira diante dos riscos futuros. Como foi discutido em detalhes, os maquiavélicos preferem empregar uma ampla variedade de estratégias complexas (cf. cap. 2). Em algumas condições, eles obtêm benefícios de curto prazo, com ações rápidas e improvisadas, enquanto em outros cenários também escolhem frequentemente analisar as decisões dos outros e suas consequências, inibindo momentaneamente suas motivações de maneira a alcançar benefícios de longo prazo.

Talvez tal complexidade comportamental seja o que produz resultados controversos em alguns estudos. No estudo supramencionado, os pesquisadores desenvolveram um questionário que continha afirmações sobre os maiores indicadores das estratégias de história de vida (JONASON; KOENIG & TOST, 2010). Seus resultados forneceram uma imagem ambígua; as respostas para a maioria dos vinte itens não revelaram diferenças entre indivíduos com altos e baixos índices na Escala Mach. Os maquiavélicos informaram, em alguns casos, que eles se esforçavam para predizer o futuro ("eu posso frequentemente dizer como as coisas irão mudar"), enquanto em outros casos, por sua vez, eles informavam que não "planejavam o futuro". Eles não manifestaram o desejo por diversos relacionamentos sexuais simultâneos, enquanto indicavam que não sentiam necessidade de estarem intimamente ligados com uma pessoa antes de fazer sexo com ela.

Essas respostas conflitivas sugerem que a maneira de pensar e o comportamento maquiavélico são muito mais complexos do que o estabelecido pelos estreitos limites de um determinado enquadramento teórico. Presumivelmente, modelos únicos ofertam explicações apenas para algumas características maquiavélicas. Uma interpretação mais realista do maquiavelismo requer que as predições sobre determinadas táticas comportamentais específicas observáveis sob condições ambientais específicas sejam testadas. Testes do tipo "papel e caneta" dificilmente podem fornecer dados adequados para uma plena compreensão, conquanto sejam informações pautáveis que descrevem um traço de personalidade particular ou uma atitude comportamental. Uma ideia recorrente neste livro aponta para a contínua necessidade de experimentos que forneçam modelos mais ou menos acurados dos eventos da vida real. Tais experimentos podem incluir, entre outros assuntos, medidas de indicadores psicológicos de emoções, ou o monitoramento de respostas neurais para vários cenários ambientais, ou ainda a análise de decisões durante interações com parceiros, como representado nos jogos de dilemas sociais (cap. 2, 10 e 11).

6
Comunicação

Christie e Geis (1970) apontaram, em um de seus primeiros trabalhos, que os maquiavélicos são particularmente bem-sucedidos em interações "cara a cara". Os autores sugeriram que uma das maiores causas para este sucesso é que eles conseguem se distanciar das influências emocionais que emergem durante a comunicação pessoal com um parceiro. Ao mesmo tempo, os maquiavélicos desenrolam todo tipo de ardis de comunicação para alcançarem o sucesso. Na maioria das vezes, eles usam a comunicação verbal para manipular os outros, enquanto também empregam frequentemente expressões faciais, olhares e posturas para alcançar suas metas. Ocasionalmente, a comunicação não verbal dos maquiavélicos "sai pela culatra", expondo-os.

1 Mentiras persuasivas

Como nós discutimos na introdução, os maquiavélicos frequentemente mentem quando isso serve aos seus interesses. De fato, eles mentem muito persuasivamente; isto é, escondem suas verdadeiras intenções com eficiência. Isso foi demonstrado em um estudo – entre outros – no qual o experimentador conduziu uma conversação de poucos minutos com dois participantes: um deles era o verdadeiro objeto de estudo, enquanto o outro era um parceiro do experimentador (o parceiro do indivíduo estudado). Eles tinham que conjuntamente resolver uma série de tarefas com dificuldade crescente. Enquanto isso, outros membros da equipe de pesquisa estavam escondidos atrás de um espelho de lado único gravando a direção dos olhares do indivíduo observado, além da duração do contato visual entre ele e o parceiro do experimentador (EXLINNE et al., 1970). Subitamente, alguém entra na sala e diz ao experimentador que ele tem uma ligação, e que ele precisa ir até a outra sala, onde estava o telefone. Pouco após a saída do experimentador, o parceiro convida o indivíduo analisado a olhar o caderno do experimentador, que foi deixado na sala, para "colar" as soluções corretas e as atividades subsequentes. Quando retorna, o experimentador continua a entrevista com um tom incrivelmente impaciente, ceticismo notável e até mesmo suspeição, e acusa a dupla de trapaça. Assim, os participantes do experimento recebem dois minutos para fazer uma confissão. Metade dos indivíduos analisados assume a culpa sozinha, enquanto a outra metade confessou juntamente com seu parceiro. Naturalmente, a gravação continua durante a confissão.

    O estudo descobriu que, entre os indivíduos participantes, com especial atenção àqueles que foram levados à trapaça pelo parceiro do experimentador, quem apresenta altos índices na Escala Mach fez um esforço proporcionalmente muito maior para esconder o erro quando comparados aos indivíduos com baixos índices na mesma escala. Isso ficou refletido no estudo, pois eles olhavam para longe com menor frequência, ou seja, eles quase não quebravam o contato visual com o experimentador sentado à sua frente. Em vez disso, prontamente devolviam o olhar do interrogador, tentando convencê-lo de que eles nada tinham a esconder. Por outro lado, indivíduos com baixos índices na Escala Mach frequentemente abaixavam o olhar ou desviavam suas cabeças. Ademais, os maquiavélicos falavam mais do que os outros de maneira a divergirem a suspeição deles. Relativamente poucos deles admitiram a trapaça. Isso sugere que eles são hábeis em regular seu comportamento em função da presença ou ausência de outras pessoas.

No entanto, parece surpreendente que os indivíduos com altos índices na Escala Mach resistissem mais frequentemente à tentação da trapaça do que os indivíduos com baixos índices na Escala Mach. Muitos deles tentaram até mesmo dissuadir os parceiros quanto ao seu comportamento aético. Os autores sugerem que os maquiavélicos relutaram porque não queriam ser manipulados por outrem; ou seja, não foi seu senso moral que os preveniu da cumplicidade, mas sua atitude cínica e egoísta que os leva a não contar para alguém se eles devem ou não trapacear. Em suma, os maquiavélicos querem que outras pessoas os deixem decidir por conta própria.

Seja qual for o caso, o comportamento dos maquiavélicos demonstra uma dualidade peculiar. Por um lado, eles primeiro colocam uma forte resistência diante da tentativa do parceiro do experimentador de envolvê-los na trapaça; por outro, depois de fazerem tal escolha, lançam mão de todos os esforços possíveis e resistem firmemente diante das tentativas do interrogador de fazê-los confessar. Isso sugere que os maquiavélicos manobram as pessoas e os fatos com inteligência, de modo a proteger seus próprios interesses.

Porém, isso não é tudo. Os maquiavélicos não apenas mentem com frequência e com sucesso, mas também têm um autoconhecimento avançado a seu favor. Em um experimento, os pesquisadores usaram um breve questionário que incluía itens como "por favor, avalie o quão bom você é em mentir sem ser descoberto" (GIAMMARCO et al., 2013). Os resultados revelaram que os indivíduos com altos índices na Escala Mach informaram uma habilidade acima da média para enganar outras pessoas. É sabido que os maquiavélicos não alimentam ilusões sobre eles mesmos. Naturalmente, isso faz parte de sua atitude geral em relação às pessoas: eles pensam que todos desejam prejudicar os demais, mas nem todos têm a coragem e a resolução necessárias para tanto. Nesse sentido, mentir com sucesso é uma maneira eficiente de ficar à frente dos outros na disputa "quem engana quem". Também é possível, com efeito, que os maquiavélicos tomem eles mesmos como bons mentirosos simplesmente porque praticam essa arte com frequência. Um surpreendente estudo prévio descobriu que os estudantes universitários americanos mentem em média quatro vezes por semana, conforme uma medida autorreportada. Não há um dado quantitativo sobre quão frequentemente os maquiavélicos mentem, mas o número é provavelmente maior. Contudo, os estudos mais recentes claramente sustentam que a quantidade de mentiras e o maquiavelismo estão relacionados intimamente (JONASON et al., 2014). Uma vez que "a prática faz o mestre", é possível dizer que mentir torna tal rotina mais eficiente com o passar do tempo.

> **Box 6.1 Nós acreditamos em maquiavélicos?**
>
> O sofisticado experimento conduzido por Exlinne e colegas pode levar à conclusão geral de que um núcleo de mentiras bem-sucedidas é um poder persuasivo; isto é, a dissimulação das verdadeiras intenções. Porém, essa proposição precisa ser examinada com cuidado também no tocante ao alvo: quão propensas as pessoas são para acreditarem em mentiras? Essa questão foi examinada em um experimento no

qual pares de indivíduos jogavam o jogo do dilema dos prisioneiros; os vencedores recebiam uma recompensa financeira no final do experimento (GEIS & MOON, 1981). Após informar os indivíduos sobre as regras, o experimentador deixa a sala. Durante o jogo, o par adversário seguia uma estratégia egoísta e, desse modo, ganhava o dinheiro. Enquanto os vencedores estavam consultando o experimento, um indivíduo do par perdedor (um parceiro do experimentador) começa a considerar uma vingança e sugere que o parceiro retire dinheiro da pilha do oponente, que se encontrava sobre a mesa. Ele realmente fazia isso; porém, quando o experimentador voltava e olhava para o dinheiro, ficava zangado e acusava o parceiro de roubo. O confederado negava a acusação e pedia ao parceiro (que era o indivíduo analisado) para confirmar sua afirmação, forçando-o a decidir se confessava ou negava. Enquanto isso, outro experimentador gravava todo o processo com uma câmera escondida. Para finalizar, trinta e dois avaliadores independentes foram solicitados a assistir as gravações e julgar a credibilidade da negação de cada indivíduo. Os resultados revelaram que os maquiavélicos foram considerados mais credíveis do que os não maquiavélicos. Quando os indivíduos foram implicados no roubo e acusados pelas vítimas, as falsas negações dos indivíduos com altos índices na Escala Mach foram menos frequentemente rotuladas como mentiras do que as negativas dos indivíduos com baixos índices na Escala Mach. Isso corrobora com a observação de que os maquiavélicos perseguem uma estratégia racional: quanto mais capazes de mentir com credibilidade, melhor será a chance de alcançarem suas metas.

O estudo não clarificou exatamente o que ludibriou os avaliadores ao falharem na detecção da mentira. É possível que o segredo dos maquiavélicos seja o tão afamado controle emocional e a frieza (cf. cap. 7). A mentira é acompanhada, na maioria dos casos, pela culpa e ansiedade: ao menos este é o caso para a maioria das pessoas. Os psicopatas são uma exceção, mas este é o ponto principal que diferencia o maquiavelismo da psicopatia. Os maquiavélicos sentem-se ansio-

> sos, e a angústia atormenta-os frequentemente; contudo, eles também exibem uma excelente habilidade para controlar suas emoções e dissimular sua ansiedade diante dos demais. Preservar suas emoções da detecção dos outros em um contato face a face ou ao falar pode incrementar consideravelmente a credibilidade ao mentir.

2 Administrando as impressões

Uma estratégia importante dos maquiavélicos baseada em mentiras é provocar uma boa impressão nos outros. Os maquiavélicos esforçam-se para fazer com que os outros acreditem que eles são inteligentes, competentes e prestativos. Um estudo descobriu que eles são capazes de produzir uma boa impressão apenas com a comunicação não verbal, isto é, através da expressão facial e olhar (CHERULNIK et al., 1981). Indivíduos com vários índices na Escala Mach foram fotografados e filmados; um grupo de indivíduos foi exposto às fotos e gravações, e solicitaram a eles que categorizassem os indivíduos apresentados conforme as características típicas de maquiavélicos e não maquiavélicos disponíveis na literatura científica (frieza, egoísmo x sinceridade, empatia etc.). A categorização foi mais acurada do que alguém poderia esperar; os traços com os quais as pessoas descreveram os analisados foram consistentes com as caracterizações de indivíduos com altos e baixos índices Mach. Para clarificar o assunto, vale destacar que os indivíduos não sabiam os índices Mach dos fotografados.

Ato contínuo, outros avaliadores foram inquiridos para descrever indivíduos apresentados em imagens e gravações a partir de uma lista com 24 itens. Os indivíduos com altos índices na Escala Mach foram majoritariamente descritos como "espertos", "corajosos", "ambiciosos", "atraentes", "dominantes" e "talentosos".

Por outro lado, indivíduos com baixos índices na Escala Mach foram descritos primariamente como "irresolutos", "sentimentais", "não inteligentes", "crédulos" e "indecisos". Parece surpreendente que indivíduos ingênuos consigam distinguir maquiavélicos de não maquiavélicos com base em sua aparência. Ademais, as características atribuídas a eles são aquelas que podem ser críticas em relacionamentos interpessoais subsequentes. Tudo leva a crer que os maquiavélicos comunicam e elaboram impressões para aqueles com quem interagem. Eles desempenham papéis de maneira a obter dos outros opiniões favoráveis. O logro através da comunicação pode ser precedido pelo logro mediante o comportamento. Neste sentido, eles manipulam a opinião das pessoas antes de manipularem as próprias pessoas. Naturalmente, é melhor parecer inteligente e compassivo do que estúpido e egoísta. Uma vez que eles conseguem provocar uma boa impressão, trapacear será mais fácil. Pode ser um pouco tarde para a vítima quando ela atinge a compreensão da verdadeira natureza dos maquiavélicos. É bem sabido que os indivíduos com baixos índices na Escala Mach são muito caracterizados pela sinceridade verdadeira, confiança e agradabilidade, embora possivelmente falhem ao comunicar esses traços apropriadamente.

Esses estudos corroboram aqueles relatórios de pesquisa que atestam a opinião das pessoas quanto aos maquiavélicos, descritos como charmosos e atraentes. As pessoas os estimam na parte superior de uma escala de atratividade social do que os indivíduos com baixos índices na Escala Mach (WILSON; NEAR & MILLER, 1996). Além disso, os próprios maquiavélicos frequentemente projetam sua aparência charmosa, seja de maneira consciente ou inconsciente, de modo a ganhar influência sobre os demais. Eles frequentemente empregam táticas de elogio e sedução (JONASON & WEBSTER, 2012).

3 Descrevendo faces?

Um estudo muito similar metodologicamente, mas um tanto diferente quanto aos propósitos e resultados foi conduzido por uma equipe de pesquisa americana, que empregou 10 faces masculinas e 10 faces femininas para produzir faces medianas (protótipos) (cf. HOLTZMAN, 2011). Metade dos indivíduos retratados alcançava altos índices na Escala Mach, enquanto a outra metade obtinha baixos índices na mesma escala. Assim, os pesquisadores geraram uma face média para cada conjunto de faces entre indivíduos com altos e baixos índices. Eles igualmente geraram homens e mulheres prototípicos com altos e baixos níveis de narcisismo e psicopatia (como nós discutimos previamente, o maquiavelismo é comumente associado com o narcisismo e psicopatia como um dos três elementos da Tríade Negra). Essas faces emocionalmente neutras e medianas foram apresentadas a indivíduos não informados, que foram instigados a indicar, em uma escala de 0 a 7, em que grau muitas sentenças descreviam cada indivíduo nas fotos. A personalidade dos maquiavélicos foi definida como "uma pessoa que é manipuladora para o ganho pessoal". Surpreendentemente, muitos indivíduos associaram essa definição com as faces medianas geradas a partir das faces dos indivíduos com altos índices na Escala Mach (os participantes não foram, naturalmente, alertados quanto a isso); eles foram igualmente hábeis em associar as faces narcisistas com a descrição do narcisismo ("arrogante, pomposo de maneira vã, egocêntrico e assertivo"), e este também foi o caso com a psicopatia ("desleixado, antagônico, assertivo com os outros, raivoso com os outros"). Em suma, os perfis psicológicos das personalidades da Tríade Negra, incluindo o maquiavelismo, foram fortemente correlacionados com estruturas faciais. O autor sugere que o maquiavelismo pode envolver um fenótipo físico, além das características psicológicas e traços culturais.

Box 6.2 Faces médias masculinas e femininas geradas a partir das faces de indivíduos com índices baixos ou altos na Tríade Negra

1) Mulher com baixo índice na Escala Mach; 2) Mulher com alto índice na Escala Mach; 3) Homem com baixo índice na Escala Mach; 4) Homem com alto índice na Escala Mach.

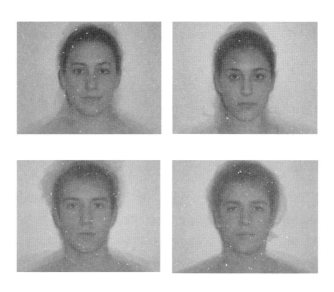

Esta descoberta é muito surpreendente e requer uma explicação. É possível que as características físicas e os traços psicológicos sejam transmitidos em um "pacote genético" de uma geração para a outra. Uma alternativa e possivelmente uma explicação mais provável sugere que os traços psicológicos maquiavélicos são moldados pelas respostas dos demais para as características físicas dos indivíduos. A percepção social da aparência física pode afetar o desenvolvimento da personalidade. Um exemplo hipotético pode ser uma pessoa com uma face estreita que alimenta aversão aos demais por conta das atribuições negativas que podem estar associadas à sua aparência facial. Trata-se de uma questão diferente abordar quais fontes e pontos de observação podem levar a tais preconceitos, que vinculam valores sociais a padrões faciais variantes (KEATINGS, 2003). Se, no entanto, há realmente tais atributos, então é teoricamente possível que eles canalizem certo curso de desenvolvimento de personalidade. É possível que o indivíduo julgado com base em seus aspectos físicos comece a se comportar conforme as expectativas alheias e desenvolva gradualmente um caráter que, por sua vez, fica refletido em índices altos na Escala Mach.

4 Informando padrões comportamentais

Os maquiavélicos podem ser traídos não apenas por suas aparências faciais; eles podem ser detectados também por seus estilos comportamentais, especialmente em grupos fechados baseados no contato pessoal. Aqueles que repetidamente estabelecem contatos com maquiavélicos gradualmente tomam conhecimento de seus traços fundamentais e afastam-se deles. Em um estudo, grupos de indivíduos participaram de um jogo no qual eles resolveram várias tarefas juntos (RAUTHMANN & KOLAR, 2013). Eles mantiveram contato com os outros durante o jogo e suas impressões e experiências pessoais permitiram que descrevessem seus parceiros de atividade. Eles foram perguntados sobre isso em breves questionários, nos quais estimaram a personalidade e os traços intelectuais dos outros jogadores. Os maquiavélicos foram mal-avaliados em dimensões como gentileza, agradabilidade e franqueza. Além disso, eles foram avaliados como tendo um efeito negativo sobre o trabalho em equipe.

Em um estudo similar, indivíduos foram igualmente estimulados a responder poucas questões sobre a atratividade social e sexual de maquiavélicos – e outros membros da Tríade Negra (cf. RAUTHMANN & KOLAR, 2013). Os indivíduos participantes desse estudo não consideraram essas pessoas agradáveis, e excluíram a possibilidade de engajaram-se em um relacionamento platônico ou de longo termo com elas. Eles apenas viram a possibilidade de relacionamentos de curta duração e não excluíram a possibilidade de um relacionamento casual com maquiavélicos. Esta informação é provavelmente consistente com a natureza do carisma maquiavélico discutida antes; muitos os consideraram excêntricos atrativos.

As descrições prévias sugeriram que os maquiavélicos tentam a todo custo produzir uma boa impressão nos outros desde o início, conquanto, por outro lado, eles sejam vulneráveis por conta de suas expressões faciais e hábitos comportamentais, que podem traí-los na relação com outras pessoas. Se os maquiavélicos são aceitos em um grupo com base na primeira impressão causada, mas excluídos de grupos conforme ficam expostos seus traços de personalidade e objetivos, essa situação deveria impor uma dificuldade aos maquiavélicos. Por conta disso, eles têm que disfarçar e mudar de táticas o tempo todo. Os maquiavélicos são genuínos camaleões, assumindo diversas personalidades diante do público conforme se deparam com diversas situações. Eles alcançam grandes lucros em jogos de dilemas sociais, mas uma vez que o responsável pelo experimento permite que os jogadores sejam punidos, eles imediatamente reduzem suas ambições lucrativas e aumentam as somas ofertadas aos parceiros, de modo a evitar a punição (SPITZER et al., 2007). Na maioria dos casos, eles são incapazes de ajudar os outros, mas quando estão conscientes de que estão sendo observados por outros membros da comunidade, eles prontamente apoiam até mesmo indivíduos desconhecidos, para manter seu prestígio (ou sua ilusão) no grupo (BERECZKEI; BIRKAS & KEREKES, 2010).

Outra forma de disfarce não está muito relacionada com a natureza camaleônica dos maquiavélicos: eles fogem rapidamente quando as coisas ficam muito quentes. Conforme nós vimos antes, a chance de ser exposto aumenta quando os outros passam a conhecê-los depois de certo tempo e, portanto, ficam cientes de sua real natureza. Neste caso, a estratégia bem-sucedida é afastar-se da comunidade em estado de alerta naquele momento e avaliar outros alvos a serem explorados. Os maquiavélicos gostam de pescar em águas turbulentas quando os outros transparecem cooperatividade; porém, eles instantaneamente retiram-se da busca por lucros quando o lucro prospectivo não vale o risco. Este é o caso quando, por exemplo, todos os jogadores entram em uma competição por recursos limitados, o que reduz substancialmente o escopo de ação dos maquiavélicos (BERECZKEI; SZABO & CZIBOR, 2015). Sob tais circunstâncias, eles limitam seu egoísmo e aguardam pelas situações mais promissoras.

7
Frieza emocional

Desde o início, os pesquisadores consideravam os maquiavélicos como racionais, frios e de comportamento reservado; estas seriam suas características fundamentais. Geis e seus colegas observaram sob condições laboratoriais que indivíduos com altos índices na Escala Mach exibiram uma atitude impessoal diante de seus parceiros, afastavam-se da atmosfera emocional dos relacionamentos pessoais e geralmente mostravam-se despreocupados com os sentimentos e interesses das outras pessoas (GEIS & LEVY, 1970; GEIS; WEINHEIMER & BERGER, 1970).

1 Desapego emocional

Os autores propuseram hipóteses quanto aos efeitos desse desapego emocional na tomada de decisões relacionadas à manipulação. Eles começaram observando que, embora as emoções intensas possam em geral propiciar um melhor desempenho, em muitos casos eles inibem o aprendizado de tarefas cognitivas envolvendo a análise de estímulos complexos (ZAJONC, 1965). Uma vez que os indivíduos com altos índices na Escala Mach estão despreocupados com o compromisso e sentimentos pessoais, os aspectos emocionais de seus relacionamentos não perturbam seus pensamentos racionais; pelo contrário, eles devotam total atenção ao julgamento cognitivo da situação e focam apenas no empreendimento de objetivos estratégicos. Por outro lado, indivíduos com baixos índices na Escala Mach são incapazes de não se envolverem pessoalmente e, por conseguinte, são vítimas das implicações emocionais que facilmente distraem suas atenções e pensamentos. Isso pode explicar aquelas descobertas experimentais (cf. box 7.1) que sugerem que os maquiavélicos primariamente têm melhores condições de desempenho em situações de forte bagagem emocional como, por exemplo, quando precisam debater sobre um assunto envolvendo sentimentos e valores pessoais (GEIS; WEINHEIMER & BERGER, 1970; SULLIVAN & ALLEN, 1999).

Box 7.1 Experimento do congressista

Neste experimento americano, os pesquisadores informaram de antemão aos participantes que o estudo focava os aspectos psicológicos do processo legislativo (GEIS; WEINHEIMER & BERGER, 1970). Eles pediram aos indivíduos que imaginassem que eram novos congressistas eleitos. Sua meta era tomar decisões que representariam as vontades de seus eleitores e, consequentemente, que poderiam ajudá-los a ascender até os níveis mais altos do poder (e possivelmente até à presidência). Esses participantes tinham que argumentar a favor e contra pautas que afetavam as massas. Para esse fim, eles retiravam cinco cartas que descreviam vários assuntos; alguns deles tocavam problemas políticos que dividiam os participantes do experimento e, em muitos casos, até mesmo os compelia a tomarem posições com bases emocionais. Alguns exemplos são a revogação da legislação prévia quanto aos direitos civis, o desarmamento unilateral do exército americano ou a abolição da idade mínima requerida para uma carteira de motorista. Eles também agiram de forma neutra para assuntos triviais, ou seja, que atraíam muito menos atenção e presumivelmente não preocupavam os cidadãos pessoalmente. Tais pautas incluíam, por exemplo, a aprovação de um líder para o Comitê de Regras, a mudança de procedimentos para informar as ações do comitê ou a realocação do Departamento de documentos. A cada indivíduo foi dado certo tempo para argumentar contra ou a favor dos assuntos diante de "colegas congressistas", cujo papel era desempenhado, naturalmente, por outro grupo de indivíduos. Eles tinham que tratar cada pauta de duas maneiras: primeiro argumentavam a favor dela e, em seguida, de maneira contrária. Eles podiam usar qualquer tipo de frase retórica, lógica e qualquer meio de comunicação que preferissem. Após cada proposta, os colegas "congressistas" estimavam o convencimento e a aceitação da argumentação em uma escala que ia de 1 a 5.

Quando assuntos neutros (triviais) foram tratados, indivíduos com altos e baixos índices na Escala Mach alcançaram placares idênticos. No entanto, a maior diferença foi encontrada na avaliação dos discursos sobre pautas emotivas: indivíduos com altos índices na Escala Mach receberam mais votos do que os indivíduos com baixos índices. Os maquiavélicos foram julgados os mais capazes debatedores pelos seus colegas "congressistas" que não estavam cientes, obviamente, dos índices Mach, ou até mesmo que eles tinham feito tal teste. Parece claro que isso não ocorreu graças à inteligência maior dos maquiavélicos ou por uma melhor compreensão da tarefa, uma vez que pautas neutras também mostrariam uma diferença similar. É mais provável, conquanto nenhuma questão relevante tenha sido perguntada aos indivíduos, que os maquiavélicos argumentaram mais persuasivamente e mais logicamente a favor ou contra a pauta. Os autores explicaram que o melhor desempenho dos maquiavélicos foi alcançado porque eles separaram sua argumentação racional dos efeitos perturbadores das emoções. Eles argumentaram com fria racionalidade, enquanto a atenção e a concentração dos indivíduos com baixos índices na Escala Mach foram frequentemente perturbadas por influências afetivas. Essa explicação é apoiada pela seguinte descoberta: a grande diferença entre os dois grupos foi mais encontrada nos casos em que eles argumentaram conforme suas posições pessoais do que quando eles argumentavam contra elas. Esta descoberta reforça com vigor a ideia de que a defesa de nossas convicções pode provocar emoções intensas em nós, e frequentemente mostramos excesso de soberba e razão clara ao agir assim.

2 Controle dos impulsos e comunicação das emoções

As pesquisas posteriores pautaram-se fartamente nessas considerações. Muitos autores sugeriram que a frieza emocional origina-se de um forte impulso de controle que, em primeiro lugar, provoca uma análise não emotiva da situação e indiferença quanto aos demais (JONES & PAULHUS, 2009; PILCH, 2008). Jones e Paulhus (2009, 2011) consideram o controle de impulso como algo essencial na característica maquiavélica; a partir dele, originam-se várias outras características necessárias que garantem a manipulação bem-sucedida. Ou seja, eles são hábeis em focar na meta, analisar os dados, selecionar movimentos táticos alternativos e escolher a estratégia ótima em qualquer situação dada. A frieza emocional (o controle de impulso), nesse sentido, pode ser considerada uma característica adaptada, uma vez que a indiferença quanto aos demais pode prevenir a atonia emocional diante da meta e, por outro lado, pode facilitar seu aproveitamento alheio bem-sucedido. Ademais, a falta de resposta afetiva quanto aos outros reduz as funções regulatórias internas como vergonha e culpa (McILLWAIN, 2003). Se alguém não dispõe desses sentimentos, dificilmente teria um senso de implicações morais das suas ações e, posteriormente, isso pavimenta o caminho para uma manipulação eficiente.

No entanto, as considerações teóricas supramencionadas não tocam nos mecanismos cognitivos do pensamento com frieza. É possível que os maquiavélicos não experimentem emoções em absoluto? ou, alternativamente, eles seriam apenas incapazes ou talvez relutantes para expressá-las? Os estudos em curso dão respostas contraditórias para essas questões. Certas descobertas sugerem que os maquiavélicos mal identificam as emoções negativas alheias. Por exemplo, um estudo descobriu que, em comparação com outros, os maquiavélicos (e psicopatas primários) relataram mais emoções positivas quando foram apresentados a imagens com faces tristes (ALI; AMORIM & CHAMORRO-PREMUZIC, 2009; WAI & TILIOPOULOS, 2012). Eles possivelmente tinham dificuldades em experimentar emoções negativas; portanto, a dor dos outros não necessariamente provocava neles depressão ou desconforto. Os mesmos estudos demonstraram que os maquiavélicos respondem a faces felizes ou neutras com emoções negativas. Nenhuma explicação clara foi proposta para isso em descobertas posteriores, embora alguns autores (WAI & TILIOPOULOS, 2012) apontem que uma desregulação foi encontrada nas amígdalas dos indivíduos psicopatas, que está envolvida com a coordenação das respostas emocionais.

Porém, outros estudos têm revelado que os maquiavélicos experimentam mais as emoções negativas do que a média, especialmente em situações estressantes. Um estudo usando um questionário de diagnóstico de personalidade descobriu que indivíduos com altos índices na Escala Mach são propensos a distúrbios emocionais e explosividade (McHOSKEY, 2001). Um estudo ainda mais recente usando o inventário de personalidade de cinco fatores BFI, entre outros recursos, descobriu certo tipo de instabilidade emocional entre indivíduos com altos índices na Escala Mach. Eles experimentaram mais emoções negativas, perda do temperamento e ficaram chateados mais facilmente do que indivíduos com baixos índices Mach (SZIJJARTO & BERECZKEI, 2015). Em geral, eles são mais tentados por eventos provocadores de angústia e chateação. Essas descobertas sugerem que os maquiavélicos, ainda que frequentemente descritos como pessoas com frieza mental e racionais, experimentam emoções intensas e tensões.

Todavia, não é acidental que eles pareçam, aos olhos dos observadores, como soberbos e pessoas disciplinadas e guiados pela razão. Estudos recentes claramente sugerem que os maquiavélicos expressam mal suas emoções. Eles mostram certos graus de constrangimento e tentam manter suas expressões emocionais sob controle estrito (McHOSKEY, 1999). O estudo previamente mencionado, que usou um questionário para mensurar vários fatores da inteligência emocional (cf. box 8.1), revelou que indivíduos com altos índices na Escala Mach expressam mal suas emoções em termos relativos. Eles apresentaram uma inabilidade para fornecer expressões afinadas e acuradas sobre seus próprios sentimentos e impulsos emocionais. Resultados similares foram obtidos em estudos em que determinados indivíduos foram inquiridos a reconhecer e identificar as expressões faciais de estranhos (AUSTIN et al., 2007; WAI & TILIOPOULOS, 2012). Falando em termos gerais, os maquiavélicos têm dificuldades tanto em comunicar suas emoções quanto em compreender as emoções alheias.

Box 7.2 Alexitimia e maquiavelismo

O déficit na expressão e compreensão de emoções está relacionado à alexitimia. Essa desordem é demonstrada por pacientes tratados com psicoterapia que são inábeis em verbalizar emoções e apresentam dificuldades em identificar sentimentos, assim como na distinção de vários estados emocionais que eles experimentam (SIFENOS, 1973). O relacionamento entre alexitimia e maquiavelismo parece óbvio e é apoiado por descobertas empíricas. Uma correlação positiva foi encontrada entre a alexitimia (medida com um questionário específico desenvolvido para tal propósito) e maquiavelismo (WASTELL & BOOTH, 2003a). Os autores sugerem que falta aos indivíduos com altos índices na Escala Mach uma conexão emocional adequada com o meio e, por conta disso, eles não são absolutamente capazes de acessar seus próprios estados emocionais, bem como identificar os estados emocionais alheios, ou conseguem fazê-lo apenas de forma superficial. Consequentemente, eles podem apenas observar seu meio nos termos do próprio interesse, e têm uma perspectiva puramente objetiva sobre os outros. Isso leva os maquiavélicos a desenvolver atitudes instrumentais e penetrantes quanto aos seus relacionamentos com os outros, que eles consideram como pessoas a serem exploradas e manipuladas de modo a alcançar suas próprias metas. Esta conclusão é consistente com as descobertas de um estudo prévio que sugere que pacientes com alexitimia tratam os outros como instrumentos ou objetos facilmente substituíveis, e que eles têm uma superficialidade emotiva e uma atitude utilitária quanto aos relacionamentos interpessoais (KRYSTAL, 1988).

Estudos mais recentes têm revelado um relacionamento particularmente mais íntimo entre o maquiavelismo e outra característica essencial da alexitimia que extrapolam as dificuldades emocionais: o pensamento externamente orientado (AL AIN et al., 2013; JONASON & KRAUSE, 2013). Isso significa que os maquiavélicos raramente estão preocupados com sua vida interna; eles não analisam seus próprios pensamentos e sentimentos, e eles nem mesmo confiam em sua imaginação. Os baixos níveis dessas duas habilidades – déficit emocional e orientação externa – não estão relacionados, naturalmente. Aqueles com dificuldades para identificar e processar suas emoções raramente confiam em influências externas para orientarem-se em seu meio. Eles desenvolvem uma forma de pensamento concreta e lógica, na qual as reações emotivas dificilmente desempenham qualquer papel. Ao mesmo tempo, o pensamento externamente orientado pode ser particularmente útil aos maquiavélicos: eles devotam relativamente poucos esforços para analisar suas vidas internas, enquanto buscam muito mais intensamente compreender os relacionamentos e situações em um meio externo. Os maquiavélicos não meditam; eles não ponderam sobre seus próprios sentimentos e pensamentos. Isso pode ser vantajoso quando ações imediatas são necessárias. De fato, os maquiavélicos são mestres da adaptação flexível (cf. cap. 9) que rapidamente reconhecem as oportunidades ofertadas e que, sobretudo, agem imediatamente.

Os autores também propuseram uma explicação alternativa, sugerindo que é em virtude do próprio interesse que os maquiavélicos conformam seus comportamentos às expectativas externas, até o ponto em que os outros irão aceitá-los. Caso contrário, eles poderiam facilmente ficar isolados e excluídos do grupo, o que pode se provar fatal uma vez que, desse modo, eles perderiam ou substancialmente reduziriam suas oportunidades de manipular os outros. Assim, eles mostram certo tipo de alerta e vigilância diante do meio externo e esforçam-se para se adaptar aos valores compartilhados do grupo.

3 Benefícios da adaptação

É possível que os déficits discutidos acima possam também ser vantajosos em termos de logro. A comunicação emocional limitada pode facilitar a manipulação bem-sucedida, uma vez que ela despoja o alvo potencial de dicas comportamentais que poderiam revelar as intenções dos maquiavélicos. O alvo não pode saber qual é a real intenção deles e frequentemente nem mesmo suspeita que a atitude indiferente dos maquiavélicos pode ocultar um ataque potencial.

No entanto, não sabemos até o momento se essa comunicação emotiva deficiente é intencional. É possível que os maquiavélicos deliberadamente selem suas emoções de maneira a conduzir um logro perfeito. Ao exercitar a comunicação emocional limitada, eles podem adquirir a habilidade de parecerem calmos em situações estressantes, sejam quais forem as emoções que eles experimentem. Se este for o caso, é possível que certos processos inibitórios tenham sido desenvolvidos durante a evolução que fazem das metas dos maquiavélicos um tipo de mecanismo de aproximação. No entanto, um déficit cognitivo (não deliberado), que está inter-relacionado com as motivações manipuladoras, é igualmente possível. Nesse caso, a disfunção ou incapacidade de expressar emoções pode similarmente ajudar os maquiavélicos a ocultar suas verdadeiras intenções e, assim, esse déficit mental pode se tornar um meio para que eles influenciem os outros. Uma abordagem evolutiva prontamente também se mostra neste caso: ainda que a inabilidade para expressar emoções adequadamente apresente muitas desvantagens nos relacionamentos interpessoais, os benefícios do comportamento manipulativo compensam para eles, e esses dois componentes estão envolvidos conjuntamente em um pacote no curso da evolução, como um complexo comportamental adaptativo.

Em relação às descobertas empíricas relevantes, uma imagem ambígua fica evidente. Ambas as ideias são apoiadas por resultados experimentais: o ato de esconder as emoções foi sugerido nos experimentos supramencionados, que revelam como os maquiavélicos eficientemente disfarçam suas mentiras e convincentemente negam seus atos de logro (EXLINNE et al., 1970; HARRELL & HARTNAGEL, 1976). Ademais, um estudo empregando técnicas de imagem cerebral descobriu uma área na parte dorsolateral do córtex pré-frontal (DLPC) que manifestou atividades particularmente altas em maquiavélicos durante a tomada de decisões (BERECZKEI et al., 2015). Uma das principais funções dessa região é inibir respostas emocionais e empreender o controle cognitivo. O DLPC está tipicamente ocupado quando os indivíduos tomam decisões nas quais há um conflito entre normas sociais e interesses pessoais, ou quando indivíduos tomam decisões que podem ser contrárias às suas próprias tendências de resposta (RILLING et al., 2008; SANFEY et al., 2003).

Outro estudo recente apoia, no entanto, uma hipótese alternativa. Os resultados desse estudo sugerem que os maquiavélicos apresentam um déficit corrente não apenas ao expressarem suas emoções, mas também ao identificá-las e distingui-las (SZIJJARTO & BERECZKEI, 2015). Eles têm dificuldades para "etiquetar" suas emoções e compreender seus verdadeiros significados, e demonstram um péssimo desempenho na percepção das transições entre estados emocionais. Obviamente, pesquisas adicionais são necessárias para clarificar os vislumbres das regulações emocionais entre os maquiavélicos.

4 Ansiedade

A mesma ambiguidade caracteriza as descobertas sobre a ansiedade dos maquiavélicos. A ansiedade é um sentimento de desconforto, inquietação e preocupação antecipada diante de eventos como doenças ou morte. A ansiedade não é o mesmo que o medo, que é uma resposta à ameaça imediata real ou percebida; a ansiedade é, em suma, a expectativa de uma ameaça futura. Alguns dos estudos relacionados não descobriram qualquer relacionamento significante entre o maquiavelismo e os autorreportados índices de ansiedade (p. ex., ALI; AMORIN & CHAMORRO-PREMUZIC, 2009). Por outro lado, outros estudos revelam um relacionamento positivo entre as duas variáveis (FEHR et al., 1992; AL AIN et al., 2013). Apesar da controvérsia, tal questão produz um paradoxo: a descrição clássica de uma personalidade emocionalmente fria dificilmente é conciliável com a imagem de um maquiavélico ansioso. O paradoxo pode ser possivelmente resolvido ao considerar as pesquisas previamente mencionadas, que sugerem que apesar dos maquiavélicos de fato experimentarem intensas emoções, eles têm dificuldades para identificá-las e expressá-las. Um estudo precoce descobriu que, quando indivíduos foram acusados de roubo, observadores independentes julgaram que indivíduos com altos índices na Escala Mach pareciam menos distraídos e ansiosos do que os indivíduos com baixos índices na mesma escala (EXLINNE et al., 1970). É válido ponderar que o logro bem-sucedido pode em parte depender da habilidade maquiavélica para controlar os sinais visíveis de sua ansiedade (GEIS & MOON, 1981). Se os atos de mentir e trapacear são acompanhados de ansiedade – e este é usualmente o caso –, aqueles que se mostram trapaceiros persuasivos são mais hábeis para controlar os sintomas observáveis de ser ansioso.

Na medida em que os maquiavélicos são ansiosos, eles podem estar cientes de que esse comportamento produz consequências negativas ou que seus planos para ludibriar os outros podem caminhar na contramão das normas comunitárias. Um estudo recente apoia essa ideia (BIRKÁS et al., 2015): ele empregou um questionário que mede a sensibilidade à ansiedade, isto é, os medos dos indivíduos diante dos sintomas relacionados à ansiedade em três áreas. Um conjunto de itens envolve medos da ansiedade ligados às sensações corporais (p. ex., "quando estou com dor de estômago, eu temo estar seriamente doente"). Outros itens são relacionados com medos de desorganização cognitiva ("Eu fico assustado quando sou incapaz de manter minha mente nas tarefas"). Finalmente, há itens que estimam os medos das consequências sociais negativas conectadas à ansiedade ("É importante para mim não parecer nervoso"). O maquiavelismo é relacionado aos últimos medos; os maquiavélicos parecem ter medo de ser rejeitados ou julgados mal pelos outros. Tudo isso provavelmente ocorre devido às suas ambições manipuladoras, cujo sucesso parcialmente depende das opiniões e sentimentos alheios. Um logro bem-sucedido inevitavelmente requer que o alvo aceite e confie no enganador em alguma extensão.

Vale notar que a psicopatia, que está intimamente relacionada com o maquiavelismo dentro da Tríade Negra, é correlacionada de maneira intensamente negativa quanto às várias medidas de ansiedade (ALI; AMORIM & CHAMORRO-PREMUZIC, 2009; PAULHUS & WILLIAMS, 2002). Os psicopatas são notoriamente conhecidos por sua falta de ansiedade, e esta provavelmente é a mais importante diferença entre eles e os maquiavélicos.

8
Inteligência emocional e empatia

Cerca de 40 a 50 anos atrás, os estudos da psicologia social deixaram claro que os maquiavélicos, diferentemente de outros tipos, eram menos sensíveis às expressões de comunicação não verbais de seus parceiros, tais como as expressões faciais, gestos, posturas e movimentos. Em um estudo interessante, indivíduos combinados em pares participaram de uma tarefa do tipo bola e espiral (DURKIN, 1970). Eles usaram uma ferramenta que lembrava uma bacia virada de cabeça para baixo, na qual uma bola girava ao redor através de passagens e rampas. Duas pessoas moviam a ferramenta, cada uma segurando-a de um lado. A meta do jogo era manter a bola em movimento, prevenindo que ela saltasse para fora e, finalmente, movê-la para o buraco designado. Juntos, ambos os indivíduos tentavam controlar o movimento da bola, algo que exigia, obviamente, uma boa coordenação motora. Eles tinham que ficar alertas diante de qualquer movimento ou sinal sutil do colega: qualquer situação exigia uma rápida resposta, sem chance de consideração ou raciocínio. O estudo revelou que indivíduos com baixos índices na Escala Mach, diferentemente daqueles com altos índices nesta escala, davam respostas mais frequentes e eficientes aos movimentos do parceiro. Esses indivíduos com baixos índices na Escala Mach corrigiam desvios mais frequentemente, movendo a ferramenta na direção correta. O autor explicou a diferença ao sugerir que, para indivíduos com altos índices na Escala Mach, a situação não envolvia suas habilidades de tomada de decisão racional, que normalmente fazem deles bem-sucedidos em diferentes circunstâncias. O jogo requeria reações espontâneas e imediatas, para as quais os indivíduos com baixos índices na Escala Mach mostravam mais qualidades. Conforme o autor, o segredo de seu sucesso deitava raízes na melhor sintonia entre os parceiros e em uma percepção mais refinada dos movimentos e intenções subjacentes do parceiro. De outra feita, as reações dos maquiavélicos foram caracterizadas por certo tipo de atitude objetiva em vez de uma orientação interpessoal.

1 O atalho dos maquiavélicos

Essa interpretação pode ser generalizada: indivíduos com altos índices na Escala Mach encontram mais dificuldades que a média para compreender as emoções alheias, reconhecer os sentimentos ou intenções refletidas na postura e expressões faciais dos outros, e também apresentam dificuldades para expressar e regular suas próprias emoções (AUSTIN et al., 2007; WAI & TILIOPOULOS, 2012; SZIJJARTO & BERECZKEI, 2015; PILCH, 2008; VONK et al., 2015). Em outras palavras, os maquiavélicos têm, de maneira relativa, uma inteligência emocional baixa (IE). A inteligência emocional inclui as habilidades relacionadas à compreensão e regulação tanto das próprias emoções e sentimentos quanto desses aspectos manifestos pelos outros. Ela não inclui apenas a identificação e o reconhecimento das emoções, mas também a habilidade de controlar suas próprias emoções, isto é, a habilidade de entender os relacionamentos entre nossos sentimentos, pensamentos e ações. Os indivíduos com alta inteligência emocional são capazes de conscientemente alcançar um estado emocional dentro de si através do qual eles podem experimentar o sucesso e a satisfação nos relacionamentos sociais. Consequentemente, a inteligência emocional significa um complexo pacote de habilidades características de uma personalidade, mensurado através de vários testes e questionários (cf. box 8.1). Tais medidas são usadas para calcular o quociente emocional (QE), um índex das habilidades de alguém para regular e controlar suas emoções e envolvê-las na tomada de decisões.

Box 8.1 Autorrelatório de Schutte para o teste de inteligência emocional

Os indivíduos são instruídos a indicar em que extensão cada um dos 28 itens aplicam-se a eles usando a escala a seguir: 1) discorda fortemente; 2) discorda; 3) não discorda nem concorda; 4) concorda; 5) concorda fortemente.
1) Eu sei quando posso falar sobre meus problemas pessoais para alguém.
2) Quando me deparo com obstáculos lembro daqueles tempos passados, quando enfrentei as mesmas dificuldades e como as superei.
3) Eu espero me dar bem na maioria das coisas que eu tento.
4) Outras pessoas acham fácil confiar em mim.
5) Eu acho difícil entender as mensagens não verbais das pessoas.
6) Quando meu humor muda, eu vejo novas possibilidades.
7) Estou ciente de minhas emoções e eu as experimento.
8) Espero que coisas boas ocorram.
9) Eu gosto de compartilhar minhas emoções com outras pessoas.

10) Quando experimento uma emoção boa, eu sei como fazê-la durar.
11) Eu arranjo eventos que as outras pessoas gostam.
12) Eu busco atividades que me fazem feliz.
13) Eu sei que envio aos outros mensagens não verbais.
14) Eu me apresento de tal maneira que provoco uma boa impressão nos outros.
15) Quando eu estou de bom humor, resolver problemas é fácil para mim.
16) Ao olhar suas expressões faciais, eu reconheço as emoções que as pessoas estão experimentando.
17) Quando estou de bom humor, eu sou capaz de produzir novas ideias.
18) Eu facilmente reconheço minhas emoções conforme as experimento.
19) Eu me motivo ao imaginar um bom retorno para as tarefas que estou empreendendo.
20) Eu cumprimento os outros quando eles fazem algo bem.
21) Eu estou ciente das mensagens não verbais que as outras pessoas enviam.
22) Quando eu sinto uma mudança nas emoções, tendo a produzir novas ideias.
23) Quando encaro um desafio, eu desisto por acreditar que irei falhar.
24) Sei o que as outras pessoas estão sentindo apenas olhando para elas.
25) Eu ajudo outras pessoas a se sentirem melhores quando elas estão "para baixo".
26) Eu uso o bom humor para me ajudar a ficar de pé diante dos obstáculos.
27) Eu posso dizer como as pessoas se sentem ao ouvir seus tons de voz.
28) É difícil para mim entender a razão das pessoas se sentirem de tal forma.

Medidas autorreportadas invariavelmente indicam que eles têm dificuldades ora para entender suas próprias emoções, ora para entender as emoções dos outros, e os maquiavélicos são menos hábeis em harmonizar seus próprios pensamentos e sentimentos. Isso é surpreendente, pois poderíamos esperar que a manipulação e o engano, de fato, exigem que o maquiavélico determine as emoções e intenções do alvo, para assim transformarem o conhecimento em ação. Ademais, o maquiavelismo não está apenas relacionado negativamente com a inteligência emocional, mas também com um construto mais amplo de inteligência social, a saber, a sensibilidade quanto aos relacionamentos sociais, assim como para sua compreensão e controle (box 8.2).

Box 8.2 Inteligência socioemocional e maquiavelismo

Recentemente, pesquisadores austríacos e alemães desenvolveram um teste chamado de Inventário de Habilidades Sociais; seus 90 itens cobrem duas áreas amplas (NAGLET et al., 2014). Uma delas, a inteligência emocional, é dividida em três dimensões: a expressividade emocional determina a exatidão do estado de comunicação social ("Disseram que eu tenho olhos expressivos"). A sensibilidade emocional está relacionada à interpretação das emoções dos outros ("Dizem com frequência que eu sou sensível e compreensivo"). O controle emocional é a medida da demonstração de regulação emocional ("Eu sou muito bom em manter a calma exterior, mesmo quando estou chateado").

Outra área ampla é a inteligência social, que é igualmente avaliada pela mesma medida a partir de três vias. A expressividade social inclui a maneira como alguém se expressa verbalmente e engaja os demais no discurso social ("Quando conto uma história, eu usualmente uso um monte de gestos para ajudá-los a entender o ponto em questão"). A sensibilidade social se preocupa com a interpretação adequada da comunicação alheia e a apropriação do comportamento social ("Eu geralmente estou preocupado com a impressão que provoco nos outros"). Finalmente, o controle social avalia a maneira como alguém se apresenta e desempenha papéis ("Eu não sou muito bom em me misturar em festas").

Nagler e seus colegas descobriram que o maquiavelismo foi negativamente correlacionado com duas subescalas da inteligência emocional, a saber, a expressividade emocional e a sensibilidade emocional. Além disso, diferentemente dos demais, os maquiavélicos demonstraram menos habilidades nos três fatores da inteligência social.

2 Inteligência manipuladora

No entanto, alguns autores apontaram problemas para essas descobertas (O'CONNER & ATHOTA, 2013). Em suma, eles levantaram a possibilidade de que o maquiavelismo e a inteligência emocional estão negativamente relacionados apenas porque as medidas focam quase exclusivamente em emoções positivas. Eles estavam preocupados com traços como "gentil", "amigável" e "benevolente". Assim, não é surpreendente que os indivíduos com baixos índices na Escala Mach, isto é, aqueles desejosos da cooperação e inclinados à empatia, produziram pontuações mais altas na Escala IE. Os maquiavélicos, por outro lado, são menos propensos a apresentar esses traços; portanto, não produzem altas pontuações na Escala IE. É óbvio, como os autores pontuaram, que os fatores da personalidade mediam o relacionamento entre o maquiavelismo e a inteligência emocional. Por exemplo, aqueles que alcançam altas pontuações de agradabilidade e atingem altos índices em características como "gentil", "polido", "compreensivo" e "de boa índole" (cf. box 3.1), usualmente têm uma boa compreensão de seus relacionamentos pessoais e preocupam-se com os estados emocionais dos demais. Por outro lado, aqueles que apresentam características de personalidade opostas, isto é, aqueles que são menos amigáveis e compreensivos, são mais propensos a enganar e explorar os outros. Confirmando tal expectativa, o autor eliminou (ou controlou) o efeito da agradabilidade e, de fato, fez desaparecer o relacionamento negativo entre o maquiavelismo e a inteligência emocional.

É ainda mais importante destacar que os autores desenvolveram uma escala batizada como Competência Emocional Percebida (CEP). Itens "neutros" dessa escala mensuram a habilidade corrente para compreender e controlar emoções que não envolvem traços positivos, tais como "otimismo", "senso de comunidade" ou "propensão ao auxílio". Não parece surpreendente que um relacionamento positivo foi descoberto entre esse construto alternativo de competência emocional e o maquiavelismo, mesmo entre aqueles que pontuaram pouco no item agradabilidade. Isso significa que os maquiavélicos podem ser capazes de entender as emoções dos outros, além de controlar seus próprios sentimentos em um nível alto; todavia, eles empregam essas habilidades essencialmente para servir aos seus próprios interesses. À luz dessas descobertas, o relacionamento entre o maquiavelismo e a inteligência emocional é mediado por certo tipo de personalidade, e aqueles que dispõem dela estão inclinados a usar suas habilidades emocionais para propósitos de manipulação.

Essa observação é altamente consistente com as descobertas de muitos outros estudos que têm também demonstrado como os maquiavélicos, que geralmente têm habilidades mais pobres de IE são, a rigor, melhores do que os outros em certas dimensões (AUSTIN et al., 2007; GRIEVE, 2011; NAGLER et al., 2014). Elizabeth Austin e seus colegas (2007) desenvolveram uma escala de 41 itens baseada em diferentes medidas de inteligência emocional. O teste, que foi nomeado de "Escala de manipulação emocional", compreende itens que implicam estratégias de comunicação voltadas para ludibriar os outros. Tais estratégias estão amplamente sedimentadas na chantagem emocional, na manipulação pela culpa e vários tipos de táticas de influência (box 8.3). Pediram que os respondentes indicassem a extensão na qual eles concordam ou discordam com cada item. Dentre eles, aqueles com altos índices na Escala Mach informaram substancialmente com mais frequência como estavam pré-dispostos a empregar estratégias destinadas ao engano, confusão ou influência dos demais, tendo como pano de fundo seus próprios objetivos.

Box 8.3 Escala de Manipulação Emocional (itens selecionados)

- Eu sei como envergonhar alguém para que pare de se comportar de determinada maneira.
- Eu sei como fazer alguém se sentir apreensivo.
- Eu sei como jogar uma pessoa contra a outra.
- Eu posso fazer alguém se sentir ansioso, de maneira que ele irá agir de uma maneira particular.
- Eu sou bom em reafirmar para as pessoas determinadas coisas, de maneira que elas façam mais facilmente aquilo que eu digo.
- Eu algumas vezes finjo demonstrar mais raiva do que eu realmente tenho, sobretudo quanto ao comportamento de alguém, de maneira a induzi-lo a se comportar de forma diferente no futuro.
- Eu posso simular emoções como a dor para fazer os outros se sentirem culpados.
- Se alguém faz algo para me chatear, eu acredito que é aceitável fazê-lo se sentir culpado sobre isso.
- Eu posso oferecer palavras de encorajamento e reafirmação a um amigo para fazê-lo agir conforme minhas vontades.
- Quando alguém me deixa chateado ou com raiva, eu frequentemente oculto meus sentimentos.

Essas descobertas convidam a um amplo leque de explicações alternativas. Uma delas sugere que os maquiavélicos ainda não dispõem de altos índices de inteligência emocional. Eles simplesmente empregam a manipulação sentimental em relação aos outros, conforme ficou refletido nas respostas aos itens da escala. Uma explicação mais "forte" para a descoberta supracitada pode ser que os maquiavélicos exibem, a rigor, um índice maior do que a média de inteligência emocional conforme as situações em curso. Quando têm a oportunidade de enganar os outros verbalmente ou não verbalmente, eles imediatamente empregam táticas de manipulação emocional. Dicas específicas relacionadas às oportunidades de manipulação podem suscitar uma resposta na qual eles tendem a tirar vantagem das emoções alheias na esperança de um logro bem-sucedido. Doutra feita, em situações nas quais não existem chances de explorar os outros, eles permanecem cegos diante dos sentimentos alheios, como fatores perturbadores para os quais eles não encontram uso/vantagem.

3 Inteligência emocional em situações realísticas

Os estudos até então apresentaram os testes do tipo papel e caneta, que fornecem medidas de inteligência emocional conforme respostas dadas pelos indivíduos a determinado conjunto de itens. Esse método oferece uma imagem relativamente acurada da visão de alguém sobre suas próprias habilidades e experiência relacionadas à compreensão e à lida com as emoções. Tal informação é importante, mas não é objetiva o suficiente, uma vez que há um risco razoável de que os respondentes não sejam realistas ao propor um autojulgamento. Um quadro mais realista pode ser obtido ao descrever o comportamento alheio em certas situações; por esta razão, alguns pesquisadores têm usado métodos que fornecem uma medida de desempenho pautada na inteligência emocional (AUSTIN et al., 2007; ALI et al., 2009). Eles têm estudado, por exemplo, como as pessoas leem as expressões faciais dos outros em imagens ou gravações em vídeo. Solicitaram que respondentes interpretassem os sentimentos e emoções demonstradas em certas expressões faciais e olhares. Um estudo usou o Teste Multimodal de Reconhecimento Emocional (TMRE), que envolve múltiplos recursos sensoriais e oferece uma medida complexa de inteligência emocional. A eles foi apresentada uma série de fotografias, vídeos curtos, filmes mudos e áudios de discurso sem estimulo visual; todos eles em ordem randômica. Ato contínuo, eles foram inquiridos sobre as emoções expressas pelos atores de diferentes maneiras.

Esse estudo produziu descobertas similares daquelas obtidas nas pesquisas prévias. Indivíduos com altas pontuações na Escala Mach demonstraram *performances* piores do que indivíduos com baixos índices na mesma escala. Eles foram menos capazes de associar as faces e discursos vistos/ouvidos com as respectivas emoções. Novamente, o estudo chegou à conclusão de que a inteligência emocional global dos maquiavélicos é menor do que a média, mesmo quando mensurada no emprego de técnicas sofisticadas.

No entanto, esse estudo também tem um aspecto questionável; embora o método usado seja complexo, o estímulo material empregado para as interações sociais apresentava uma maneira mais estática do que realista. A face capturada em fotografias não é a mesma face das intenções reais, quando os movimentos musculares são também visíveis; os lábios alargam-se em um sorriso, um aceno de cabeça, o levantar rápido ou lento de sobrancelhas, entre outras. Além disso, o retrato não revela os gestos que acompanham as expressões faciais: os braços esticados ou cruzados, o corpo voltado para o parceiro ou na direção contrária etc. O observador não pode ouvir as expressões emocionais da voz que acompanham a experiência de satisfação, tristeza ou alegria, e vice-versa: o ouvinte da gravação do áudio está completamente privado do olhar de quem fala, uma situação não realista na maioria dos casos.

Box 8.4 Fotos do Teste Multimodal de Reconhecimento Emocional (TMRE)

Para além de retratos como os apresentados abaixo, o teste contém vídeos curtos, filmes silenciosos e gravações de voz silenciosas, sem identificação e sem estímulos visuais. Em cada caso, os indivíduos têm que identificar as emoções refletidas nas imagens, vídeos e gravações de áudio.

Esta é a razão pela qual alguém pode argumentar que as técnicas experimentais empregadas na maioria dos estudos prévios modelaram os relacionamentos interpessoais de uma maneira um tanto irreal. De fato, o caso elencado não é muito melhor do que aqueles mais "dinâmicos", com estímulos materiais apresentados pelo comportamento e discurso de indivíduos observadores (atores) em filmes de curta duração. Até mesmo esses materiais falham ao recair no problema essencial, a saber, que os indivíduos estudados precisam compreender as expressões emocionais dos outros, sem que estivessem ativamente envolvidos na interação. Portanto, a questão é o quanto os maquiavélicos comportam-se em um mundo real de relacionamentos pessoais, isto é, quando estão envolvidos em eventos sociais; ou seja, em situações onde é possível determinar as formas que eles interpretam e respondem às emoções dos outros, assim como as formas como eles controlaram seu próprio comportamento e, consequentemente, o comportamento futuro das outras pessoas.

Um estudo criou uma oportunidade de examinar como as pessoas expressam, ocultam e reconhecem emoções em uma situação realista (OROSZ & BERECZKEI, 2015). O experimento estava baseado no conhecido jogo de cartas Duvido, jogado em grupos de três; cada qual incluía um indivíduo com baixos índices na Escala Mach, um indivíduo mediano e um indivíduo com altos índices. Além das interações pessoais, outra vantagem do jogo é que os participantes são compelidos a desconfiar de seus parceiros, uma vez que os jogadores vencedores são aqueles que melhor escondem suas verdadeiras intenções através de falsas afirmações. Ademais, o sucesso também pode ser empreendido por aqueles que são melhores em identificar as tentativas de logro dos parceiros, isto é, aqueles que são mais eficientes em ler os movimentos sutis dos oponentes, suas expressões faciais, gestos, tons e outras dicas não verbais (box 8.5).

Box 8.5 Duvido – o jogo

Os três jogadores sentam-se em uma mesa redonda, distantes entre si da mesma maneira, de maneira que todos possam ver os demais com as mesmas condições. Os pesquisadores selecionaram 72 cartas de um baralho de Uno, que consiste originalmente de 108 cartas; desse modo, a pilha selecionada continha oito cartas ranqueadas entre os números 1 a 9. Cada jogador joga com oito cartas na mão. No estudo, cada grupo de jogadores incluía um indivíduo com baixos índices na Escala Mach, um indivíduo mediano e um indivíduo com altos índices, previamente expostos à Escala Mach-IV. Cada grupo jogou um total de 10 rodadas, sendo que o primeiro foi uma espécie de teste para o aprendizado das regras. Cada rodada incluía 15 turnos, e durava aproximadamente 5 minutos.

Os indivíduos tinham que colocar suas cartas viradas para baixo no meio da mesa em ordem numérica (de 1 ao 9), de tal maneira que, quando era sua respectiva vez, cada jogador tinha que jogar uma carta com um número exatamente maior do que o jogador anterior (p. ex., o número 6 tinha que ser seguido pelo número 7). Se chegasse na vez de um jogador que não dispunha da carta daquele número, ele era compelido a fazer uma afirmação falsa, pois era a regra que o número da carta deveria ser pronunciado em cada turno. Se os oponentes suspeitassem que o jogador estivesse mentindo, eles poderiam dizer "Duvido!" Neste caso, a carta era virada para cima. Se o jogador tivesse mentido, ou seja, se o número da carta fosse diferente da afirmação feita pelo jogador naquela rodada, ele deveria pegar todas as cartas depositadas sobre a mesa. No entanto, se ele tivesse falado a verdade, a pilha de cartas previamente descartadas iria para as mãos do desafiante que gritou "Duvido!" O vencedor do jogo era o primeiro a ficar sem cartas ou com a menor quantidade delas no final do turno. O vencedor poderia levar os prêmios financeiros das rodadas para casa. A recompensa monetária fazia do experimento mais realista e sério, uma vez que todos os indivíduos tentavam empregar as táticas à disposição na esperança de obter os maiores ganhos possíveis.

Os pesquisadores gravaram a quantidade de vezes que cada jogador disse "Duvido!" (i. é, quando a mentira era revelada), de maneira a obter uma medida estatística acurada; o índice D foi introduzido (D de duvido), que era calculado a partir do quociente obtido ao dividir a quantidade de trapaças efetivas pela quantidade de todas as trapaças. Dessa maneira, o índice D demonstrava a proporção de detecções corretas dentro do número total de "acusações".

Um resultado interessante do experimento foi que os indivíduos com altos índices na Escala Mach gritavam "Duvido!" com mais frequência do que os indivíduos com baixos índices na mesma escala, e também pontuavam melhor em indicações de trapaça efetivas. Em outras palavras, os indivíduos com altos índices na Escala Mach foram melhores do que os indivíduos com baixos índices na escala de referência para detectar as mentiras de seus parceiros. Seu desempenho também foi considerado melhor em termos da taxa de detecções correta, sobretudo quando comparada ao número total de questionamentos de trapaça, como indicado pelo índice D. Por outro lado, a taxa de detecções correta demonstrou uma correlação próxima com a taxa de vitórias: os indivíduos com as maiores taxas de detecções bem-sucedidas venceram mais. Ademais, os resultados também sugeriram que maquiavélicos esconderam suas emoções mais eficientemente, uma vez que seus parceiros fizeram menos pontos quando disseram "Duvido!"

Mesmo que o experimento apoie a teoria de que os maquiavélicos são bem-sucedidos em um sistema de relacionamentos pessoais, não foi revelado o que exatamente acontece durante o jogo. Por qual motivo os maquiavélicos conseguem detectar melhor do que os demais? São as mudanças nas expressões faciais dos outros? Eles mentem ao fazer movimentos ou produzir sutis mudanças de postura? Talvez sejam mudanças no timbre ou na respiração? Essas informações ainda precisam ser reveladas; enquanto isso, parece razoável concluir, como os autores fizeram, que em um experimento realístico, envolvendo indivíduos como participantes ativos com o prospecto de receber uma recompensa, os maquiavélicos exibem habilidades acima da média para ler dicas não verbais, assim como para esconder suas próprias emoções.

É possível que o sucesso dos maquiavélicos no jogo seja em parte devido à tensão crescente ou angústia que pode gradualmente oprimir os indivíduos. Um questionário preenchido pelos entrevistados e administrado ao final do jogo revelou que indivíduos com altos índices na Escala Mach experimentam uma angústia mais profunda durante as partidas do que os indivíduos com baixos índices na Escala Mach. Eles estavam mais angustiados do que os outros, primariamente quando contavam uma mentira. Essa descoberta é consistente com aquelas discutidas anteriormente: os maquiavélicos experimentam emoções intensas, mas conseguem escondê-las habilmente.

Naturalmente, explicações alternativas podem ser levantadas também. É possível, por exemplo, que maquiavélicos simplesmente pensem racionalmente durante o jogo em vez de ler e esconder emoções. Eles podem memorizar os movimentos dos parceiros, calcular e estimar quão provavelmente um número será jogado nas rodadas subsequentes etc. No entanto, tal estratégia é improvável, pois o número relativamente grande e variado de cartas usadas no jogo impediria; ademais, os indivíduos informaram no final da partida que eles não tinham recorrido a esse tipo de tática "racional". Seja qual for o caso, experimentos futuros precisarão monitorar o jogo mais eficientemente, por meio de câmeras escondidas ou simulação computacional, de maneira a ofertar vislumbres confiáveis das estratégias maquiavélicas.

4 Empatia

A inteligência emocional está intimamente relacionada à empatia; por sua vez, esta faz referência à habilidade de compreender e conceber o estado mental alheio, tal como ter a capacidade de se colocar no lugar do outro (BATSON, 2009). Este último aspecto é o mais importante: a empatia essencialmente significa que alguém experimenta a alegria e a dor alheias, compartilha esses sentimentos e é capaz de experimentá-los pessoalmente. Vários testes de empatia disponíveis atualmente mensuram o quanto alguém se preocupa com os sentimentos alheios, o quanto alguém pode se colocar no lugar dos outros e em qual extensão alguém é capaz de experimentar os sentimentos e impressões dos outros (box 8.6). É preciso destacar que a habilidade empática por si só não implica preocupação positiva quanto aos outros, uma vez que a empatia pode permanecer em um nível "teorético" de pena que não é seguido pela ação. No entanto, é um fato que aqueles que pontuam alto na escala de empatia são usualmente mais propensos a cooperarem com os outros, além de ajudá-los.

Box 8.6 Índice de Reatividade Interpessoal (IRI; itens selecionados)

- Eu frequentemente tenho sentimentos de afeto e preocupação por pessoas menos afortunadas do que eu.
- Eu algumas vezes encontro dificuldades para ver o ponto de vista de "outros caras/outras garotas".
- Algumas vezes eu não me sinto mal quando outras pessoas têm problemas.
- Eu realmente fico envolvido emocionalmente com os personagens de uma novela.
- Eu algumas vezes tento olhar o lado de todos em uma discórdia antes de tomar uma decisão.
- Algumas vezes eu tento entender melhor meus amigos ao imaginar as coisas sob suas perspectivas.
- O infortúnio alheio não me preocupa muito.
- Se não estou certo sobre algo, eu não perco tempo ouvindo os argumentos dos outros.
- Quando vejo alguém sendo tratado de forma injusta, eu algumas vezes não sinto muita pena dele(a).
- Quando estou chateado com alguém, eu usualmente tento me colocar no lugar dele(a).
- Antes de criticar alguém, eu tento imaginar como me sentiria se estive no lugar dele(a).

Ao reconsiderar o relacionamento entre a inteligência emocional e a empatia até este ponto, alguém poderia concluir que elas se sobrepõem em muitos âmbitos. Um aspecto essencial de ambas é a detecção dos estados emocionais dos outros, ser sensível às suas comunicações verbais e não verbais, assim como controlar e regular seus estados emocionais. No entanto, a empatia significa mais, ao menos quanto a dois aspectos. Primeiro, para além do reconhecimento e identificação de emoções, a empatia também inclui a compreensão dos conteúdos dos estados mentais alheios, como os pensamentos, desejos e intenções. Essa habilidade é chamada de leitura mental, algo que será discutido em detalhes no próximo capítulo. Segundo, uma pessoa altamente empática não apenas entende as emoções dos outros, mas também compartilha as emoções com a pessoa observada. Essa diferença é frequentemente referenciada pela dicotomia entre a empatia "fria" e a empatia "quente".

Box 8.7 Empatia fria e quente

Nos últimos anos, a diferença entre empatia fria e quente tem recebido muita atenção na literatura (McILLWAIN, 2003). A empatia fria fundamentalmente envolve processos cognitivos: ela permite que alguém reconheça o estado mental e os sentimentos de outra pessoa, assim como compreenda a privação, perda ou desapontamento que provoca a situação corrente. Como alternativa, ela tem se baseado em certo tipo de tomada de perspectiva e atribuição de estados mentais sem necessariamente resultar em experiências emocionais. Presumivelmente, a empatia fria não necessariamente promove a intenção de ajudar seu parceiro; de fato, compreender os pensamentos e intenções dos parceiros pode igualmente propiciar que alguém tome vantagem de outrem (DAVIES & STONE, 2003). A empatia fria basicamente cobre a habilidade de leitura mental, que será discutida detalhadamente no próximo capítulo.

O conceito de empatia "quente" é essencialmente um sinônimo da noção convencional de empatia. Ele faz referência à habilidade de experimentar os estados emocionais dos indivíduos que motivam o observador a ajudá-los. A diferença entre os dois tipos de empatia pode ser ilustrada por dois tipos de afirmações. As pessoas com a empatia fria concordam com a seguinte sentença: "eu percebo rapidamente sobre o que os outros querem dizer". Pessoas que demonstram a empatia quente, por sua vez, identificam-se com a seguinte sentença: "eu tento me identificar emocionalmente com os problemas dos meus amigos". Enquanto a empatia fria não necessariamente acompanha a empatia quente, a empatia quente dificilmente poderia ser funcional sem a empatia fria, isto é, sem a habilidade de inferir os pensamentos e sentimentos a partir da perspectiva alheia. No entanto, experimentar os sentimentos e necessidades requer que a pessoa esteja ciente da existência independente do indivíduo, o que implica uma perspectiva diferente daquela do parceiro (KEENAN, 2003). Em outras palavras, a empatia quente não implica uma identificação completa ou o amálgama com o parceiro.

Consequentemente, não é acidental que as escalas de empatia fria e quente sejam relativamente relacionadas de maneira tênue (AL AIN et al., 2013). Elas são provavelmente pautadas por processos cognitivos diferentes e estruturas neurais diferentes.

De maneira não surpreendente, os maquiavélicos usualmente mostram um baixo nível de preocupação empática. Ao usar vários testes do tipo papel e caneta, pesquisadores encontraram uma forte correlação negativa entre os índices na Escala Mach e os índices de empatia global (ALI & CHAMORRO-PREMUZIC, 2010; WAI & TILIOPOULOS, 2012; WASTELL & BOOTH, 2003b). Ademais, o maquiavelismo mostrou um relacionamento inversamente similar com cada um dos diferentes componentes da empatia, tais como a tomada de perspectiva, a capacidade de resposta emocional e a sintonia emocional. Isso sugere que os maquiavélicos têm dificuldade para compreender e experimentar os estados emocionais alheios, assim como para identificar os sentimentos e pensamentos de uma pessoa independente deles. Neste ponto, é válido recobrar uma característica maquiavélica discutida em mais detalhes nos capítulos anteriores, nomeadamente, o pensamento externamente orientado. Isso significa que os maquiavélicos raramente estão preocupados com sua vida interna, mesmo que eles estejam muito mais interessados em obter coisas valiosas a partir do meio externo (JONASO & KRAUSE, 2013). Isso está intimamente relacionado com a falta de empatia, uma vez que, em vez de estarem preocupados com os aspectos pessoais de seus relacionamentos sociais, eles preocupam-se com os benefícios materiais que eles podem obter a partir deles.

Considerando tudo isso, não é surpreendente que a baixa empatia dos maquiavélicos seja acompanhada por uma baixa pré-disposição à exibição de comportamentos cooperativos ou altruístas. Eles não desejam mostrar benevolência aos demais, e não estão nem mesmo desejosos de cooperar. Um estudo sugere que eles apresentam certo grau de indiferença social, impaciência quanto aos outros, falta de gentileza e, em alguns casos, até mesmo uma propensão à vingança (PAAL & BERECZKEI, 2007).

9
Leitura mental

Desde o início da pesquisa sobre o maquiavelismo, os maquiavélicos têm sido considerados observadores hábeis da natureza humana que prontamente empregam sua experiência e suas impressões das pessoas para enganá-las e manipulá-las. Quando o conceito de leitura mental (Teoria da Mente, atribuição de estado mental) tornou-se dominante na psicologia cognitiva, os pesquisadores predisseram que os maquiavélicos se mostrariam excelentes leitores da mente, uma vez que dispunham da habilidade de inferir os estados mentais alheios. Em suma, eles eficientemente seriam capazes de predizer os pensamentos, emoções, intenções, conhecimento ou falta de conhecimento dos outros (cf. box 9.1).

1 Hipóteses e falsificações

O axioma proposto, a saber, que os maquiavélicos são bons leitores das mentes alheias, seguia a hipótese aparentemente bem assentada que a manipulação e o logro necessariamente requerem que alguém assuma a perspectiva mental do alvo. Sem uma Teoria da Mente bem desenvolvida, dificilmente seria possível manipular outras pessoas e reconhecer os pontos fracos alheios, circunstâncias para as quais eles poderiam se mostrar pouco conscientes (PAAL & BERECZKEI, 2007). Aqueles que podem mais facilmente assumir o ponto de vista dos outros e entender suas intenções, crenças e conhecimento, pode mais eficiente empregar tais conhecimentos para alcançar seus objetivos do que aqueles que dispõem de habilidades menos desenvolvidas de leitura mental. Naturalmente, isso não contradiz o fenômeno do desapego emocional discutido previamente, uma vez que é possível compreender as metas e conhecimentos alheios sem identificar-se com as emoções alheias. Dessa maneira, alguém poderia acessar os estados mentais, sentimentos e pensamentos dos outros, mas a partir de um modo puramente cognitivo e racional (McILLWAIN, 2003). Este elemento pode ser um tanto benéfico aos maquiavélicos, pois assim eles obtêm vislumbres claros das crenças e intenções alheias, e até mesmo de suas vidas internas complicadas, enquanto eles não se sentem deprimidos ou confusos ao compartilhar as emoções dos outros.

Box 9.1 Leitura mental

Nos últimos anos, estudos têm confirmado que, no desenvolvimento de relacionamentos interpessoais, alguém pode pautar-se amplamente em uma habilidade cognitiva batizada ora como "Teoria da Mente", ora como "leitura mental". O termo *Teoria da Mente* refere-se à habilidade de alguém atribuir os estados mentais alheios e os conteúdos de seus desejos, crenças, intenções e emoções, que podem ser diferentes dos estados mentais desse indivíduo em particular. A

Teoria da Mente permite que ele veja os outros como indivíduos que dispõem de vidas internas guiadas por seus comportamentos, aspectos que não são diretamente perceptíveis a partir dos sentidos físicos. A falta dessa habilidade poderia substancialmente enfraquecer a orientação de alguém no meio social, uma vez que, com isso, um indivíduo poderia confiar apenas em pistas físicas externas quando tentasse compreender o comportamento alheio (PERNER, 1991; PAAL & BERECZKEI, 2007).

A maioria dos especialistas concorda que apenas humanos tem uma Teoria da Mente plenamente desenvolvida, e que ela emergiu em um estado relativamente tardio da evolução humana (MITHEN, 2000). Seu desenvolvimento foi crucialmente moldado pela exigência de adaptação de grupos humanos grandes e em constante mudança. O benefício adaptativo da habilidade de leitura mental nesse meio implicou no aumento da capacidade individual de compreender e predizer o comportamento dos outros. Por outro lado, isso resultou no desenvolvimento de táticas complexas e sofisticadas de cooperação e competição com membros do grupo. Quanto mais acurada e refinada fosse a compreensão das emoções e pensamentos de nossos ancestrais, mais eficientemente eles poderiam alcançar a auto-orientação em um mundo complexo de relacionamentos interpessoais (DUNBAR, 2002).

Esse desenvolvimento evolutivo resultou em habilidades especiais para compreender os estados mentais das outras pessoas, que parecem ser amplamente independentes das funções cognitivas alheias (p. ex., a inteligência ou memória). Estudos pautados em imagens cerebrais de pessoas saudáveis, de pessoas com ferimentos cerebrais e daquelas com desordens mentais (como o autismo) localizaram essas habilidades em áreas cerebrais específicas (APPERLY, 2011).

> Entre elas, uma das áreas mais importantes é o córtex pré-frontal médio, que mostrou um incremento de atividade ao assumir e lidar com diferentes perspectivas mentais. Essa área está funcionalmente conectada com outra, a junção têmporo-parietal, na região posterior do cérebro, que está envolvida na identificação de diferentes estados mentais.

Tudo isso é consistente com a conclusão proposta no fim do capítulo anterior: os pesquisadores distinguem dois tipos de empatia – fria e quente. Por um lado, enquanto os maquiavélicos não apresentam uma sintonia empática com os pensamentos e emoções dos outros, é altamente provável, por outro lado, que eles possam facilmente ler e entender esses pensamentos e emoções.

É importante lembrar que há casos de falsificações científicas completas (conquanto possivelmente não tão frequentes quanto desejável), quando descobertas experimentais claramente contradizem as hipóteses propostas. Este tem sido o caso quanto à habilidade maquiavélica de ler mentes. As pesquisas têm descoberto que os maquiavélicos não apresentam uma habilidade acima da média para atribuir os estados mentais alheios. No primeiro experimento relacionado ao assunto (PAAL & BERECZKEI, 2007), foram apresentadas a alguns indivíduos várias histórias e, em seguida, eles foram inquiridos sobre as crenças, objetivos e pensamentos presumíveis dos personagens dessas narrativas (cf. box 9.2). Diante das predições teoréticas, parece uma descoberta surpreendente que os indivíduos com altos índices na Escala Mach não tenham obtido um desempenho melhor na tarefa de leitura mental do que suas contrapartes com baixos índices na Escala Mach. Ou seja, a hipótese de que aqueles mais predispostos a manipular, enganar e explorar os outros por dispor de uma habilidade mais aperfeiçoada para atribuir estados mentais não encontrou respaldo científico.

Box 9.2 Uma medida baseada em narrativa da Teoria da Mente

A mensuração da habilidade adulta de leitura mental é, na maioria das vezes, pautada na compreensão narrativa. Os indivíduos ouvem ou leem histórias curtas que apresentam situações cotidianas, relacionamentos e conflitos pessoais que diferem em complexidade. Cada história é seguida por um par de afirmações, e cada par inclui uma afirmação verdadeira e outra falsa; a partir delas, os indivíduos selecionam a resposta correta para as alternativas. A história a seguir é um exemplo (PAAL & BERECZKEI, 2007).

Simon e Andrew tinham sido bons amigos durante anos. Eles não discordavam de nada por um longo período; porém tudo mudou quando Andrew começou a sair com Melinda. A garota logo alimentou ciúmes por conta de Simon. Ela sentia que Andrew passava muito tempo com seu amigo e que falava coisas com ele que, a rigor, deveriam ser conversadas com ela, sua namorada. Simon também sentiu que Melinda não gostava dele e, assim, tentou passar o menor tempo possível junto dela. Um dia, Simon se aproximou de Melinda com um monte de CDs nas mãos e pediu que ela os entregasse para Andrew. "Eu normalmente não pediria a você, mas eu não posso ver o Andrew hoje; ele também não veio à escola, e eu preciso entregar esses CDs para ele com urgência", disse Simon. "E o que te fez pensar que eu veria o Andrew hoje? Além disso, eu não tenho espaço na mochila para levar tantos CDs", Melinda respondeu. "Claro, claro", disse Simon. Naquela noite, quando Andrew perguntou se Simon tinha enviado a ele os CDs, Melinda disse: "não, ele não me entregou. Ele veio até mim e perguntou se você iria à escola porque ele tinha que te entregar alguns CDs. Quando eu disse a ele que eu poderia trazê-los sem problema algum, ele disse que era melhor não deixá-los comigo". Andrew ficou realmente furioso. Ele disse que já tinha percebido que Simon não gostava do relacionamento com Melinda, e que talvez fosse o tempo de terminar a amizade. "Faça o que você preferir, Andrew", disse Melinda.

1.a) Simon era o namorado de Melinda, que ficou com ciúmes de Andrew.
1.b) Andrew era o namorado de Melinda, que ficou com ciúmes de Simon.

2.a) Simon sentiu que Melinda não gostava dele.
2.b) Simon sentiu que Melinda gostava dele, mas escondia seus sentimentos.

3.a) Melinda não gostava de Simon porque ela sentia que Andrew passava muito tempo com ele.
3.b) Melinda não gostava de Simon porque ela pensava que ele desejava colocar Andrew desconfortável quanto a ela.

4.a) Simon pensou que Melinda não queria levar os CDs para Andrew porque não havia espaço suficiente na bolsa dela.
4.b) Simon pensou que Melinda não queria levar os CDs para Andrew porque ela desejava mostrá-lo sob um ponto de vista desfavorável para Andrew.

5.a) Andrew pediu no início da manhã que Simon enviasse a ele os CDs.
5.b) Andrew pediu no início da noite que Simon enviasse a ele os CDs.

6.a) Andrew suspeitou que Melinda desejava colocá-lo contra Simon.
6.b) Andrew não suspeitava que Melinda desejava colocá-lo contra Simon.

7.a) Melinda acreditava que Andrew pensava que Simon era contrário ao seu relacionamento com Melinda.
7.b) Melinda acreditava que Andrew pensava que Simon não era contrário ao seu relacionamento com Melinda.

Estudos subsequentes claramente encontraram um relacionamento negativo entre o maquiavelismo e a habilidade de leitura mental. Os resultados alcançados pelos mais diversos métodos invariavelmente mostram que os maquiavélicos compreendiam os estados mentais alheios em uma escala abaixo da média. Eles também apresentavam um desempenho relativamente pobre quanto à compreensão narrativa e baixa pontuação no teste "ler a mente através dos olhos" (cf. box 9.3), no qual indivíduos foram apresentados a imagens de regiões individuais dos olhos e, por meio deles, deveriam inferir os estados mentais dos fotografados, além de seus sentimentos e emoções (LYONS; CALDWELL & SCHULTZ, 2010; ALI et al., 2009). Igualmente, um relacionamento negativo foi revelado entre o maquiavelismo e a leitura da mente através de um teste no qual os indivíduos tinham que ler faces que apresentavam emoções neutras, negativas ou positivas (ALI et al., 2009). Ademais, indivíduos com altos índices na Escala Mach, quando opostos aos indivíduos com baixos índices na mesma escala, mostravam um rendimento pior para identificar as emoções de pessoas que liam um texto curto ao qual o ouvinte não estava familiarizado (ALI et al., 2010). Eles tinham dificuldades até mesmo para julgar se as emoções do leitor eram neutras, negativas ou positivas. À luz disso, não é surpreendente dizer que os maquiavélicos, como foi previamente discutido, demonstrassem um rendimento ruim nos testes que mensuravam a inteligência emocional e a empatia (PAAL & BERECZKEI, 2017; ALI et al., 2010; AUSTIN et al., 2007; VONK et al., 2015).

> **Box 9.3 Leitura da mente no teste ocular (Baron-Cohen)**
>
> O teste consiste em 34 imagens da região ocular da face de diferentes indivíduos. Quatro adjetivos descrevendo emoções distintas são apresentados em cada quina de cada imagem. Os indivíduos são estimulados a selecionar a emoção apropriada que os olhos refletem em cada imagem.
>
>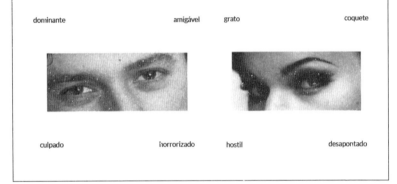

2 Déficits adaptativos

Assim, a grande questão repousa no quanto alguém demonstra uma habilidade abaixo da média para reconhecer os estados de conhecimento, objetivos e emocional de outra pessoa, que podem ser usados para manipulá-la. Uma possível resposta é que as medidas empregadas até o momento fornecem uma imagem válida e acurada das diferenças entre indivíduos; ou seja, os maquiavélicos correntemente apresentam déficits em uma ampla área da cognição social. Se esse é o caso, então alguém poderia argumentar – por virtude da necessidade – que tais déficits poderiam servir, a rigor, para manipular e enganar, de forma similar ao princípio de que a dificuldade para expressar emoções pode ajudá-los a conduzir seus esquemas (cf. cap. 7). Especificamente, se eles não entendem as causas das dores alheias, então suas ambições manipuladoras não serão substancialmente afetadas por sentimentos ruins ou peso na consciência.

Porém, há um problema sério com essa ideia, a saber, que as desvantagens da incompetência social derivadas de uma habilidade de leitura mental pobre mais provavelmente excedam as vantagens potenciais dessa cegueira mental; isto é, a falta de culpa de alguém não a ajuda a compreender os outros; nesse caso, as tentativas de manipulação irão falhar. Uma habilidade de leitura mental pobre pode prevenir a manipulação bem-sucedida antes que a cegueira emocional possa eliminar as inibições morais.

3 Novo método: narrativas de manipulação

Outra explicação possível para o relacionamento negativo entre o maquiavelismo e a leitura mental sugere que os testes de prontidão mental em uso até o momento estão longe da perfeição: eles não são capazes de elencar as diferenças individuais nas respostas a dicas sutis do comportamento social. É possível que os maquiavélicos possam interpretar apropriadamente as emoções e sentimentos dos outros em certas situações e atitudes sociais, primariamente naquelas requeridas pela manipulação. Em um experimento recente, indivíduos tinham que entender histórias de maneira análoga aos experimentos previamente apresentados nesta obra. Contudo, neste caso, as histórias foram apresentadas de duas formas distintas. Um grupo delas incluíam histórias "convencionais", como apresentado no box 9.2; elas podem ser chamadas de "histórias narrativas", uma vez que cada uma delas descreve um evento a partir da perspectiva do narrador. Os autores apontaram que o problema desse tipo de história, entre outros, é que ele contém muitos termos de mentalização[6] (p. ex., "Melinda *sentiu* que Andrew passava muito tempo com seu amigo"). Tal atribuição de estado mental nas narrativas pode interferir nas próprias interpretações do indivíduo e, assim, perturbar a compreensão da história.

Por esta razão, os autores conceberam outros tipos de histórias que não continham descrições dos pensamentos e desejos dos personagens (SZABO; JONES & BERECZKEI, no prelo). Com a exceção de curtas descrições das cenas e personagens, tais histórias apresentavam apenas diálogos. A narrativa desdobra-se através desses diálogos, desempenhados por atores amadores e apresentados como gravações de áudio. Os diálogos informam aos indivíduos sobre que personagens estão falando e fazendo, sem que um narrador sugira como interpretar o comportamento deles. Essas histórias, chamadas de "dialógicas", refletem as interações cotidianas nas quais parceiros se comunicam entre si e tendem a inferir os sentimentos e pensamentos alheios.

Por fim, um terceiro grupo de histórias compreende as assim chamadas "narrativas manipuladoras-táticas". Elas também são apresentadas na forma dialógica, mas um elemento único a elas e não encontrado nas narrativas dialógicas são as salientes e deliberadas táticas de engano. Tais recursos incluem, por exemplo, o elogio, o princípio que "a melhor defesa é o ataque", jogos com a vítima, e as mais diversas formas de traição, como será visto no box 9.4. As histórias dialógicas e manipuladoras-táticas também

---

6 A mentalização, uma teoria provinda da literatura psicanalítica da década de 1960, implica um conceito da Psicologia que descreve a capacidade de compreender o próprio comportamento e o das demais pessoas através da determinação de estados mentais, sobretudo intencionais, como necessidades, desejos, sentimentos, crenças, metas, propósitos e razões [N.T.].

são seguidas por afirmações em pares, a partir das quais o indivíduo seleciona a alternativa que considera correta.

O experimento produziu vários resultados interessantes. Foi revelado que os indivíduos cometiam erros menos frequentemente (p. ex., selecionavam a resposta correta no par de afirmações) quando interpretavam narrativas dialógicas do que quando se deparavam com narrativas. Isso ocorre provavelmente porque os diálogos dispunham de tons realísticos das interações sociais cotidianas, o que fornecem pistas mais fáceis de interpretar dos estados mentais.

Quanto ao objetivo específico em voga, um relacionamento negativo foi encontrado entre o maquiavelismo e a habilidade de entender histórias narrativas. Não parece uma descoberta surpreendente à luz dos resultados obtidos nos estudos prévios, que também usaram o mesmo tipo de histórias. Ademais, nenhum relacionamento significativo foi encontrado entre os índices na Escala Mach e a quantidade de respostas corretas dadas em histórias dialógicas. No entanto, um relacionamento positivo foi mensurado entre o maquiavelismo e o desempenho de leitura mental nas narrativas de tipo manipuladoras-táticas: os indivíduos com altos índices na Escala Mach cometeram menos erros do que os indivíduos com baixos índices na mesma escala de referência na execução das mesmas tarefas. Isso sugere que os maquiavélicos dispõem de uma notável sensibilidade diante de traços sociais indicativos de situações e relacionamentos interpessoais que implicam, por sua vez, amplas oportunidades para enganar e explorar outrem.

Box 9.4 Narrativas manipuladoras-táticas

(Disposto em uma tela) Em uma loja de roupas, o vendedor e a vigilante conversam baixo, de costas para a entrada. A porta se abre e um toque melodioso recebe a chegada de um cliente. Ambos viram de uma só vez, e o vendedor caminha na direção do cliente, na intenção de recebê-lo, enquanto a vigilante desaparece na sala do estoque, nos fundos da loja.

(Som da loja) **Vendedor**: Bom dia! Como posso ajudá-lo?
Cliente: Bom dia! Há lindos casacos na vitrine. Eu vim dar uma olhada neles de perto. Eu estou em busca de um casaco elegante que também seja adequado para uma ocasião casual.
Vendedor: Um casaco? Perdão, minha audição está um pouco... ruim hoje.
Cliente: Sim, um casaco. (Gritando) Um c-a-s-a-c-o!
Vendedor: Por favor, por aqui. Aqui estão os casacos.

O cliente está olhando e provando os casacos enquanto o vendedor prontamente elogia as peças de roupa. O cliente se volta para os casacos por um longo período, e finalmente começa a olhar para a etiqueta do último casaco que provou. Ele descobre que a etiqueta fornece apenas informações gerais, mas não apresenta o preço. Ele se volta ao vendedor.

Cliente: Eu não consigo encontrar o preço. Quanto custa este casaco?
Vendedor: Des...desculpe. Pode falar um pouco mais alto, por favor?
Cliente: Esse casaco está sem preço. Q-u-a-n-t-o-c-u-s-t-a-e-s-s-e-c-a-s-a-c-o?
Vendedor: *vira em direção ao estoque*: Lizzie! Quanto custa esse casaco?
Vigilante: *com a cabeça para fora do estoque, grita*: Seiscentos e cinquenta!
Vendedor: *com as mãos em formato de concha na altura do ouvido, pergunta*: Quanto?
Vigilante: S-e-i-s-c-e-n-t-o-s-e-c-i-n-q-u-e-n-t-a.

> **Vendedor:** *volta-se para o cliente e diz:* Ela disse que custa 350.
> **Cliente:** Tudo bem, vou comprá-lo.
> *Ambos vão para o caixa, o cliente paga a quantia acertada e deixa a loja com o casaco. Tão logo a porta se fecha, a vigilante sai do estoque com um sorriso direcionado ao vendedor...*
> **Vigilante:** Hoje nós fizemos um bom negócio de novo...

Esta descoberta, por sua vez, aparentemente apoia o já assumido relacionamento íntimo entre a leitura mental e a manipulação: aqueles que são mais bem-sucedidos em compreender as intenções dos outros também podem efetivamente utilizar essa habilidade para alcançar suas metas. Tudo leva a crer que os maquiavélicos de fato reconhecem muito bem quando os outros (personagens na história do estudo) manipulam ou são manipulados. Essa sensibilidade possivelmente remonta às suas experiências pregressas. Mais especificamente, é altamente provável que alguém que esteja disposto a usar várias táticas de engano na vida de alguém também as reconheça facilmente quando usada pelos outros. Respondendo as questões originais elencadas no início do tópico, provavelmente há um aspecto específico da leitura mental no qual os maquiavélicos são mais bem adaptados do que os outros.

Em suma, é possível que os maquiavélicos sejam, em geral, leitores mentais na média ou abaixo dela, conquanto eles apresentem habilidades cognitivas acima da média em situações que ofereçam oportunidades para que eles manipulem os outros e o contexto. Essa conclusão é consistente com as descobertas de estudos previamente discutidos, que têm revelado que mesmo quando os maquiavélicos exibem baixa inteligência emocional, eles apresentam um rendimento excelente na então chamada Escala de Manipulação Emocional (cf. box 8.3). Portanto, enquanto os maquiavélicos geralmente demonstram déficits na leitura mental e inteligência emocional, eles podem ter habilidades superiores para empregar a manipulação emocional e cognitiva quando a situação permite utilizar táticas de engano e fornece prospectos de benefícios. Essa conclusão aponta para outra que será discutida em detalhes no próximo capítulo: os maquiavélicos são flexíveis e adaptam seus comportamentos e otimizam seus ganhos diante das situações que enfrentam.

4 Tipos de leitura mental

Alguns autores propõem um enquadramento teórico que está intimamente relacionado aos tópicos discutidos acima; simultaneamente, coloca-os em uma perspectiva teórica ampla. Nomeadamente, esses autores distinguem entre as então chamadas formas idiográficas e nomotéticas da Teoria da Mente (McILLWAIN, 2003; PAAL, 2011). O conceito de mente idiográfica foca as diferenças individuais e refere-se à habilidade de inferir e predizer o estado mental de outra pessoa. Esses aspectos cobrem o conceito de Teoria da Mente em seu sentido clássico, e este é o objetivo da maioria dos estudos relacionados ao campo. Todavia, muito menos atenção científica foi devotada à leitura nomotética da mente, apesar de ser uma operação mental importante, presumivelmente usada frequentemente na vida cotidiana. A leitura nomotética mental não tem o objetivo de revelar o estado mental de um indivíduo específico; trata-se de uma tentativa de categorização do individual para um "tipo" geral baseado nas experiências prévias. O observador não está preocupado com o conhecimento, pensamentos e desejos atuais do parceiro, mas com as formas como pessoas similares em situações similares usualmente pensam e agem. É possível que os maquiavélicos adotem uma visão nomotética quando inferem os motivos dos outros e as ações esperadas. Assim, eles usam sua experiência prévia coletada desde a infância para generalizar "tipos" aplicáveis a novas situações, de maneira a tomar decisões sobre as possíveis formas e os ganhos proporcionados pela manipulação.

Um bom exemplo da habilidade de generalização e categorização dos maquiavélicos foi fornecido por um experimento de Philip Zimbardo e colegas (1970), no qual cada indivíduo resolve várias tarefas com um parceiro. Como demonstrado no capítulo 2, confederados (pessoas informadas) tentam persuadir os indivíduos a trapacear. Os maquiavélicos resistem à tentação quando seu parceiro foi previamente depreciado pelos experimentadores. Por outro lado, muitos indivíduos maquiavélicos concordavam com a trapaça quando sabiam, por intermédio dos experimentadores, que seu parceiro era popular e inteligente. A diferença sugere que, em condições de baixa dissonância (quando uma pessoa com alto prestígio inicia a trapaça do experimento), indivíduos têm uma boa justificativa para aceitá-la. Os autores concluem que a decisão dos maquiavélicos de trapacear ou não foi mais influenciada pelas etiquetas cognitivas usadas para descreverem seus parceiros. Ou seja, suas decisões não foram guiadas por considerações morais ou pelo comportamento dos parceiros, mas pela impressão que tinham destes últimos, formada antes do contato inicial. Indivíduos com baixos índices na Escala Mach, por sua vez, não se mostraram sensíveis diante dessas etiquetas. Suas decisões sobre trapacear ou não foram primariamente influenciadas por seus sentimentos e impressões relacionados ao parceiro, com quem desenvolviam uma relação face a face.

Em suma, o experimento revelou que o comportamento dos indivíduos com altos índices na Escala Mach guiava-se principalmente pelo julgamento geral do parceiro (como sugerido pelo experimentador). Em situações cotidianas, naturalmente, tais etiquetas desenvolvem contínuas interações com o meio social durante a socialização e o desenvolvimento da personalidade. Os maquiavélicos confiam em suas impressões gerais dos alvos potenciais, assim como em situações específicas, quando decidem em que extensão eles irão fiar-se em estratégias de logro. Com base nos experimentos prévios, eles também moldam uma opinião, a saber, se o alvo potencial é uma pessoa apropriada a ser manipulada. Algumas pessoas são facilmente persuadidas porque lhes falta autoconfiança. Algumas delas são suscetíveis a serem colocadas contra as outras, uma vez que elas geralmente desconfiam das pessoas; outras ainda têm esqueletos no armário, fazendo com que suas culpas sejam usadas para compeli-las a fazer algo que essencialmente serve ao interesse do manipulador. Os maquiavélicos lançam mão do potencial dos pontos fracos dos alvos – como discutido abaixo.

5 A vulnerabilidade do alvo

Parece claro que algumas pessoas são frequentemente expostas ao perigo da manipulação de suas próprias fraquezas e vulnerabilidades. Como Doris McIllwain apontou (2003), alguém dificilmente poderia conceber quão crucial é o papel da fraqueza humana em um jogo de vitimização. Nós adotamos muitas ilusões e falsas crenças sobre nós mesmos que podem nos privar da habilidade de autodefesa. Nós acreditamos ser melhores do que nós realmente somos, julgamos nossas atitudes e ambições mais favoravelmente do que nossos comportamentos levam a crer, e nós frequentemente explicamos nossas ações ao ofertarmos diferentes razões sobre seus propósitos reais. Ademais, muitas qualidades humanas podem ser adicionadas nesta lista, isto é, que ajudam os outros a nos manipularem: medo, culpa, vaidade, superstições, desejos etc. Em certas situações, tais autoenganos e fragilidades nos tornam vulneráveis à manipulação (McILLWAIN, 2003). Os maquiavélicos eficientemente fazem uso dessas oportunidades tão logo eles adquirem a consciência a partir da experiência de como as pessoas "funcionam", diferentemente das opiniões que elas constroem sobre este assunto.

Uma estratégia que eles usam para alcançar seus objetivos é criar estados mentais nas pessoas que eles podem manipular com sucesso. Um exemplo dessa estratégia é a indução da culpa, que é eficientemente usada pelos maquiavélicos para explorar os outros (VANGELISTI; DALY & RUDNICK, 1991). Ela inclui táticas como "lembrar os outros das obrigações que eles têm em um relacionamento", "lembrar a responsabilidade do parceiro em determinada situação", "enumerar ações passadas que alguém realizou para ajudar o parceiro" etc. Enquanto isso, naturalmente, muitas pessoas recorrem à indução culposa conscientemente ou inconscientemente. Os maquiavélicos frequentemente e prontamente exploram esse efeito psicológico. Eles usam com mais frequência sentenças como "quando eu tenho raiva de alguém ou sou ferido por alguém, eu frequentemente tento fazê-lo se sentir culpado", ou "eu posso facilmente fazer os outros sentirem culpa".

Assim, conforme os argumentos supracitados, os maquiavélicos são capazes de entender e estrategicamente explorar as qualidades humanas que fazem ser alvo tornar-se vulnerável. Isso não implica necessariamente que eles inferirão os estados mentais específicos e atuais do alvo, mas isso requer deles a habilidade de deduzir pistas cognitivas e emocionais ligadas ao comportamento e pensamento do alvo que serviriam para suas metas em uma situação específica. Os maquiavélicos frequentemente escolhem seu alvo propositalmente: por exemplo, eles tentam manipular aqueles que julgam estarem predispostos a cooperar e que se preocupam com os outros (cf. cap. 11). Sua escolha é pautada na visão que tais pessoas incorporam aquele tipo de logro que eles exploram com relativa facilidade.

6 Mentalização espontânea

Baseado em diversas descobertas experimentais, nós até o momento apontamos que os maquiavélicos mostram um desempenho acima da média em certas formas ou componentes da leitura mental (leitura mental nomotética, indução culposa, manipulação emocional etc.). Outro ponto ignorado até o momento envolve a *motivação* em vez da habilidade. Especificamente, os maquiavélicos tentam positivamente entender os outros? É possível que seus interesses em uma manipulação bem-sucedida forneçam motivações usuais fortes que os permitam predizer os comportamentos alheios? Em um estudo, pesquisadores usaram uma coleção de doze imagens como estímulos materiais e pediram aos participantes do experimento que descrevessem cada imagem livremente, mencionando qualquer coisa que viesse à mente. O estudo tinha como objetivo revelar no que os indivíduos prestavam mais atenção nas imagens que mostravam situações cotidianas: ou eles focavam nas situações em si e nas circunstâncias objetivas ou nos possíveis pensamentos e emoções das pessoas nas fotos. Os autores presumiram que a exposição ao material propiciaria que alguns indivíduos espontaneamente ativassem suas habilidades de leitura mental, que se refletiriam nas respostas dadas diante das imagens. Eles denominaram esse fenômeno como "mentalização espontânea", definindo-o como a disposição ou motivação de conceber os estados mentais dos outros ao assumir suas perspectivas.

Os resultados revelaram diferenças individuais essenciais nessas disposições de leituras mentais: indivíduos mostraram diferenças substantivas sobre em quais circunstâncias e como eles usam termos de mentalização para fazer referência aos sentimentos, pensamentos e intenções das pessoas nas imagens (cf. box 9.5). É importante ressaltar que uma diferença marcante foi encontrada entre indivíduos com baixos e altos índices na Escala Mach. Os últimos deram descrições significantemente mais espontâneas dos estados mentais apresentados pelas pessoas do que os primeiros. Essa descoberta não foi afetada pelo tamanho dos textos escritos pelos indivíduos. Conforme os autores, as descobertas mostram que os maquiavélicos são mais motivados do que os demais em saber os estados mentais alheios, mesmo quando eles não demonstram uma habilidade de leitura mental acima da média. Os maquiavélicos transmitem uma inclinação maior a assumir a perspectiva mental dos outros, e tal predisposição espontânea possivelmente amplia suas chances de enganar e explorar as pessoas em determinadas situações. Conforme a ideia de leitura mental nomotética, é possível que essa motivação foque na compreensão dos outros como uma representação do tipo de personalidade das pessoas.

Box 9.5 Leitura mental espontânea

Os indivíduos foram expostos a imagens como as apresentadas abaixo:

Eles foram estimulados a escrever sobre o que as imagens os faziam pensar, sem qualquer restrição quanto ao conteúdo de suas respostas. Os resultados das narrativas escritas foram transcritos em textos digitais, que posteriormente passaram por análises através de softwares especificamente desenvolvidos para conduzir análises de conteúdos psicológicos.

O texto foi codificado com base em palavras que fazem referência às percepções, emoções e pensamentos das pessoas como expresso nos exemplos abaixo:

- Foco na percepção: "duas crianças estão cada uma olhando um buraco"; "a pequena criança está assistindo um fogo resplandecente"; "um homem está observando a paisagem"; "um garoto está passando por uma garota sem olhar para ela".
- Foco nas emoções: "não há sinal aparente de alegria"; "o pequeno garoto parece solitário"; "parece óbvio que ela não está contente"; "eu acho que posso ver uma garota preocupada"; "o pequeno garoto está timidamente de pé".
- Foco nos pensamentos: "pessoa ponderando"; "o homem na imagem também está meditando sobre algo"; "ela está encarando a paisagem e pensando"; "ela não parece pensar em nada"; "ele está andando e expressa choque".

Finalmente, os exemplos abaixo são quatro respostas dadas por quatro pessoas diferentes para a mesma imagem. As duas primeiras respostas não contêm qualquer mentalização espontânea, enquanto as duas últimas contêm.

1) "Há um trem na imagem e a garota está em pé dentro dele. Ela está debruçada sobre a janela. É uma imagem em preto e branco."

2) "Viajar é importante para qualquer um. A condição dos trens em nosso país não é realmente agradável para as viagens. Ainda assim, muitos usam esse meio de transporte."

3) "Um momento descuidado antes da partida. A garota está viajando para longe, mas não para o desconhecido. Ela sabe o que a aguarda no fim da jornada, não importa o que seja, e será algo novo e interessante. Ela pensa casualmente, pela última vez, sobre o que ela está deixando para trás."

4) "Uma jovem está viajando para longe de seu amor. Ela olha à frente com olhos vidrados. Deixar seu amor a faz se sentir triste."

10
Flexibilidade

Esperamos que os capítulos anteriores tenham deixado claro que os maquiavélicos não são caracterizados por uma forma de pensamento rígida; eles não agem conforme esquemas preexistentes, aos quais eles poderiam aderir a qualquer preço. As descobertas dos últimos anos têm apontado claramente que o caráter único do maquiavelismo repousa nas habilidades táticas e tomadas de decisões flexíveis. Diante de certas circunstâncias, eles são motivados por inspirações e improvisos momentâneos. Mas os maquiavélicos são, acima de tudo, estrategistas que eficientemente adaptam-se às circunstâncias em constante mudança. O planejamento estratégico de longo termo é talvez a característica mais importante e que os distingue, simultaneamente, dos outros dois membros da Tríade Negra, ou seja, os psicopatas e narcisistas.

1 Decisões racionais

Cerca de 40 ou 50 anos atrás, os experimentos da Psicologia social conduzidos por Richard Christie e seus colegas revelaram que, quando comparado com outros, os maquiavélicos mostravam um desempenho melhor em um conjunto de tarefas que requeriam habilidades versáteis de resolução de problemas. Em um desses experimentos, os indivíduos jogavam um jogo em grupos de três (chamado de "jogo de confiança"), no qual três jogadores sentavam-se ao redor de um tabuleiro (GEIS, 1978). Um jogador poderia avançar no tabuleiro simplesmente ao formar uma coalizão com um oponente. Os jogadores precisavam propor acordos para cada um. O acordo poderia ser primariamente feito através da comunicação verbal persuasiva, no qual os jogadores faziam propostas sobre com quem e quando eles desejavam formar alianças, e com quem eles desejavam dividir os lucros. Os vencedores eram aqueles mais bem-sucedidos em conseguir a cooperação alheia, isto é, aqueles que falaram com um ou ambos adversários para formar uma coalizão. Em troca, eles concordavam em dar ao parceiro um pouco mais do prêmio no final do jogo – às suas próprias custas. O jogo era jogado com duas condições de barganha. Na condição "ambígua", os jogadores "convencionalmente" mostravam os versos de suas cartas aos parceiros, de maneira que eles não pudessem ver seus valores. Na condição "inequívoca", os jogadores deitavam suas cartas sobre a mesa. Os jogadores maquiavélicos foram significantemente mais bem-sucedidos na condição ambígua, na qual os outros jogadores não podiam ver o conteúdo das cartas. Isso ocorreu porque, no curso do jogo, eles foram eficientes em persuadir um de seus parceiros a aliar-se a eles em vez do terceiro jogador. No fim, eles frequentemente ofereciam dinheiro aos parceiros por suas vitórias.

Uma versão alternativa do experimento foi também realizada: nela os experimentadores controlavam a distribuição das cartas, de maneira que cada jogador tivesse apenas cartas de baixo, médio ou alto valor nas mãos (GEIS, 1978). A tática aparentemente bem-sucedida para jogadores com cartas de baixo valor envolvia oferecer somas maiores conforme seus lucros presumidos, enquanto seus parceiros ofereciam somas menores. Conforme a maioria, esta era a única maneira de formar uma aliança com qualquer parceiro. No entanto, nesse caso, os maquiavélicos seguiram uma estratégia diferente. Mesmo em uma posição mais fraca, quando eles tinham cartas de baixo valor nas mãos, eles ofereciam e exigiam somas tão grandes quanto os jogadores com cartas de valor médio ou alto. Eles demonstravam a confiança de que seriam capazes de convencer seus parceiros e controlar a situação. De fato, eles comportavam-se como membros dominantes dos grupos, e os outros, de alguma maneira, consideravam os maquiavélicos como os melhores parceiros de coalizão possíveis para se aliarem. Assim, os maquiavélicos frequentemente rejeitavam as ofertas dos jogadores com cartas de baixo valor, e voltavam suas atenções aos jogadores em uma posição melhor, evidentemente na esperança de formar uma aliança mais forte.

A partir desses experimentos, os autores concluíram que indivíduos com altos índices na Escala Mach trataram a situação racionalmente, em uma perspectiva cognitiva, enquanto indivíduos com baixos índices na escala de referência foram conduzidos por suas emoções. Os primeiros davam mais importância às demandas situacionais e exploravam eficientemente as regras – sem violá-las, é importante frisar. Os últimos também conheciam as regras, mas eles escolhiam conforme seus sentimentos. Tudo isso é consistente com as observações sobre as diferenças individuais na inteligência emocional e na frieza emocional discutidas nos capítulos prévios. Porém, os autores apontaram que há muito mais "em jogo" do que um simples desapego emocional. Eles sugeriram que os maquiavélicos dispunham de habilidades sociais acima da média. De fato, parece mais consistente crer que eles compreendem melhor se é preciso tomar a iniciativa e lidar habilmente com relacionamentos, em vez de apenas considerá-los como indivíduos com falta de senso de moralidade ou sem envolvimento emocional.

Em outro estudo de psicologia social, pediram a um grupo de indivíduos para que eles imaginassem que eram donos de uma pequena empresa (GRAMS & ROGERS, 1990). A empresa tinha uma necessidade urgente de combustível para continuar suas operações; uma versão do experimento modelou uma situação dramática: um colapso econômico só poderia ser prevenido diante da compra emergencial de combustível, independentemente do preço (condição de alta motivação). Em outra versão, a crise não era insuperável, mas a companhia não teria projeções de desenvolvimento sem recursos energéticos extras (condição de motivação moderada). Os indivíduos foram informados que seus parceiros, que de fato eram confederados dos experimentadores (naturalmente, os indivíduos nada sabiam sobre isso), representariam os funcionários da companhia de combustível. Os indivíduos foram informados que a companhia de combustível tinha uma política de negócios muito estrita e, no passado, frequentemente se recusou a fazer negócios com a companhia carente de combustível. Os proprietários da companhia envolviam os indivíduos, dizendo que seu trabalho era fazer com que a outra pessoa fornecesse a eles a quantidade necessária de combustível. Por fim, eles poderiam recorrer a várias táticas que eles considerassem necessárias para alcançar seus objetivos (cf. detalhes no box 10.1).

O estudo descobriu que os maquiavélicos, isto é, aqueles com altos índices na Escala Mach, avaliados assim antes do experimento, preferiram táticas não racionais do que as racionais, além de táticas indiretas em vez de táticas diretas. Por exemplo, eles frequentemente recorreram às táticas de logro e tentaram implantar suas ideias nas mentes dos alvos; eles também frequentemente apelaram para emoções quando tentaram alimentar a compaixão, a responsabilidade ou os sentimentos "humanos" do parceiro. Contudo, a descoberta mais interessante foi que os indivíduos com altos índices na Escala Mach adaptaram-se mais flexivelmente diante das mudanças de situações do que os indivíduos com baixos índices na escala de referência. Quando a situação foi agravada e havia uma necessidade vital por combustível (condição de alta motivação), os maquiavélicos tentaram muitas táticas diferentes. Essas táticas eram caras (uma vez que a companhia de combustível deveria ser paga), mas, simultaneamente, o tempo poderia garantir o acordo. Por exemplo, um indivíduo lançou a seguinte proposta: "Se você cumprir minha demanda, você irá se dar bem. Pense logicamente: você fará uma montanha de dinheiro com o negócio e terá minha gratidão. Não há como você perder".

Box 10.1 Táticas de influência

- *Táticas racionais*
    - Compromisso: ambos os lados abdicam de parte de suas metas para alcançar algo delas.
    - Barganha: oferta de favores recíprocos ou propor trocas de duas vias.
    - Razão: uso de argumentos lógicos ou racionais.
- *Táticas irracionais: jkhj*
    - Engano: tentar enganar o alvo usando mentiras para fazer o acordo.
    - Alvo-emocional: o influenciador tenta elogiar o alvo ou deixá-lo(a) de bom humor.
    - Manipulação de pensamento: fazer com que o alvo pense que a proposta do influenciador foi uma ideia própria.
- *Táticas diretas*
    - Recompensa: estabelecer que consequências positivas ocorrerão se o alvo concordar.
    - Ameaça: estabelecer que consequências negativas ocorrerão se o alvo discordar.
    - Assertiva: manifestar o desejo de maneira alta e forçosa.

- *Táticas indiretas*
  - Insinuação: tentar influenciar sem abertamente dizer o que quer; sutilmente tentar trazer o assunto à tona.
  - Agente emocional: o influenciador tenta fazê-lo(a) parecer sincero(a) e gentil.
  - *Expertise*: alegar ter mais conhecimento ou experiência no assunto.

2 Altruísmo fingido

Estudos subsequentes confirmaram e elaboraram *a posteriori* as conclusões dos estudos de psicologia social conduzido há décadas. Wilson, Near e Miller (1996) explicaram que o comportamento flexível dos maquiavélicos pode ser considerado como uma "estratégia mestre", que inclui tanto táticas de logro quanto de cooperação. Eles argumentam que o sistema regulatório central controla tanto os subsistemas de altruísmo e egoísmo, além de julgar qual deles é mais aplicável em uma dada situação. Para além da dificuldade com a modelação teorética, que implica a verificação empírica independente do sistema regulatório central onisciente, a ideia é muito válida de consideração. Os maquiavélicos parecem ser capazes de mudar de uma estratégia para outra quando seus interesses requerem isso. Eles adaptam-se aos desafios em constante alteração proveniente de seus meios sociais ao mudar continuamente seus comportamentos.

Em um estudo da vida real, os pesquisadores examinaram as condições sob as quais os estudantes universitários estariam inclinados a se tornarem voluntários em um trabalho caritativo (BERECZKEI; BIRKAS & KEREKES, 2010) (box 10.2). O estudo revelou que 40% dos estudantes estavam pré-dispostos a ajudar estrangeiros necessitados (idosos, moradores de rua, crianças com desordens mentais etc.). Não se trata de uma descoberta surpreendente, nem que os maquiavélicos apresentaram uma pré-disposição muito mais baixa em realizar atividades caritativas. No entanto, também foi revelado que eles se comportaram de diferentes maneiras em diferentes situações. Quando outros membros do grupo não sabiam que decisão tomar (condição anônima), poucos maquiavélicos estavam dispostos a fazer o trabalho voluntário. Por outro lado, quando a oferta foi feita diante do grupo, os maquiavélicos se voluntariaram três vezes mais do que na condição anônima. Os autores sugeriram que essa descoberta reflete o "altruísmo fingido" objetivado pelos maquiavélicos, no intuito de produzirem uma boa impressão sobre os outros e manterem a influência dentro dos grupos. Consistente com essa explicação, os resultados de um questionário sociométrico administrado tanto antes quanto depois dos experimentos mostraram que a simpatia direcionada aos indivíduos aparentemente altruístas geralmente crescia nos grupos. Tais indivíduos foram julgados como mais confiáveis e amigáveis do que antes. No entanto, o altruísmo fingido era desnecessário quando os membros do grupo não tinham conhecimento das decisões de cada um. Neste caso, os maquiavélicos mostravam "suas cores verdadeiras", isto é, que eles não fariam parte da iniciativa de caridade.

Os resultados são consistentes com as descobertas científicas que sugerem que os maquiavélicos tentam, em relações de longa duração, evitar a exposição. Quando eles enfrentam a possibilidade de que seu comportamento enganador e manipulador possa afetar negativamente sua reputação no grupo, eles escolhem ocultar a trapaça direta, e até passam a agir de maneira altruísta. Doutras vezes, eles escolhem cooperar de maneira a evitar a punição – este ponto já foi discutido previamente.

Box 10.2 Voluntariado, reputação, maquiavelismo

Os experimentadores visitaram estudantes em um seminário que administrava muitos testes de personalidade, testes sociométricos e outros questionários sem informar os estudantes sobre o objetivo do estudo. Cerca de um mês depois, os autores convidaram um representante de uma organização de caridade real a visitar os grupos envolvidos no estudo e convidá-los a ajudar os grupos com base no voluntariado. O representante distribuiu listas nos grupos que dispunham sete grupos-alvo associados com as formas de apoio. A lista incluía, entre outros, organizar programas de doação de sangue com um dia de duração, campanha de donativos, limpar um asilo, dar apoio para crianças com distúrbios intelectuais etc. Os indivíduos escolhiam uma ou mais atividades caritativas direcionadas a grupos distintos. Cada ação envolvia uma ação única de 6 horas de duração. Além de selecionar sua ação preferida, os estudantes deveriam indicar o dia e a hora que eles desejavam levar as ações a cabo. Por esta razão, eles mantiveram um telefone de contato com o representante da organização de caridade.

No entanto, as ofertas foram apresentadas sob diferentes condições em diferentes grupos; estes foram divididos em dois conjuntos. Em alguns deles, a oferta foi feita na presença de membros do grupo que, no entanto, não sabiam da oferta feita aos outros (grupo anônimo). Após o representante informar as condições do trabalho voluntário, cada estudante costumava usar a tabela prévia para indicar que tipo de suporte, como e quando eles poderiam/iriam oferecer esse apoio. Em outro conjunto de grupos, as ofertas foram feitas abertamente, de maneira que cada voluntário prospectivo declarasse em alta voz seu desejo diante dos demais membros (grupo público). As ofertas declaradas e as condições planejadas de realização foram gravadas pelo representante da entidade caritativa. Na parte final do experimento, o representante contatava os estudantes pelo telefone para confirmar a data e hora da ação.

> Um questionário sociométrico foi administrado tanto no estágio final quanto inicial do experimento, que mensurava os relacionamentos pautados na simpatia no grupo, assim como na visão dos outros membros daquele mesmo grupo. Tal medida incluía questões como com quem o estudante preferia fazer amizade, quem era o mais popular no grupo ou quem ele pediria para ajudá-lo em uma tarefa difícil. As diferenças entre os resultados nas duas medidas sociométricas podem revelar que a ação caritativa implementa o julgamento e a reputação de um membro do grupo pelos seus membros.

3 Punição

Em um estudo suíço, indivíduos jogaram o Jogo da Confiança (cf. box 2.1), no qual eles não eram informados que o primeiro jogador era, na verdade, um computador (SPITZER et al., 2007). Eles tinham que decidir qual porção da soma que eles receberam do "primeiro jogador" seria devolvida (após esta ação ter sido "dublada" por um experimentador). Esse procedimento perdurou por cinco rodadas, acumulando várias somas nas contas dos jogadores. No início da sexta rodada, os experimentadores informaram aos indivíduos que eles permitiriam que o primeiro jogador (i. é, o computador) punisse o segundo jogador se o jogador devolvesse uma porção injustamente menor do valor que ele recebeu. Especificamente, o computador estava programado de tal maneira que ele demovia certa soma da conta do segundo jogador após ele ou ela propor um montante injusto. Quanto menor fosse o valor ofertado pelo segundo jogador, o computador extrairia uma soma maior da conta desse jogador.

Os resultados revelaram que, no final do jogo, os jogadores com altos índices na Escala Mach tinham ganhado substancialmente mais dinheiro do que os indivíduos com baixos índices na escala de referência. Eles fizeram isso porque eles tinham empregado uma estratégia dupla: inicialmente, durante o período não punitivo, eles devolviam somas menores ao primeiro jogador, enquanto acumulavam grandes valores em suas contas transferidos pelos outros. Em um segundo e punitivo momento do jogo, no entanto, eles lutavam para manter seus ganhos, ao incrementar as somas ofertadas de modo a evitar punições ou, ao menos, uma punição severa. Essa combinação de egoísmo e oportunismo fez dos maquiavélicos bem-sucedidos em termos de recompensas financeiras.

Essas descobertas podem produzir conclusões diferentes. Uma é que os maquiavélicos foram hábeis para se adaptar de maneira bem-sucedida às circunstâncias mutantes, assumindo decisões flexíveis. A outra conclusão é que eles são extremamente sensíveis a ameaças que podem acarretar punições. A punição antecipada e a subsequente sanção demonstravam que eles poderiam perder dinheiro se continuassem a seguir suas táticas egoístas. Presumivelmente, este é outro exemplo de atendimento pleno das regras, uma vez que seus esforços aparentes a obedecer as normas de reciprocidade claramente refletem o desejo pelo interesse próprio.

No entanto, não é aqui que o experimento termina. Usando uma técnica de ressonância magnética por imagem (cf. box 2.2), os pesquisadores tentaram revelar os processos neurais que subjazem às decisões maquiavélicas. O procedimento experimental foi o mesmo, exceto que os indivíduos permaneciam deitados nos equipamentos de ressonância magnética durante o jogo. Eles poderiam ver as ofertas feitas pelos seus parceiros (o computador), e eles poderiam usar botões colocados em suas mãos para estabelecer o valor que eles desejavam oferecer em troca. Enquanto isso, o equipamento de ressonância magnética media as mudanças de atividade cerebrais durante a tomada de decisão. O experimento descobriu que os índices Mach foram positivamente correlacionados com ativações cerebrais no córtex esquerdo anterior orbito-frontal (COF); quanto maior fossem os índices Mach, maior era o aumento da atividade cerebral que determinada área apresentava. Sabe-se, a partir de estudos prévios, que o COF está envolvido, entre outras coisas, no processamento e avaliação de indícios de punição e recompensa (KRINGELBACH, 2005). Ao mesmo tempo, ele tem um papel importante nas respostas comportamentais em situações imprevistas. Uma situação de dilema social como no Jogo da Confiança representa precisamente o tipo de tarefa que envolve incerteza fundamental, uma vez que a resposta do parceiro não pode ser prevista. Isso sugere que o aumento de sensibilidade dos maquiavélicos diante de sinais de punição também manifesta em si nos processos neurais subjacentes, especialmente em situações onde os resultados são incertos.

Os maquiavélicos também apresentam um incremento de atividade na ínsula direita. Isso é interessante porque a ínsula é conhecida há muito tempo por seu importante papel no processamento de emoções negativas tais como raiva, medo, dor e tristeza (RILLING et al., 2008). É possível que a punição descoberte as emoções mais negativas nos maquiavélicos quando comparadas às de outros indivíduos, o que, por outro lado, produzia um efeito nas respostas comportamentais. Mais especificamente, os maquiavélicos provavelmente tinham receio da retaliação, isto é, da perda material que eles poderiam sofrer caso transferissem um montante de dinheiro muito pequeno ao parceiro. Por outro lado, esta reação apreensiva poderia torná-los sensíveis à punição, o que eles tentavam evitar aumentando as ofertas.

Há ainda outra descoberta interessante obtida neste experimento. Os pesquisadores não aplicavam a forma "social" de punição (como mencionado acima), mas também como uma forma não social. A punição não social era aplicada de tal maneira que os indivíduos foram informados que as respostas de seus parceiros seriam geradas por um computador, não por uma pessoa real. Neste caso, nenhum incremento de atividade ocorreu na ínsula, sugerindo que as circunstâncias de punição influenciam fortemente as mudanças na atividade neural. Falando de maneira geral, as características do pensamento maquiavélico estão relacionadas com áreas cerebrais envolvidas na regulação dos relacionamentos sociais. Isso será discutido em detalhes posteriormente.

4 Adaptação ao meio social

Os maquiavélicos não apenas consideram as possíveis consequências da punição externa quando mudam seus comportamentos. Eles também levam relacionamentos interpessoais em conta, ao pensar na composição do grupo, como os membros do grupo interagiram individualmente e quais processos operam dentro do grupo.

Em um experimento (BERECZKEI & CZIBOR, 2014), os indivíduos desempenharam o Jogo dos Bens Públicos (box 10.3). Durante cinco rodadas, todos os jogadores poderiam decidir quanto eles iriam contribuir para a piscina pública e quanto eles manteriam para si próprios. Nenhuma punição era admitida. Todos os jogadores conheciam as decisões dos demais a cada rodada. O objetivo do estudo foi revelar se a conduta de qualquer jogador era influenciada pelo comportamento altruísta ou egoísta das outras três pessoas. O conceito de jogador altruísta abarcava os indivíduos que transferiram ao menos 80% de seus fundos privados para a conta do grupo. Um jogador egoísta era definido por aqueles que contribuíram com 20% ou menor para a conta do grupo. O estudo descobriu que indivíduos com altos e baixos índices na Escala Mach apresentavam diferentes estilos de jogo. As decisões dos primeiros foram amplamente influenciadas pela presença e quantidade de altruístas no grupo. Por outro lado, as decisões dos indivíduos com baixos índices na Escala Mach foram primariamente influenciadas por fatores de personalidade e não tanto pela presença de altruístas. Isso sugere que o comportamento dos maquiavélicos é primariamente influenciado por fatores situacionais, uma vez que eles ajustavam suas decisões à composição do grupo.

Box 10.3 Jogo dos Bens Públicos

Similarmente a outros jogos-experimentos (cf. box 2.1), os jogadores são usualmente sentados em salas separadas, com cada jogador diante de um computador e as máquinas conectadas entre si. Cada jogador usa um teclado para inserir a soma que ele oferece, que é também apresentada na tela dos outros jogadores. O jogador contribuinte é identificado apenas por um pseudônimo ou número que aparece acima da soma oferecida. Os monitores dos experimentadores mostram todos os movimentos em um computador central. As telas mostram valores reais ou pontos que subsequentemente são convertidos em valores reais, em moedas. Em ambos os casos, os jogadores recebem e levam para casa os valores que eles ganharam no jogo.

O Jogo dos Bens Públicos envolve várias rodadas – usualmente dez. Os indivíduos são informados, conforme o andar das rodadas e após poucas condições de jogo. O jogo usualmente envolve quatro ou cinco indivíduos, e todos eles começam o jogo com somas iguais em suas contas privadas. Os jogadores decidem em cada rodada com qual proporção dos fundos eles irão contribuir para a piscina pública. As somas ofertadas são adicionadas à conta do grupo enquanto os fundos restantes são guardados nas contas privadas dos jogadores. No fim de cada rodada, o experimentador aumenta (ou dobra) o valor total contribuído e disponível na conta dos jogadores, e devolve somas iguais para todos os jogadores. Assim, por exemplo, se cinco jogadores começam com 1.000 unidades cada, e contribuem com 300, 400, 500, 600 e 700 unidades para a piscina pública, o valor total de contribuições

> será de 2.500 unidades. Em seguida, após dobrar a soma, cada jogador recebe 1.000 unidades no fim da rodada, que são adicionadas aos fundos privados guardados após suas contribuições públicas. Ato contínuo, a segunda rodada tem início, na qual os jogadores decidem novamente a soma que ofertarão, e assim sucessivamente. No fim do jogo, cada jogador recebe a quantidade de dinheiro acumulada em suas contas privadas.
>
> As somas ofertadas para a piscina pública praticamente indicam o grau de cooperação. O dilema social deita nos interesses individuais que frequentemente chocam-se com o interesse comum do grupo. Sob tais condições (regras) do jogo, as personalidades dos jogadores e as motivações destes determinam quais decisões eles tomaram em rodadas sucessivas.
>
> A opção pela punição pode também ser incluída nas condições do Jogo dos Bens Públicos. Neste caso, os jogadores podem, ao final de certas rodadas, impor taxas sobre aqueles que são considerados prejudiciais conforme suas jogadas prévias.

É digno de nota que os maquiavélicos contribuem menos com a piscina pública (conta coletiva) do que os outros, considerando a média das contribuições. Este também é o caso no estudo presente, e os pesquisadores esperavam justamente que as ambições por lucro típicas dos maquiavélicos pudessem posteriormente ser realçadas pela presença de altruístas, que eles consideram ingênuos. Porém, isso não aconteceu: quando os maquiavélicos viram na tela que um ou mais altruístas estavam jogando naquele grupo, eles também aumentaram suas contribuições. Aparentemente, essa decisão não é racional, uma vez que eles guardaram menos em suas contas privadas. Os maquiavélicos poderiam calcular que se eles contribuíssem com valores menores para a conta coletiva, os altruístas poderiam facilmente mudar suas mentes e reduzir suas contribuições públicas, o que seria desfavorável para os maquiavélicos com o passar do tempo. Eles poderiam pensar que era um erro não contribuir com ao menos 80% dos valores privados quando os outros faziam isso. Este é outro exemplo de altruísmo fingido, pois o comportamento altruísta também serve para incrementar os ganhos particulares neste caso. De fato, os resultados confirmaram a expectativa: os maquiavélicos ganharam somas maiores ao final de cinco rodadas quando comparados aos outros jogadores.

Diferentemente dos altruístas, a presença de "desertores" (jogadores egoístas que contribuem com 20% ou menos de seus fundos para a conta do grupo) influenciaram o comportamento tanto de indivíduos com baixos índices na Escala Mach quanto indivíduos com altos índices na Escala Mach. Ambos os grupos reduziram substancialmente suas contribuições na presença de desertores. A razão para isso é que os desertores impunham um perigo sério para todos os jogadores, uma vez que eles ganhavam dinheiro a partir das contribuições alheias. Portanto, a defecção induz, na maioria dos casos, a contra-ação e, em certa medida, fornece justificativas para os outros jogadores, mesmo os altruístas, para que mudem de sua atitude de cooperação inicial para uma estratégia egoísta. Isso é especialmente verdadeiro quando não há fatores externos de punição para restringir suas defecções. Em tal caso, não há outra opção que não seja uma cooperação contida.

5 O caráter proteano

As descobertas apresentadas até o momento fundamentalmente questionam a afirmativa reiterada anteriormente que os maquiavélicos são apenas bem-sucedidos no curto prazo. Muitos autores têm sugerido que os fatores subjacentes do sucesso maquiavélico são seu comportamento direcionado à recompensa e, simultaneamente, sua despreocupação quanto a custos e riscos de longo prazo (WILSON; NEAR & MILLER, 1996). Em outras palavras, eles agem conforme o princípio do "primeiro golpe": eles tomam vantagem imediata da fraqueza de seus alvos enquanto eles pouco se preocupam com as consequências negativas de suas ações no longo termo. Isso é em parte verdadeiro, naturalmente; já foi previamente discutido que os maquiavélicos frequentemente focam na recompensa imediata e têm poucas preocupações com os riscos futuros e outras expectativas (cf. cap. 2). Obviamente, tal comportamento tem seu preço: entre outras coisas, eles perdem seu dinheiro e falham em relacionamentos sociais de longo termo, enfrentam sanções punitivas ou tornam-se socialmente isolados.

No entanto, após considerar esses pontos, é importante frisar que os maquiavélicos não são estrategistas do curto prazo. Eles agem de formas mais sofisticadas. Eles ponderam sobre as possíveis vantagens e desvantagens em cada situação e tomam decisões pautadas no melhor desempenho quanto aos benefícios. O ganho imediato é mais lucrativo em alguns casos, enquanto o planejamento de longo prazo é um expediente em outros. Os capítulos anteriores forneceram muitos exemplos de situações nas quais os maquiavélicos ajustaram suas decisões diante do comportamento alheio, alternando entre táticas egoístas e não egoístas. Por esta razão, os maquiavélicos podem também ser tachados como oportunistas, empregando um termo convencional: eles mudam as táticas comportamentais conforme os requerimentos das circunstâncias, e apresentam-se da maneira que melhor sirva aos seus próprios interesses.

Peter Jonason e Gregory Webster (2012) descreveram essa atitude como caráter proteano. Proteu foi uma figura muito conhecida na mitologia grega: ele era hábil em transformar constantemente sua aparência, adotando a forma de um leão, uma serpente, um touro ou um pássaro, ou ainda em fogo, água ou em uma árvore sempre que ele não estava propenso a prever o futuro dos outros forçosamente. Quanto aos maquiavélicos, sua natureza proteana deita raízes ao não assumir uma única estratégia, mesmo que ela se mostre confiável; ademais, eles evitam a detecção a todo custo. Ademais, os autores descobriram que os maquiavélicos usam um leque de estratégias manipuladores, que mudam sempre que as circunstâncias o requerem (box 10.4). Os autores concluíram, a partir dos resultados obtidos, que a influência social das táticas fornece um conjunto versátil e diverso de meios manipuladores. Se uma tática falha, a próxima irá funcionar. O que importa é que alguém deva sempre encontrar um curso efetivo de ação que garanta benefícios.

Escolher a tática mais frutífera em um dado meio social é um passo crucial para o sucesso. Porém, o emprego de um conjunto diversificado de táticas manipuladoras tem outras vantagens para trapaceiros: eles são capazes de evitar a detecção. A mudança das estratégias conforme as situações geram condições imprevisíveis, tornando a detecção dificultada. Os maquiavélicos não confiam em uma única estratégia, mas continuamente criam novas faces e novos comportamentos que provavelmente reduzem as possibilidades dos outros predizerem suas ações. Isso, por sua vez, permite que eles evitem a detecção mesmo em situações recorrentes e duradouras, quando os maquiavélicos parecem familiares a outrem.

Box 10.4 Táticas proteanas (JONASON & WEBSTER, 2012)

Em um experimento, alguns indivíduos com diferentes índices de maquiavelismo, narcisismo ou psicopatia foram compelidos a informar com que frequência eles usam certas táticas de maneira a produzirem interações sociais bem-sucedidas. O maquiavelismo está intimamente ligado com o carisma, negociações duras, busca por recompensas monetárias, aviltamento, comparações sociais, sedução e coerção. Os indivíduos deveriam dizer que tipos de táticas eles usavam quando tentavam conseguir ajuda de quatro grupos diferentes de indivíduos, como membros da família, amigos(as) do sexo oposto, amigos(as) do mesmo sexo e estranhos. O Índice Mach estava intimamente correlacionado com quase todas as formas de influência social em todas as quatro categorias sociais: coerção, invocação de responsabilidade, razão, indução prazerosa, aviltamento, carisma. Por fim, os indivíduos deveriam selecionar uma estratégia que eles julgassem particularmente eficiente em relacionamentos sociais tais como a formação de coalizão, autoproteção, busca por *status*, retenção ou aquisição de parceiro(a). Os maquiavélicos primariamente usaram o carisma para construir coalizões entre indivíduos do mesmo sexo; eles reportaram uma alta propensão a empregar afabilidade, um comportamento agradável e tons carismáticos para com seus amigos.

Em suma, este capítulo pode revelar que o maquiavelismo está relacionado com pensamento estratégico e planejamento flexível de longo termo, em vez de uma perspectiva de curto prazo e tomada de risco. Esta habilidade maquiavélica é particularmente marcante quando comparada à psicopatia. As pessoas com altos níveis de psicopatia são, de modo geral, extremamente inflexíveis. Em um experimento, indivíduos jogaram um jogo de apostas que envolvia alto risco de perda, mas onde os jogadores poderiam sair dele a qualquer momento. Apesar dessas condições, os psicopatas continuaram a jogar persistentemente e perderam tudo (JONES, 2014). Os maquiavélicos, por outro lado, não assumiam riscos desnecessários e, em vez disso, restringiam seus próprios impulsos, permitindo que lucros fossem alcançados.

Box 10.5 Comportamento sexual flexível

O pensamento estratégico e o estilo de vida flexível dos maquiavélicos também estão refletidos em seus comportamentos sexuais. Estudos recentes que primariamente aproximam este fenômeno da perspectiva compreensiva teórica da Tríade Negra (que abarca a psicopatia, o narcisismo e o maquiavelismo) confirmam as pesquisas anteriores prévias quanto à preferência maquiavélica por relacionamentos de curto prazo (cf. box 1.5). Ao mesmo tempo, esses estudos também refinaram a descrição. Eles revelaram que os maquiavélicos não se recusam a entrar em relacionamentos de longo prazo de forma tão intensa quanto os dois outros membros da Tríade Negra (JONASON; LUEVANO & ADAMS, 2012). Também foi descoberto que os maquiavélicos não têm preocupação com formas específicas de relacionamentos casuais. Aqueles com alto índice de psicopatia encontram mais prazer no sexo sem compromisso com um(a) parceiro(a) em que basta fazer uma ligação, e que seu telefonema expressa ou implica somente o propósito do sexo. Para além dessa forma de relacionamento, narcisistas também têm a preferência por contatos de sexo regular com um "amigo(a)" do sexo oposto, mas sem se envolverem em um relacionamento romântico. Os maquiavélicos não têm preferência por nenhuma forma específica de relacionamento casual, o que é completamente consistente com sua forma de pensar oportunista, isto é, com sua escolha pela forma de relacionamento com o parceiro íntimo que melhor atende o interesse individual em voga.

Todos os três membros da Tríade Negra demonstram alta propensão de mentirem aos seus parceiros em um relacionamento íntimo. Uma diferença entre psicopatas e maquiavélicos é que o primeiro gosta de mentir (ou seja, sente emoções positivas após o ato de mentir), enquanto o último propositalmente planeja suas mentiras (BAUGHMAN et al., 2014). As respostas maquiavélicas mostram o foco nas táticas e na administração das impressões em vez das emoções, sobretudo quando eles tentam cativar um membro do sexo oposto. Em geral, esse comportamento está baseado na pressuposição que seus parceiros irão acreditar em suas mentiras. Obviamente, os maquiavélicos previamente mencionam que o carisma e a comunicação enganosa desempenham uma parte importante em seu sucesso.

11
Regras de decisão e mecanismos neurais

O capítulo anterior concluiu que os maquiavélicos são estrategistas flexíveis e que são frequentemente hábeis em seguir planos de longo prazo; portanto, são capazes de manipular os outros de maneira bem-sucedida. De modo a alcançar suas metas, eles têm recorrido às características mais importantes da situação social e do parceiro, e então eles têm que selecionar a técnica de influência mais eficiente. Neste ínterim, a mesma questão retorna à baila: como é possível que os maquiavélicos se deem bem na vida social? Se eles não exibem um bom rendimento em tarefas que envolvam funções cognitivas de alto nível, que geralmente desempenham um papel crucial na regulação dos relacionamentos interpessoais (leitura mental, inteligência emocional, empatia), então quais são essas vantagens que os tornam bem-sucedidos?

Eu proponho que os maquiavélicos apresentem equipamentos mentais e neurais únicos, que os distingam dos outros. Essa maneira de pensar está baseada em tomadas de decisão específicas e mecanismos de resolução de problemas que os ajudem a processar os estímulos que eles recebem nos meios sociais em constante mudança. Isso pode ser revelado não apenas ao acessar características psicológicas, mas também ao analisar processos neurais, como as descobertas recentes sugerem. Abaixo, eu enumero os domínios mais importantes da inteligência maquiavélica.

1 Monitoramento

Conquanto os maquiavélicos não pareçam ter habilidades acima da média para inferir as emoções e pensamentos alheios (cf. cap. 7), eles são altamente eficientes em monitorar o comportamento dos outros. Um conjunto de experimentos pretendia estabelecer em que extensão as decisões individuais em situações de dilema social poderiam ser influenciadas pelo comportamento de seus parceiros (CZIBOR & BERECZKEI, 2012; BERECZKEI; SZABO & CZIBOR, 2015). Grupos de quatro indivíduos jogavam o assim chamado Jogo dos Bens Públicos, no qual os jogadores poderiam ou cooperar ou enganar os outros (cf. box 8.3). Cada jogador poderia ver na tela com quanto dinheiro os outros contribuíram para a piscina pública e quanto eles mantinham para si próprios. A análise regressiva dos dados conduziu os autores à conclusão que indivíduos com altos índices na Escala Mach baseavam mais suas atitudes conforme o comportamento dos outros. Mais especificamente, as contribuições dos parceiros para a piscina pública em uma rodada eram influenciadas em grande parte pela contribuição dos maquiavélicos na rodada seguinte, de tal maneira que eles tendiam a oferecer os menores valores. Por outro lado, os indivíduos com baixos índices na escala de referência foram os mais influenciados pelos fatores de personalidade da cooperação, e não tanto pelas decisões prévias de seus parceiros. Ou seja, os maquiavélicos parecem monitorar continuamente seus parceiros e ajustarem-se às condutas alheias como se estivessem seguindo o seguinte esquema: "comece com um investimento médio, veja o que acontece e sempre ofereça menos do que eles". Isso sugere que, quando tomam decisões em situações competitivas, os maquiavélicos confiam nas dicas comportamentais dos membros do grupo, enquanto os não maquiavélicos (cooperadores) seguem suas regras internalizadas.

Alguns estudos que utilizam técnicas de imagem cerebral (cf. box 2.2) associam esse algoritmo com funções neurais específicas. Diferenças foram encontradas entre os padrões de atividades neurais de indivíduos com baixos e altos índices na Escala Mach em várias situações sociais. Durante a fase de tomada de decisão ("como eu devo responder à oferta do parceiro?"), áreas específicas do cérebro dos maquiavélicos mostraram crescente atividade, diferentemente dos não maquiavélicos. Em um estudo (BERECZKEI et al., 2013) envolvendo indivíduos no Jogo da Confiança (box 2.1), o incremento atividade foi mensurado no giro frontal inferior direito (GFI) dos indivíduos com altos índices na Escala Mach (cf. box 11.2). Localizado na parte dorsal do lobo frontal, essa área está primariamente envolvida na tomada de inferências e predições de várias tarefas (LIAKAKIS; NICKEL & SEITZ, 2011). Em um experimento, por exemplo, alguns indivíduos tinham que resolver um conflito; consequentemente, a atividade do GFI parece estar relacionada à antecipação da recompensa requerida em uma competição social na qual os partícipes jogavam para ganhar. Os autores sugerem que essa atividade neural implica o esforço do indivíduo em observar as ações dos competidores (POLOSAN et al., 2011). Uma vez que o ato de fazer inferências desempenha um papel crucial nos relacionamentos sociais complexos, o giro frontal inferior tem uma função importante no processamento de dicas sutis, isto é, das informações providas pelos parceiros. Isso pôde permitir que os maquiavélicos monitorassem o comportamento alheio de um parceiro passo a passo, e ajustassem suas reações de acordo com as condutas dos outros jogadores.

Box 11.1 Regiões das funções principais do cérebro humano

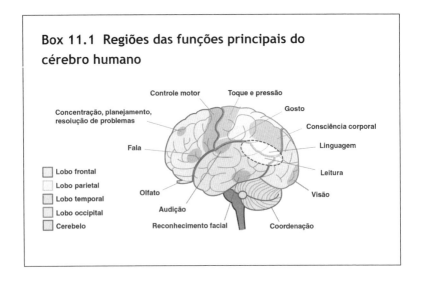

2 Orientação de tarefas

Parece notório, desde os primeiros estudos, que o maquiavélico típico está orientado por tarefa, em vez de orientado pela *persona* (GEIS, 1970). Isso significa que, acima de tudo, ele foca nas metas e não deixa que sua atenção seja distraída pelas circunstâncias irrelevantes diante dessa tarefa. Eles não estão preocupados seja com o humor do parceiro ou com suas próprias emoções. Eles consistentemente seguem seus próprios caminhos e tentam obter o máximo do contexto. Eles provavelmente são guiados pela seguinte regra da tomada de decisão: "escolha a estratégia que é provavelmente a mais efetiva e se mantenha fiel a ela independentemente de qualquer influência ou distúrbio do meio". É digno de nota que os psicopatas presumivelmente não seguem essa regra, uma vez que eles são dirigidos pelo desejo de gratificação imediata, impulsividade e pensamento de curto prazo (JONES & PAULHUS, 2011).

Não é acidental que a Persistência é o verdadeiro traço de personalidade que tem fortemente influenciado nas decisões dos maquiavélicos nas sucessivas rodadas do Jogo dos Bens Públicos (BERECZKEI & CZIBOR, 2014). Indivíduos que pontuaram amplamente na escala são geralmente caracterizados pela ambição, prontidão e perfeccionismo (box 3.2). Eles administram a frustração de forma eficiente e mobilizam grandes esforços para ganhar a recompensa que eles pretendem alcançar. No experimento supramencionado, os maquiavélicos consistentemente transferiram pequenas somas para a conta do grupo durante cinco rodadas e receberam a maioria do valor no final. Seu nível de Persistência os ajuda a consistentemente manter sua estratégia pautada sobre princípios racionais. Devido ao excesso de orientação cognitiva, que se sobrepõe à orientação emocional, um maquiavélico é capaz de controlar plenamente uma situação: ele concentra-se na meta, na análise de dados, na seleção de estratégias de maneira a explorar plenamente os recursos disponíveis e não se distrair na presença de um parceiro. Os não maquiavélicos, por outro lado, são mais focados na relação e em seus aspectos éticos, demonstrando uma vigilância menor e determinismo ao agregar suas próprias aspirações. Isso oferta ao maquiavélico uma vantagem ao assumir cada oportunidade como propiciadora de ganho de benefícios (PILCH, 2008).

A orientação por tarefa está intimamente ligada ao direcionamento persistente em relação aos objetivos; este, por sua vez, requer que a pessoa filtre toda informação relevante para obter o que deseja e inibir todas as ações não envolvidas no empreendimento da meta. Concordantemente, um incremento de atividade foi encontrado em indivíduos com altos índices na Escala Mach, sobretudo no giro frontal centro esquerdo (box 11.2) em resposta a uma situação de dilema social (BERECZKEI et al., 2013). Esta área desempenha um papel crucial no controle cognitivo no processamento de relacionamentos lógicos, na manipulação e na ativa manutenção da informação da memória funcional, como requerido por um planejamento de alto nível (LIU et al., 2012). Ela também está relacionada com o controle inibitório nos termos de impedir a tendência para que alguém faça algo ou na filtragem de informações irrelevantes (POLOSAN et al., 2011). É possível que os maquiavélicos, diferentemente dos outros, estejam mais pré-dispostos e inclinados a inibir decisões e planos tentados anteriormente e que se mostraram ineficientes, de maneira a substituí-los com soluções melhores. Em uma situação de dilema social, eles podem ignorar facilmente as regras sociais sobre justiça e equidade de maneira a aumentarem seus pagamentos.

Box 11.2 Giro frontal médio e inferior

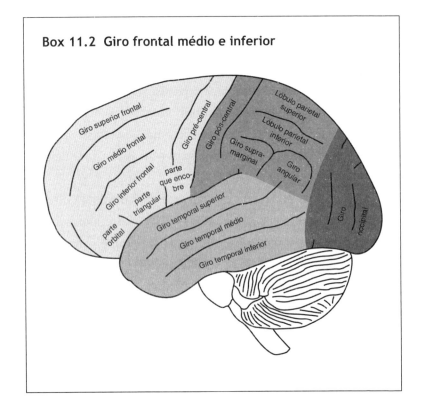

3 Busca por recompensas

Quase desde os primórdios da pesquisa psicológica, no tocante ao maquiavelismo, sabe-se que os maquiavélicos são orientados pela busca por recompensa: suas atenções e interesses são orientados para a obtenção de recursos externos (dinheiro, prestígio, *status*). Como apresentado em detalhes no capítulo 2, os maquiavélicos perseguem o desejo de serem vencedores em quase todas as situações e tentam obter os maiores lucros possível. Em alguns casos, eles julgam que perseguir diretamente as recompensas é a melhor estratégia, enquanto o uso de táticas indiretas, como "desvios" (p. ex., altruísmo fingido) para obter benefícios, podem se mostrar mais eficientes noutras circunstâncias. Particularmente, processos complexos adaptativos de longa duração são requeridos pelos maquiavélicos em um ambiente onde o comportamento dos outros é imprevisível; portanto, a resultante do conflito por recompensas é incerta e frequentemente envolve riscos (cf. cap. 10). Em suma, os maquiavélicos podem ser guiados pelo seguinte algoritmo em tal atividade: "persiga as recompensas em cada situação na qual o benefício derivado de suas ações exceda os custos e perdas que as acompanham".

Essas observações experimentais estão intimamente relacionadas com a descoberta que indivíduos com altos índices na Escala Mach, quando comparados a indivíduos com baixos índices na mesma escala, demonstram um incremento de atividade no lado direito do tálamo (BERECZKEI et al., 2013). Ademais, quanto mais dinheiro os maquiavélicos obtêm no jogo, maior será o incremento de atividade mensurado nesta área cerebral.

Sabe-se há bastante tempo que o tálamo está envolvido, entre outras coisas, no processamento de recompensas, incluindo recompensas materiais. Uma meta-análise abarcando mais de uma dúzia de estudos sobre esta área apontou que o tálamo é particularmente importante na predição de recompensas (LIU et al., 2011). Por outro lado, o tálamo está envolvido no acesso adequado por parte dos indivíduos dos riscos relacionados com os atos de ganhar ou perder dinheiro; por fim, o tálamo pode ser uma das áreas cerebrais envolvidas na regulação do ato de evitar riscos ou de influências externas que envolvem riscos. Ele desempenha um papel na detecção de erros e no processamento de dicas que informam sobre recompensas incertas (WINKLER; HU & LI, 2013).

As observações supramencionadas oferecem a visão de que os processos neurais que subjazem às decisões dos maquiavélicos estão relacionados com a avalição do comportamento esperado a ser empreendido pelo parceiro, além da consideração de táticas alternativas para ganhar recompensas. A maioria das situações de dilemas sociais como o Jogo da Confiança sempre tem um elemento de baixa previsibilidade e alto risco, especialmente quando os jogadores não podem influenciar a decisão alheia (p. ex., eles não são autorizados a impor penalidades). Essas condições podem compelir os jogadores a fazer estimativas prováveis de recompensas futuras e ponderar os benefícios e riscos potenciais associados com as recompensas. É altamente provável que os maquiavélicos, que são bem conhecidos pela busca permanente por benefícios de curto prazo, mostrem altas habilidades em decisões relacionadas à obtenção de recompensas.

Box 11.3 Tálamo

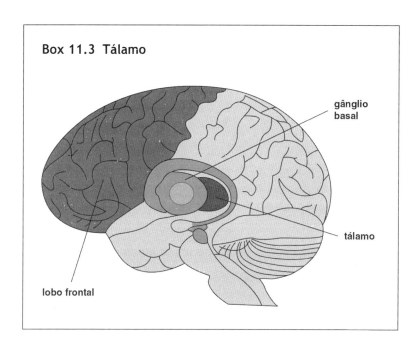

O incremento de atividade no tálamo em indivíduos com altos índices na Escala Mach pode estar relacionado com a antecipação do sucesso que acompanha uma decisão de risco. Isto é, está possivelmente relacionado aos planos bem-sucedidos que eles almejam, enquanto monitoram o comportamento de seus parceiros de maneira a obter recompensas. Essa explicação foi apoiada por outro resultado desse estudo, que demonstra uma relação íntima entre a atividade do tálamo e o tamanho da recompensa obtida por maquiavélicos. Ainda é possível, portanto, que os processos neurais envolvidos no processamento de recompensas materiais tenham influência em seu sucesso.

4 Inibição de cooperação

Os estudos que examinaram as decisões individuais em situações de dilema social sugerem que os maquiavélicos frequentemente inibem respostas rápidas e espontâneas. Eles são hábeis em controlar suas emoções, o que pode preveni-los de ganhar (box 11.4). Eles usualmente preocupam-se pouco com os esforços cooperativos e as expectativas alheias, e superam seus sentimentos e impulsos para conseguir a confiança dos parceiros. Eles parecem agir conforme a seguinte regra de tomada de decisões: "Não seja precipitado ao produzir impressões e manifestar sentimentos que podem impedi-lo de ganhar o maior lucro possível".

Box 11.4 Uma recompensa pequena ainda é uma recompensa

Em um experimento, indivíduos jogaram o Jogo do Ultimato (cf. box 2.1). A regra básica do jogo é que o segundo jogador aceita a quantia ofertada pelo primeiro e divide entre eles o montante; por outro lado, se o segundo jogador rejeitar a soma, nenhum dos dois recebe qualquer valor. O autointeresse racional poderia sugerir que mesmo a menor das quantias é valiosa, uma vez que implica algum lucro; a outra opção seria não receber nada. Todavia, estudos prévios uniformemente descobriram que uma parcela grande das pessoas não se dispunha a aceitar uma soma que elas considerassem injustamente pequena (GINTIS et al., 2003). Essas pessoas reportaram emoções negativas em relação àqueles que tentaram ludibriá-las. Elas raivosamente retaliaram a injustiça, mesmo tendo que se autoprivar do ganho.

No entanto, indivíduos com altos índices na Escala Mach agiram conforme seu interesse próprio: eles não apenas transferiam pequenas somas como jogadores primários como também aceitaram quase qualquer soma, mesmo minúsculas, quando atuavam como segundos jogadores (MEYER, 1992). Quando os experimentadores perguntavam aos indivíduos qual

> seria a quantia mínima que eles considerariam aceitável (i. é, o "ponto de resistência"), os maquiavélicos mostraram-se dispostos a aceitar qualquer valor inferior a 50% dos fundos disponíveis aos primeiros jogadores. Por outro lado, indivíduos com baixos índices na Escala Mach adotaram a perspectiva da "divisão meio a meio", e consideraram qualquer oferta abaixo desse ponto como injusta. Os maquiavélicos não tinham objeções morais; eles aceitavam qualquer coisa que incrementasse seus lucros. Eles pareciam superar seus sentimentos negativos alimentados por divisões injustas para obter benefícios, independentemente do valor.

Uma decisão importante relacionada às descobertas é que os indivíduos com altos índices na Escala Mach envolvidos em uma tarefa com dilema social apresentam um incremento de atividade na área do cérebro que desempenha um papel importante na administração de conflitos e na regulação emocional. Essa área é o córtex pré-frontal dorsolateral (CPFDL) ou, mais especificamente, a parte do córtex que fica entre o giro frontal inferior e médio (box 11.5), que está envolvido no processamento de conflitos entre interesses pessoais e normas sociais (SANFREY et al., 2003). Foi descoberto que o incremento de atividade ocorreu, por exemplo, em indivíduos que quebraram promessas feitas a parceiros em situações de tomada de soluções conjuntas (BAUMGARTNER et al., 2009). Outras descobertas sugerem que o CPFDL desempenha um papel importante nos processos de raciocínio abstrato a favor de julgamentos utilitários. Tais processos despontam quando alguém aprova a violação de normas éticas tais como, por exemplo, a norma que prescreve o ato de evitar colocar em risco ou ferir seres humanos. As violações morais pessoais podem promover respostas prepotentes, negativas e socioemocionais que conduzem as pessoas a ponderar ações dessa natureza como inapropriadas. De maneira a julgar a violação pessoal moral como apropriada, a pessoa precisa superar a resposta prepotente. Essa função utilitária é preenchida pelo córtex pré-frontal dorsolateral (e pelo córtex cingulado anterior, já mencionado). Por exemplo, o CPFDL direito dispõe de grande atividade em indivíduos que estão propensos a aceitar ofertas injustas no Jogo do Ultimato (KNOCH et al., 2006).

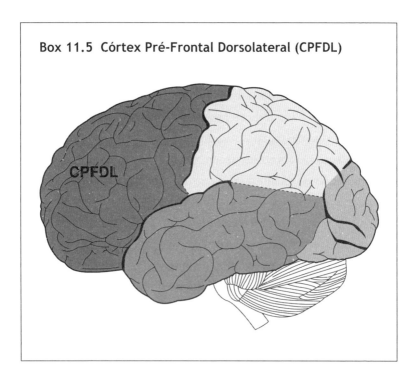

Box 11.5 Córtex Pré-Frontal Dorsolateral (CPFDL)

Estes aspectos claramente mostram um paralelismo com o maquiavelismo. Como nós discutimos previamente, os maquiavélicos não aderem princípios éticos, e eles estão prontos a violar as normas se seus interesses requererem tal ação. Eles provavelmente julgam as violações morais como apropriadas, especialmente em situações que oferecem recompensas materiais ao quebrar as normas (CHRISTIE & GEIS, 1970). Ao obter benefícios, eles podem usar o controle cognitivo sobre as emoções de acordo com suas metas. Confiando nos processos cognitivos abstratos, eles podem superar respostas prepotentes socioemocionais e administrar dilemas morais de forma utilitária. Ademais, o incremento de atividade do CPFDL para indivíduos com altos índices na Escala Mach pode estar associado com a inibição de respostas recíprocas aos parceiros de iniciativa cooperadora. Os indivíduos maquiavélicos podem passar por cima de suas reações "espontâneas" às iniciativas de cooperação para com os outros e manter seus impulsos auto-orientadores.

5 Generalização

O capítulo sobre a leitura mental já apresentou a hipótese de que o sucesso social dos maquiavélicos tem base em sua habilidade de sortear pessoas em tipos, que são usados eficientemente para decidir quais medidas táticas são empregadas para manipular alguém. Previamente, esta hipótese foi discutida na relação com a Teoria da Mente: os maquiavélicos não interferem nos estados mentais de seus parceiros, mas formam um julgamento geral deles baseado na experiência prévia generalizada. De fato, a regra cognitiva em jogo neste caso é: "categorizar esta pessoa conforme a experiência prévia e recobrar as táticas comportamentais que propiciam benefícios quando lidar com pessoas desse tipo".

Meu ponto de vista é que os maquiavélicos são notáveis e espertos observadores da natureza humana. Eles eficientemente reconhecem aqueles traços nas pessoas que oferecem uma oportunidade de serem exploradas. Alguns transmitem sinceridade, enquanto outros se mostram esquecidos ou extremamente introvertidos. Há pessoas que estão preocupadas com um relacionamento pessoal ou com seu trabalho a tal ponto que elas não apresentam preocupação para nada mais, ainda que elas sejam fáceis de enganar. Outro comportamento reflete a instabilidade emocional: algumas vezes elas se sentem "para baixo", outras vezes "nas nuvens", e tal envolvimento emocional pode também ofertar boas oportunidades para a manipulação. E, naturalmente, qualquer um poderia continuar essa lista.

Muitos estudos sugerem que a habilidade de fazer inferências e julgamentos gerais sobre as pessoas está relacionada à capacidade de memória funcional. A memória funcional consiste de um sistema executivo central e diversos subsistemas que armazenam e analisam informações visuais e verbais. A central executiva é responsável pelo processamento e informação integrada recebida através de diferentes canais sensoriais, ao coordenar funções diferentes e ao controlar processos cognitivos (atenção, inferências). Aqueles que pontuam alto ao serem submetidos aos testes de memória funcional têm um estilo de pensamento racional e um alto nível de habilidade de fazer inferências.

Tudo isso pode ser importante porque um estudo recente descobriu um relacionamento positivo entre os índices na Escala Mach e os índices da memória funcional (BERECZKEI & BIRKAS, 2014; cf. box 11.6). Essa descoberta mostra que os maquiavélicos são caracterizados por boas habilidades argumentativas e uma preferência acima da média para usar regras lógicas, o que, por sua vez, sugere que eles são capazes de processar e organizar rápida e eficientemente as informações.

Box 11.6 Memória funcional (escala de inteligência adulta de WECHSLER & WAIS)

Esse teste de inteligência compreende quatro escalas: compreensão verbal, memória funcional, organização perceptiva e velocidade de processamento. A escala de memória funcional infere as habilidades para armazenar e recobrar informações, a concentrar atenções e processar a informação recebida. Isso inclui duas subescalas: aritmética e extensão de dígitos.

O subteste aritmético mede a habilidade relacionada à memória, atenção, operações mentais e sequências de processamento numérico. Ele subentende dez problemas aritméticos, e todos eles podem ser resolvidos apenas ao usar as quatro operações básicas.

Um problema mais fácil: quanto tempo leva para andar 24km para uma pessoa que ande 3km por hora?

Um problema com dificuldade maior: certo trabalho depende de oito trabalhadores durante seis dias para terminar. Quantos trabalhadores são necessários para finalizar a mesma tarefa, mas em regime de meio expediente?

O subteste da extensão de dígitos consiste de três partes. Na primeira, os indivíduos são estimulados a repetir uma sequência de números na mesma ordem apresentada por um experimentador. A sequência mais fácil tem 3 dígitos e a mais difícil tem 9; não há um relacionamento lógico entre os dígitos. Em segundo lugar, os indivíduos têm que repetir os dígitos apresentados na ordem reversa. Por fim, em terceiro, os indivíduos devem repetir os dígitos em ordem ascendente conforme seus valores.

Essa visão é consistente com a descoberta que dentro da capacidade de memória funcional, ou seja, que os maquiavélicos apresentam um relacionamento aritmético em vez de pensar na extensão dos dígitos (cf. box 11.6). Especificamente, o primeiro é usado para medir a habilidade de fazer inferências, resolver problemas e conceber novas operações, enquanto o último reflete a habilidade de armazenar e reproduzir informações. Consequentemente, os maquiavélicos não são apenas eficientes em memorizar e recobrar informações, mas, na maioria das vezes, ao usar as assim chamadas operações computacionais, ou seja, as operações baseadas nas experiências prévias que eles inferem dos tipos de personalidade e de vidas emocionais alheios.

6 Seleção do alvo

Os maquiavélicos frequentemente são bem-sucedidos ao selecionar a pessoa que propicia o melhor alvo em dadas circunstâncias, isto é, o indivíduo ou os indivíduos onde a trapaça envolva o menor custo e riscos enquanto oferte os maiores ganhos possíveis. "Escolha aqueles de quem você pode esperar as maiores recompensas."

Essa estratégia pode ser implementada de diversas maneiras. Um estudo descobriu que os maquiavélicos tentaram lucrar majoritariamente quando esperavam que os outros oferecessem cooperação em determinadas circunstâncias (BERECZKEI; SZABO & CZIBOR, 2015).

Os indivíduos jogaram o jogo experimental dos bens públicos (box 8.3) sob duas condições: em uma delas, os indivíduos jogaram no formato clássico, no qual a cooperação era teoricamente lucrativa e a maioria dos jogadores ganhava algum dinheiro a depender das táticas que eles empregassem; na segunda condição, as regras foram modificadas de tal maneira que propiciasse uma competição aberta. Especificamente, apenas o vencedor e mais ninguém receberia a quantia que fazia jus no final do jogo. O estudo descobriu que os maquiavélicos seguiram a típica estratégia de exploração em condições de cooperação: quando comparados aos demais, eles contribuíram menos para a piscina pública e ganharam mais no final do jogo. No entanto, em condições competitivas, eles não foram mais egoístas do que os demais. Essencialmente, as somas que eles ofereceram foram similares às transferidas por seus parceiros.

Os pesquisadores concluíram que os maquiavélicos foram mais bem-sucedidos em situações de cooperação porque as circunstâncias permitiram a eles explorar as generosas ofertas de seus parceiros. Nesta condição, supunha-se que os outros contribuíram com uma quantidade substancial para a conta pública, seguindo as normas de cooperação. Os maquiavélicos, doutra feita, não são ligados à norma, o que torna a exploração relativamente fácil. "Se todos são cooperativos, exceto eu, o lucro será meu." O altruísta é o melhor a ser logrado, o melhor alvo. Por outro lado, em uma situação onde todos competem por uma quantidade limitada de lucros, a exploração não parece ser efetiva. Todos querem a mesma coisa: conseguir o dinheiro alheio. Uma vez que pequenas quantias são distribuídas entre os jogadores, os maquiavélicos foram incapazes de fazer uso de suas táticas egoístas.

É possível que certas áreas cerebrais desempenhem um papel importante na seleção de vítimas potenciais. Muitos estudos têm revelado que o giro frontal inferior (cf. box 11.2) está envolvido na cognição direcionada à meta, por exemplo, ao produzir inferências de previsão na realização de várias tarefas. Essa área do cérebro também tem importância ao analisar a intencionalidade do comportamento dos parceiros durante as interações sociais, e no pensamento racional durante tomadas de decisão (LIAKAKIS; NICKEL & SEITZ, 2011; STEINMANN et al., 2014). Consequentemente, ela pode contribuir para a habilidade maquiavélica de analisar e antecipar as decisões dos parceiros em situações de dilemas sociais. Tal ideia foi apoiada pelos resultados de um estudo recente de imagem cerebral, no qual os indivíduos jogaram o Jogo da Confiança, recebendo alternativamente ofertas justas e injustas por parte de seus parceiros – de um computador (cf. BERECZKEI et al., 2015). Uma oferta justa refletia um comportamento de parceiro justo, enquanto uma oferta injusta representava um parceiro competitivo ou até mesmo hostil (box 11.7). O estudo encontrou o IFR especialmente ativo quando os indivíduos com altos índices na Escala Mach receberam uma grande quantidade de dinheiro (condição justa) do parceiro (computador), enquanto nenhuma atividade forte foi encontrada neste circuito neural se outro jogador transferia um valor baixo (condição injusta). Em outras palavras, os maquiavélicos demonstravam atividades elevadas nesta área cerebral quando eles jogavam com um parceiro cooperativo. Por outro lado, nenhum incremento de atividade foi observado quando o parceiro não apresentava pré--disposição à cooperação, mas, em vez disso, competia pela recompensa esperada.

Obviamente, os maquiavélicos consideravam seus parceiros cooperativos como alvos potenciais, e as normas de cooperação forneciam grandes chances de exploração alheia. As pessoas maquiavélicas com motivações fortemente centradas na auto-orientação e em decisões racionais podem tomar vantagens das intenções cooperativas dos outros. Não é surpreendente, assim, que eles tenham obtido lucros significativamente mais altos nesse jogo, enquanto seus parceiros estavam pré-dispostos a cooperar, do que no jogo em que eles eram parceiros engajados na rivalidade. O comportamento maquiavélico pode refletir o seguinte algoritmo: "selecione um ingênuo e, desse modo, ajuste suas decisões ao seu comportamento". Conforme essa lógica, um estudo recente descobriu que estas pessoas dispõem de alta vulnerabilidade à manipulação social, além de traços de personalidade tais como baixa extroversão, neurose alta e alta afabilidade (CHUNG & CHARLES, 2016). Ao considerar a confiança, a propensão ao perdão e os modos equilibrados, esse conjunto de traços da Escala *Big Five* (cap. 3) pode fazer das pessoas alvos especialmente bons da exploração.

Box 11.7 Ofertas justas e injustas

Indivíduos jogaram uma versão de duas rodadas do Jogo da Confiança (box 2.1) enquanto permaneciam deitados e eram observados por um *scanner* de ressonância magnética. Na primeira rodada, eles deveriam jogar conforme as regras usuais do jogo, ou seja, oferecer uma parte de seus fundos ao segundo jogador (simulado por um computador sem o conhecimento do indivíduo analisado). Após o experimentador triplicar a soma ofertada, os participantes jogavam uma série de jogos de confiança de duas rodadas. No primeiro deles, o indivíduo que desempenhava o papel de primeiro jogador oferecia um montante em dinheiro, e o segundo jogador (o computador) poderia responder de duas maneiras: em um dos casos, ele devolvia a mesma quantia recebida (condição justa). No entanto, no outro caso, ele apenas devolvia 30% da soma inicialmente ofertada pelo primeiro jogador, isto é, uma parte insignificante da soma tripla que tinha recebido (condição injusta). Na segunda rodada, o computador começava o jogo como o primeiro jogador ao oferecer uma média e soma, e o indivíduo (segundo jogador) tomava a decisão da soma que daria de volta. Em geral, os segundos jogadores estavam mais motivados a agir de forma recíproca quando o primeiro jogador se mostrava cooperativo e recíproco, na média ou acima da média, quanto ao valor ofertado na primeira rodada.

De fato, esta é a maneira como indivíduos com baixos índices na Escala Mach agiram: eles ofereceram uma soma ampla (ao menos tão ampla quanto eles tinham recebido antes) quando seus parceiros se provaram generosos, conquanto eles transferissem uma soma menor quando seus parceiros tinham sido injustos nas rodadas prévias. Os maquiavélicos também puniram parceiros injustos, mas eles optaram por explorar aqueles que previamente mostraram-se pré-dispostos a cooperar. Ou seja, eles não apenas tentavam oferecer de volta ofertas justas, mas oferecer em troca uma soma um terço menor ou abaixo da média daquela que tinham recebido.

Tanto os jogos justos quanto os injustos foram jogados por doze equipes, enquanto cada indivíduo foi submetido ao escaneamento por ressonância magnética. Como cada jogo dispunha de duas rodadas, o estudo incluiu um total de 48 rodadas, ou seja, cada indivíduo adotou 48 decisões. Os dados comportamentais foram munidos de análise estatística dessas condições, enquanto os processos neurais subjacentes foram inferidos das mudanças significativas de atividade em áreas cerebrais específicas.

12
Origens evolutivas

Os capítulos prévios deste livro focaram nas habilidades cognitivas dos maquiavélicos, nos traços de personalidade e no histórico familiar. Esses fatores são responsáveis pela emergência de uma atitude específica e de um comportamento peculiar ao maquiavelismo. Eles também fazem referência às "causas aproximadas" porque eles são determinantes diretos dos processos de tomada de decisão e de táticas comportamentais que tornam as pessoas maquiavélicas.

No entanto, há outro conjunto de causas que não é formado pelo enquadramento imediato do comportamento; para falar de outro modo, seriam aqueles comportamentos que regulam as ações e pensamentos das pessoas a distância. Eles são referenciados como "causas últimas", que prescrevem a função ou o propósito de um dado comportamento (cf. box 12.1). Durante a evolução, nossos ancestrais desenvolveram habilidades físicas e mentais que os ajudaram a adaptarem-se às condições ambientais; primariamente, entre elas, havia seu meio social. A emergência evolutiva das qualidades maquiavélicas foi presumivelmente provocada pelas bem-sucedidas técnicas de manipulação que poderiam contribuir para o sucesso reprodutivo e a sobrevivência de nossos ancestrais. Em outras palavras, enquanto uma estratégia comportamental, o maquiavelismo tem frequentemente se provado como benéfico em sistemas complexos de relacionamentos sociais e, de tal maneira, seus mecanismos psicológicos foram mantidos com o passar do tempo, continuando a influenciar a vida das pessoas.

1 A hipótese da inteligência social

De forma interessante, as tentativas de aproximação da discussão quanto ao maquiavelismo foram propostas aproximadamente no mesmo período. Como discutido no capítulo 1, Richard Christie e Florence Geis começaram suas pesquisas de psicologia social neste campo na década de 1960; eles se uniram a um número crescente de pesquisadores em várias partes do mundo, e seu trabalho, realizado durante os 50 anos subsequentes, resultaram em uma descrição compreensiva da natureza do maquiavelismo. Os capítulos prévios elencaram nosso conhecimento recente dos processos imediatos relacionados à atitude manipuladora, ao modo de vida e de pensar, além dos motivos subjacentes por trás das mentes maquiavélicas.

Box 12.1 Causas aproximadas e últimas

Este comportamento pode e deve ser explicado em diversos níveis; dois dos quais têm um interesse particular. Explicações aproximadas revelam as causas diretas do comportamento, como estados motivacionais, estímulos ambientais e processos hormonais. Temos muitas informações, por exemplo, sobre os fatores influenciadores essenciais do comportamento sexual humano, como a secreção de certos hormônios (como a testosterona), a função de regiões neurais específicas (o hipotálamo, p. ex.) e os efeitos do ambiente infantil e das normas sociais de regulação dos relacionamentos sexuais.

Os evolucionistas estão, por outro lado, interessados nas explicações "últimas" do comportamento, que pode fazer referência a mecanismos de adaptação trazidos à luz pela seleção natural. Eles tentam entender essas causas evolutivas, que fornecem as funções fundamentais de uma consequência comportamental específica (COSMIDES & TOOBY, 1992). Conforme a aproximação evolutiva, essas estratégias comportamentais foram favorecidas pela seleção positiva que se provou benéfica para a sobrevivência e reprodução de nossos ancestrais. Para dar um exemplo concreto no campo da sexualidade, as pessoas hoje em dia ainda têm uma preferência por vários traços morfológicos e comportamentais que anteriormente contribuíram para a escolha bem-sucedida de um parceiro e, consequentemente, para incrementar o tamanho da prole. Eles incluíam características físicas, tais como a sinalização da fertilidade individual e a resistência às doenças, tais como os índices de cintura e quadris para mulheres ou os marcadores faciais de testosterona masculinos. Eles também implicam estratégias adaptativas sexuais que ajudam a alcançar o grau de comprometimento do parceiro, os atributos físicos ou a capacidade de procriar. Por exemplo, reações ciumentas diante de ameaças reais ou supostas de infidelidade podem ampliar a probabilidade de ter um filho biológico e diminuir o risco de o parceiro subtrair rendimentos da família (BUSS, 2005).

Na perspectiva evolutivo-psicológica, o conhecimento de estratégias evolutivas permite predizer formas específicas (ou aproximadas) dos processos comportamentais e cognitivos. Por exemplo, é previsível que jovens adultos (especialmente homens) estejam mais propensos que mulheres a exibirem comportamentos não complacentes e de tomada de risco, uma vez que os jovens masculinos estiveram, na história da humanidade, mais engajados na obtenção de recursos como pré-requisito para a reprodução a qualquer custo. Uma análise adaptativo-final do comportamento pode integrar explicações psicológicas específicas para ampliar o enquadramento teórico, além de contribuir na clarificação de que fatores são causas primárias e quais poderiam ser suas consequências (CRAWFORD, 1998). Como consequência, a psicologia evolutiva amplia a compreensão das causas que subjazem os comportamentos, assim como fornece um pano de fundo explicativo que permite estudar as leis universais da natureza humana.

Em um paralelo com o avanço dessa linha de pesquisa, mas de maneira completamente independente, a abordagem acima também foi dominante na pesquisa do maquiavelismo. A história retorna ao que sabemos da hipótese da inteligência social, descrita por Nicholas Humphrey (1976), que sugere que o nível único de alta inteligência humana foi muito mais um fruto da adaptação ao meio social do que um desenvolvimento de respostas aos desafios impostos pelo meio natural, como tinha sido proposto por vários autores daquela época. O caráter único da humanidade não se deveu primariamente à caça e/ou uso de ferramentas com o propósito de obter a comida necessária à sobrevivência, em vez da demanda crescente para conhecer as necessidades dos grupos em constante mudança. Humphrey iniciou sua observação a partir do ambiente de vida dos animais em um ambiente social que é mais complexo – e talvez menos estável e previsível – do que de um ambiente ecológico-natural e, portanto, impondo grandes exigências de adaptação. A vida social compreende estratégias comportamentais que requerem um alto nível de habilidades mentais – a inteligência criativa, na terminologia de Humphrey. Os indivíduos precisam ser capazes de antever as consequências de suas ações, as reações esperadas de outrem e os custos e benefícios de suas respostas comportamentais subsequentes. Eles precisam fazer tudo isso em um ambiente onde os estímulos sociais que eles respondem são transitórios, mutáveis e frequentemente ambíguos. Quanto mais complexo for um grupo e quanto mais multifacetados os relacionamentos interpessoais forem, maior será a quantidade de desafios sociais que os indivíduos precisarão lidar. Eles deverão coordenar suas atividades com os demais, afastar-se dos ataques e esquemas contra eles e, enquanto isso, tentar alcançar bons relacionamentos. Em outras palavras, eles precisam tomar decisões que os permitam alcançar posições vantajosas em uma rede de interesses conflituosos, conquanto capaz de deixar a integração do grupo intacta e, portanto, preservar os benefícios providos pela vida social. Em suma, a proposição fundamental da hipótese da inteligência social sugere que a complexidade e variabilidade do ambiente social geram pressões que levam ao rápido desenvolvimento da inteligência. Os cérebros mais largos dos macacos e as habilidades cognitivas primárias desenvolveram-se para a solução de problemas sociais, e apenas secundariamente como um resultado da adaptação ao ambiente ecológico-natural. Nós não somos usuários muito inteligentes de ferramentas; porém, em vez disso, somos astutos estrategistas de relacionamentos sociais. No entanto, as habilidades sociais fornecem meios de resolver uma variedade de problemas, alguns deles claramente sem qualquer natureza social. Humphrey sugere que as habilidades técnicas (p. ex., o uso de ferramentas) são desenvolvimentos posteriores da evolução; além disso, a emergência delas foi, em muitos casos, uma consequência do alto nível de habilidades sociais (como no caso das imitações).

Evidentemente, um domínio central da inteligência social dos primatas e humanos compreende suas estratégias de manipulação e engano. Richard Dawkins e John Krebs (1978) explicaram, em seu pioneiro estudo, que os organismos frequentemente transmitem sinais honestos aos outros. Quando, por exemplo, um animal dominante sinaliza sua força superior e intenção agressiva por sua postura e expressão facial, sua ação é benéfica para ambas as partes envolvidas na interação: é benéfico para aquele que sinaliza, que mantém sua posição dominante sem arriscar uma luta física; similarmente, também é benéfico ao receptor, que é informado de forma confiável quanto ao sinal sobre a proeza física e o estado emocional do indivíduo dominante. Assim, o indivíduo submisso pode sopesar as circunstâncias e tomar decisões adequadas (recuar ou enfrentar o desafio).

Box 12.2 Hipótese do cérebro social

A hipótese da inteligência social foi estendida por novas teorias durante o final da década de 1980 e no transcorrer da década de 1990, como consequência do desenvolvimento de modelos explicativos mais acurados que levavam em consideração o poder preditivo. Uma das novas teorias, a hipótese do cérebro social, foi proposta pelo pesquisador inglês Robin Dunbar e tornou-se dominante (1992, 1998, 2002). É de conhecimento geral e longevo que os primatas têm um neocórtex desproporcionalmente maior do que outros animais. Esse neocórtex, que controla os níveis mais altos de processos cognitivos, pode ser duas ou três vezes maior do que outras regiões mais antigas do cérebro. Esse crescimento do neocórtex foi o principal responsável pelo incremento em rápida escala do crescimento cerebral durante a evolução dos primatas, que alcançou seu auge com a emergência de primatas e humanos. Em um estudo comparativo que envolveu vários primatas (incluindo humanos modernos), Dunbar descobriu uma relação íntima entre o tamanho do grupo – que ele tomou como a medida mais confiável da complexidade do grupo – e a proporção do neocórtex (i. é, a razão do tamanho do neocórtex em relação ao restante do cérebro). A média do tamanho do grupo é maior naquelas espécies de primatas que têm as maiores proporções do neocórtex. Quanto aos humanos, o volume do neocórtex é quatro vezes maior do que as outras partes do cérebro juntas (p. ex., a medula, o mesencéfalo e o cerebelo). Isso é consistente com o fato que os humanos, incluindo até mesmo sociedades caçadoras-coletoras, vivem em grupos pouco comumente grandes, quando comparados com outras espécies animais.

Dunbar concluiu, com base na observação, que os limites do tamanho do grupo são prescritos pela capacidade de processamento de informação cerebral. A capacidade de desenvolver relações sociais dos animais depende intimamente de seu equipamento cognitivo, a partir do qual eles fazem julgamentos sociais e inferências. Ao observar o outro lado da moeda, notamos que grupos grandes e complexos emergiram como resultado de certas forças evolutivas (p. ex., a "pressão" imposta pelos predadores poderosos), produzindo um meio onde os indivíduos apresentam habilidades sociais excepcionais e têm uma posição vantajosa na competição por recursos. As exigências de adaptação para mudanças de relacionamentos dentro do grupo selecionam positivamente aquelas habilidades cognitivas que geralmente resultam no incremento do tamanho cerebral e inteligência (BYRNE, 1997).

Quanto às habilidades específicas em questão, Dunbar apontou quatro áreas: uma delas inclui habilidades visuais que servem, entre outras coisas, para diferenciar os membros do grupo conforme suas aparências e comportamentos; outra área envolve a capacidade de memória, aspecto que desempenha um papel importante na estocagem e evocação de imagens de relacionamentos prévios, e na salvaguarda de comportamentos alheios altruístas e enganadores. A terceira área é a regulação da emoção, que tem uma importância crucial no desenvolvimento de relacionamentos de longa duração e na resolução de conflitos com membros do grupo. Finalmente, a área mais importante inclui as habilidades cognitivas que regulam os relacionamentos sociais nos termos tanto de manipulação quanto de cooperação, tais como a leitura mental, a computação e a simulação mental.

Neste caso, a sinalização honesta e confiável é interessante para ambas as partes. Contudo, em muitos outros casos, a seleção natural tem favorecido os sinais enganadores que permitem que indivíduos manipulem e explorem os outros. O emissor tem interesse frequente em ludibriar o receptor, se a mensagem falsa puder aumentar as suas chances de sobrevivência e reprodução. Há um conjunto expressivo de casos verificados de sinais não cooperativos que satisfazem várias funções, da presa enganadora (p. ex., o peixe-pescador-das-profundezas) até o logro de rivais em competições por parceiras (ANDREWS, 2002).

O autor sugere que a comunicação enganadora pode criar, por sua vez, uma pressão seletiva sobre os animais, que envolve uma estratégia de retaliação à manipulação. O aperfeiçoamento de técnicas de comportamento manipulador tem facilitado, por um lado, o desenvolvimento de mecanismos de defesa sofisticados e, por outro, tem enxertado uma pressão seletiva cada vez maior em técnicas eficientes de manipulação, em uma espécie de crescendo. Consequentemente, uma "corrida armamentista" vincada no engano e contraengano emergiu como o resultado da expansão da área cerebral e o incremento das habilidades cognitivas.

2 A hipótese da inteligência maquiavélica

Essas considerações teóricas foram apoiadas por estudos sobre os primatas. No início da década de 1970, o trabalho de campo tinha como objetivo revelar a frequência e as formas específicas de logro intencional entre os indivíduos de várias espécies de primatas (BYRNE, 1995). Descobriu-se em época que os primatas usavam uma ampla variedade de táticas de manipulação e engano. Algumas vezes eles distraíam a atenção de outro indivíduo da espécie, enquanto, noutros momentos, eles tentavam prevenir os demais sobre algo que ocorria. A forma mais sofisticada de manipulação exibida por primatas – e a mais similar ao comportamento humano – é aquela que emprega os outros para alcançar suas próprias metas. Tais casos serão apresentados no box 12.3.

Atualmente há muitas centenas de relatos observados de comportamentos enganadores entre primatas, de maneira muito similar aos apresentados no box a seguir. Eles foram denominados de "táticas de logro", fazendo referência aos casos em que um indivíduo manipula os outros ao enviar um sinal intencionalmente enganador que, por sua vez, compele uma resposta do(s) receptor(es) que permite ao manipular tirar vantagem da situação.

Tais estudos levaram os pesquisadores a desenvolver a "hipótese da inteligência maquiavélica" em meados da década de 1980 (BYRNE & WHITEN, 1988). A teoria estava baseada na ideia que a manipulação habilidosa dos outros confere uma vantagem evolutiva significativa. O logro e a exploração bem-sucedida de rivais exerce uma pressão seletiva quanto ao desenvolvimento de uma inteligência social cada vez mais complexa. Em outras palavras, as habilidades intelectuais dos primatas – e especialmente humanos – evoluíram de tal maneira porque, com o passar do tempo, a manipulação bem-sucedida aumentou as chances do enganador de sobreviver e reproduzir. A manipulação bem-sucedida requer, por sua vez, habilidades mentais cada vez mais sofisticadas. Nessa medida, as estratégias maquiavélicas incrementam as habilidades intelectuais e o sucesso reprodutivo, facilitando ambos os lados em um *loop* de *feedback* positivo.

Box 12.3 Logro intencional entre primatas

Em um campo de estudo de babuínos, pesquisadores observaram que machos jovens repetidamente enganavam membros adultos do grupo (BYRNE, 1995). O jovem macho que estava sendo observado informou uma fêmea adulta quanto à existência de raízes nutritivas no solo, cavando a terra. Essa atividade é difícil e cansativa até mesmo para os adultos, especialmente durante a estação das secas. O jovem esperou que a fêmea terminasse a escavação das raízes; em seguida, olhou em volta para ver se alguém estava próximo e, subitamente, começou a gritar de dor. Como resposta ao grito, sua mãe imediatamente apareceu na cena e perseguiu a fêmea "cavadora", que tinha um nível mais baixo na hierarquia do grupo no tocante à dominância. Quando ambas as fêmeas deixaram o espaço, o jovem consumiu a comida pacificamente. Os pesquisadores concluíram que testemunharam um caso de logro intencional, no qual o jovem babuíno usou sua mãe como um instrumento social, por assim dizer, foi capaz de remover um obstáculo (a fêmea adulta cavadora) para obter o alimento. Essa explicação foi apoiada pela observação que o jovem apenas recorreu ao esquema quando sua mãe estava fora do campo visual e poderia ter ciência do óbvio logro.

Casos ainda mais complicados foram registrados quanto aos símios. Chimpanzés observados na Reserva Gombe (Tanzânia) foram alimentados em uma caixa colocada em uma clareira na floresta. Um chimpanzé que andava nas cercanias tomou ciência que a caixa estava aberta e, naturalmente, que a comida estava livremente acessível. Quando ele foi pegar a comida, ele teve imediata ciência que outro chimpanzé se aproximava, sendo esse último mais forte, dominante e que particularmente nunca dividia os alimentos com os outros. Assim, o primeiro rapidamente olhou para outra direção, na tentativa de distrair o recém-chegado da comida. No entanto, isso provocou um efeito contrário de suspeita, e o último simplesmente caminhou na mesma direção, com uma pretensa falta de interesse; ele parou atrás de uma árvore próxima,

> esperando até que o primeiro chimpanzé pegasse a comida da caixa, para então surgir subitamente e tomar a comida daquele. Essa combinação de engano e contraengano sugere que o último chimpanzé pode ter reconhecido uma intenção coespecífica, permitindo que ele se prevenisse da tentativa de logro.

A hipótese da inteligência maquiavélica tem sido confirmada por muitos estudos sobre os primatas. Um estudo comparativo concluiu que a frequência do comportamento enganador está intimamente ligada ao volume relativo do neocórtex em espécies com esse aparato cerebral mais largo, o que implica o engajamento mais frequente em atividades manipuladoras (BYRNE, 1995). Isso sugere, por outro lado, que a manipulação tem sido uma força seletiva essencial na evolução de um cérebro altamente desenvolvido e da inteligência criativa. Por outro lado, alguém poderia dizer que a manipulação bem-sucedida requer uma capacidade cognitiva considerável: apenas as espécies que são hábeis em enganar intencionalmente os outros que apresentam tal equipamento mental avançado. Esse assunto foi discutido em detalhes no capítulo 9, com ênfase nos humanos.

Um estudo sobre espécies de primatas poliginosos descobriu que quanto maior o volume do neocórtex, mais fraco é o relacionamento entre indivíduos masculinos na hierarquia e em seu sucesso reprodutivo, como expresso na quantidade de casais (PAWLOWSKI; DUNBAR & LOWEN, 1998). Entre a maior parte dos mamíferos, o ranqueamento de qualquer macho na hierarquia da dominância influencia muito seu possível acesso às fêmeas: o macho dominante usualmente tem várias fêmeas à disposição. No entanto, exceções podem apenas ocorrer em condições muito restritas, nos termos das habilidades cognitivas: machos inferiores apenas têm uma chance de acasalar se eles são capazes de enganar e escapar dos machos dominantes, que controlam suas fêmeas rigorosamente. Em caráter primário, isso só é possível em espécies que exibem habilidades mentais complexas, que são usadas para distrair a atenção dos rivais e para enviar sinais enganadores. Observações têm revelado que os babuínos-fêmea acasalam com machos de baixo ranqueamento atrás das rochas, enquanto chimpanzés na mesma situação cobrem seus pênis eretos com suas mãos diante de machos dominantes. Tais observações levam à conclusão que animais socialmente habilidosos – que têm um neocórtex grande – podem usar táticas comportamentais sutis de maneira a encontrar um(a) parceiro(a) mesmo quando eles dispõem de baixas posições na hierarquia da dominância.

3 Maquiavelismo: abordagens evolutivas e psicológicas

A hipótese da inteligência maquiavélica sugere que as pessoas podem obter vários benefícios da exploração bem-sucedida dos outros. Conquanto a teoria originalmente tenha sido aplicada aos primatas, o que, naturalmente, também inclui os *Homo sapiens*, os pesquisadores têm concordado que as estratégias manipuladoras e de logro têm uma contribuição essencial para a emergência do grande cérebro e da inteligência humana sem igual.

Essa explicação evolutiva guarda semelhanças com a explicação psicológica discutida nos capítulos prévios. Como visto anteriormente, muitos estudos têm demonstrado desde a publicação do clássico livro de Christie e Geis (1970) que pessoas são capazes e propensas a ludibriar os outros. A obra também revelou que há grandes diferenças individuais de níveis de maquiavelismo: pessoas diferem em sua pré-disposição no emprego de várias táticas manipuladoras de forma a obter benefícios. Quanto a isso, a hipótese da inteligência maquiavélica pode ser aplicada também aos humanos:

membros de nossas espécies usam várias formas de logro e trapaça como meios específicos de adaptação ao meio social.

Porém, em outro aspecto, há uma lacuna substancial entre as abordagens evolutiva e psicológica quanto ao maquiavelismo. As descobertas da última década não preencheram completamente a expectativa que a hipótese da inteligência maquiavélica poderia explicar plenamente o comportamento maquiavélico humano. Os capítulos prévios, com especial atenção às descobertas nos capítulos 11 e 12, têm demonstrado como as pessoas com altos índices de maquiavelismo apresentam relativamente pouca inteligência emocional e pouca habilidade de leitura mental. Consequentemente, isso produz a seguinte questão: como os maquiavélicos são tão bem-sucedidos na manipulação dos outros quando eles apresentam deficiências em qualidades que são essencialmente requeridas à manipulação? Como eles podem ser bem-sucedidos quando eles têm habilidades abaixo da média no reconhecimento de emoções alheias e na compreensão dos sentimentos, pensamentos e desejos dos outros?

Box 12.4 Um esboço de síntese

Até o presente momento, poucos autores tentaram uma síntese das abordagens evolutiva e psicológica do maquiavelismo. Uma das exceções é o compreensivo trabalho de David Sloan Wilson e seus colegas (WILSON; NEAR & MILLER, 1996), que foi o primeiro a integrar ambas as abordagens. Os autores afirmam que a Teoria da Evolução oferta um enquadramento conceitual excelente para uma explicação uniforme de um arco incrivelmente amplo de comportamentos maquiavélicos. Ademais, ele também permite que pesquisadores façam predições sobre tais fenômenos do maquiavelismo que não tinham sido estudados até então.

Os autores consideraram o maquiavelismo como uma forma de inteligência social exibida por muitas espécies de primatas, especialmente os símios. Quanto a isso, os humanos são caracterizados por suas qualidades únicas, uma vez que sua incomparável habilidade intelectual lhes permite manipular os outros de maneiras complexas e sofisticadas. Contudo, parece interessante lembrar que os estudos prévios não encontraram um relacionamento íntimo entre QI e os índices da Escala Mach – isto é, inteligência geral (cf. O'BOYLE et al., 2013). Os maquiavélicos não se destacam dos demais quanto à inteligência geral. No entanto, os autores apontaram que esse não é necessariamente o caso do meio de nossos ancestrais. Ademais, é digno de nota que, de um ponto de vista evolutivo, a manipulação bem-sucedida não requer necessariamente uma superioridade intelectual global por parte dos maquiavélicos, mas, por outro lado, exige certas habilidades mentais específicas. Tais habilidades permitem que uns enganem os outros sem riscos consideráveis de detecção.

O sucesso evolutivo do maquiavelismo foi posteriormente apoiado pelo fato de que os maquiavélicos frequentemente assumem posições de liderança nas companhias e instituições. Ademais, sua aparência encantadora e assertividade frequentemente os projetam aos papéis de liderança (cf. detalhes no cap. 2). Se este também foi o caso no passado, então eles presumivelmente alcançaram um alto *status* e respeito dentro de seus grupos, o que não implicava tão somente um sucesso social, mas também um sucesso reprodutivo. Mais especificamente, homens com altos *status* têm mais filhos biológicos quando colocados em oposição àqueles com baixos ranqueamentos; por outro lado, eles podem fornecer a garantia da sobrevivência e da difusão do maquiavelismo durante a evolução.

Igualmente, os princípios evolutivos podem explicar as diferenças sexuais quanto ao maquiavelismo. Enquanto a distribuição de homens e mulheres nos índices da Escala Mach se sobrepõe, os índices femininos são, em certa medida, menores do que os masculinos. Esse aspecto pode ser creditado à tendência competitiva entre homens, que é um "produto"

> da evolução. Os homens geralmente assumem grandes riscos e mais frequentemente exibem comportamentos não confiáveis, de modo a alcançar ganhos de recursos. Porém, os autores apontaram que as diferenças entre os sexos não incorrem tão somente na frequência de manipulação, mas também no estilo: é possível que homens prefiram formas mais evidentes, assertivas e violentas de manipulação, enquanto as mulheres escolhem táticas de logro mais encobertas, restritas e ocultas, tais como rumores casuais e fofocas. Pesquisas posteriores podem estabelecer qual hipótese evolutiva encontra ecos na realidade.

Nossa resposta para essa questão tem sido que os maquiavélicos demonstram características cognitivas e sociais únicas, que os permitem alcançar suas metas. Por outro lado, sua inteligência emocional e habilidade de leitura mental não são, em todos os aspectos, piores que as das demais pessoas. Em ambientes específicos – majoritariamente em relacionamentos interpessoais com condições ideais para o logro – eles definitivamente se mostram sensíveis às emoções e à vida interior alheia (cf. cap. 8 e 9). É preciso ressaltar ainda que os pesquisadores têm revelado que os maquiavélicos têm habilidades especiais. Em certas áreas, eles superam pessoas com baixos índices na Escala Mach. Por exemplo, eles apresentam uma aptidão exemplar no monitoramento do comportamento dos outros; eles exibem uma persistência sem igual para a orientação de tarefas, que está relacionada com suas capacidades de memória de trabalho. Em condições incertas e imprevistas, eles eficientemente avaliam formas e custos de obterem recompensas. Eles têm uma habilidade acima da média na inibição de emoções espontâneas e na seleção de alvos potenciais (cf. cap. 10 e 11). Tratando de maneira geral, pode-se afirmar que seus pensamentos e comportamentos são caracterizados por uma flexibilidade notável. Seus comportamentos apresentam uma natureza camaleônica: eles alteram suas atitudes conforme os outros, dependendo de seus próprios interesses e de certas circunstâncias, e eles estão pré-dispostos a desempenhar o "papel" de altruísta para enganar aqueles que os cercam.

Todas essas descobertas recentes da pesquisa psicológica são consistentes com o modelo evolutivo do maquiavelismo. No entanto, questões adicionais despontam, naturalmente. De que formas e através de quais processos mediadores as estratégias do maquiavelismo contribuem para os pensamentos e comportamentos da humanidade contemporânea? A partir de outra perspectiva: de quais formas os motivos evolutivos se manifestam nas ações dos maquiavélicos de nossos tempos? Essencialmente, essas questões dizem respeito à medida que a hipótese da inteligência maquiavélica pode contribuir, conforme nosso conhecimento atual, para uma compreensão válida da natureza humana. Certos aspectos dessa matéria são dignos de considerações adicionais.

4 Exigências do meio social

Uma proposição básica da hipótese da inteligência maquiavélica – assim como para as explicações pautadas na hipótese da inteligência social em geral – é que o meio social apresenta, quando comparado ao meio natural, desafios maiores aos primatas, uma vez que é mais complexo, diverso e variado. As mudanças contínuas e os rearranjos de relacionamentos entre membros do grupo impõem exigências substantivas para a adaptação individual, tais como, por exemplo, a persuasão dos outros na formação de coalisões, a preservação de ataques por parte dos outros, a reconciliação com inimigos antigos se necessário etc. Assim, a adaptação dinâmica da via social tem exercido uma pressão seletiva sobre as habilidades e qualidades especiais e sofisticadas que permitem aos membros do grupo usar tanto estratégias cooperativas quanto de engano dentro do grupo (WHITEN & BYRNE, 1997).

Contudo, meios sociais diversos e mutantes podem fornecer condições distintas, que requerem respostas específicas dos indivíduos. Aqueles que detêm habilidades manipuladoras acima da média podem igualmente ter que lidar com parceiros ora cooperativos, ora logradores, a depender de situações diferentes. Tudo leva a crer que os maquiavélicos são mais desafiados em um meio social cooperativo quando um meio não cooperativo impõe grandes exigências sobre os não maquiavélicos. Isto ocorre porque os maquiavélicos, que detêm uma visão de mundo cínica e uma atitude amoral, são mais propensos a aprovar formas variadas de engano, perfídia e logro. Em muitos casos, eles até mesmo consideram o comportamento antissocial como uma norma, assumindo que todos são essencialmente malévolos e imorais. Portanto, eles podem se encontrar em uma situação confusa quando confrontados com um comportamento generoso e cooperativo da parte dos outros. Tais situações presumivelmente requerem deles esforços adicionais de maneira a garantir seus próprios interesses. Entrementes, parceiros que propõem cooperação são alvos ideais da manipulação. Eles são fáceis de enganar e eles usualmente garantem grandes lucros, uma vez que eles se mostram, na maioria dos casos, despreparados quando defrontados com um cenário de manipulação.

Assim, espera-se que os maquiavélicos considerem situações cooperativas tanto como um fardo quanto como lucrativas. Nos termos da hipótese de inteligência maquiavélica, isso significa que a evolução de suas habilidades sociais e cognitivas foi primariamente dirigida para a seleção de parceiros colaboradores que podem ser eficientemente explorados. Os maquiavélicos têm que inferir todos os custos, benefícios e riscos associados tanto na rejeição quanto na exploração das cooperações. Os não maquiavélicos, por outro lado, que estão mais propensos a acreditar nos outros e seguir as normas sociais, têm uma tarefa mais simples na tomada de decisões: eles cooperam quando os outros cooperam, e eles negam cooperação quando são enganados pelos outros.

Descobertas experimentais apoiam essa ideia. No Jogo dos Bens Públicos, os maquiavélicos oferecem as menores somas ao grupo quando seus parceiros se mostram cooperativos (BERECZKEI & CZIBOR, 2015). No entanto, se os outros também apresentam um comportamento competitivo, eles não consideram pertinente o enfrentamento, uma vez que não há um indivíduo ingênuo a ser explorado. Um estudo de imagem cerebral que utilizou técnicas de ressonância magnética revelou que a atividade de indivíduos com altos índices na Escala Mach aumentou quando eles tinham que responder ofertas justas no Jogo dos Bens Públicos. Por outro lado, nenhum incremento de atividade foi encontrado quando eles recebiam ofertas por somas pequenas e injustas (BERECZKEI et al., 2015). Indivíduos com baixos índices na Escala Mach responderam de maneira diferente: eles apresentaram um incremento de atividade cerebral quando jogavam com pessoas pouco cooperativas, que pouco ou nada ofereciam aos primeiros jogadores. Uma possível explicação para essas descobertas é que os maquiavélicos consideram as situações de cooperação como os maiores desafios, uma vez que isso requer uma análise mais intensa da parte deles. Não foi por acaso que uma das áreas cerebrais que apresentam maior incremento de atividades durante o experimento – o córtex dorsolateral pré-frontal – desempenhou um papel importante na inibição de respostas emocionais espontâneas e na tomada de decisões utilitárias (cf. cap. 11). Tal descoberta presumivelmente reflete que um senso de reciprocidade induzido por uma oferta justa dos parceiros – o que é uma norma social extremamente forte – é reprimida e substituída por um algoritmo muito mais lucrativo do "dê pouco", como explicitado na atividade cerebral da área mencionada. Por outro lado, indivíduos com baixos índices de maquiavelismo que têm expectativas éticas mais altas consideram que lidar com os não cooperativos é um problema, algo que eles precisam resolver para evitar que sejam explorados.

Esses estudos demonstram que indivíduos com altos índices na Escala Mach usam suas habilidades cognitivas para avaliar as intenções cooperativas de seus parceiros e empreender táticas exploradoras quando os benefícios excedem os custos esperados. Presumivelmente, estas foram as vantagens derivadas da contínua exploração de alvos potenciais que a pressão seletiva exerceu sobre a inteligência maquiavélica durante a evolução. Em outras palavras, não foi o meio social em geral, mas algumas condições específicas que contribuíram à evolução das técnicas de manipulação. Essas condições compreendem relacionamentos interpessoais que permitem lucrar com a cooperação alheia. Isso é consistente com uma proposição básica importante das teorias da inteligência social: meios sociais complexos e mutáveis geram a habilidade de desenvolver soluções para problemas situacionais multifacetados (CROOK, 1988).

5 O indivíduo e o grupo

Como já foi discutido, um meio social complexo facilita o desenvolvimento de táticas manipuladoras. Tais táticas servem como benefícios individuais usualmente alcançados a expensas de membros companheiros do grupo. No entanto, a mencionada exploração tem um limite no senso evolutivo: a perda dos outros não pode alcançar uma extensão que coloque em perigo a coesão grupal, uma vez que a desintegração do grupo também colocaria em perigo o próprio interesse do maquiavélico: se não há grupo, não há alvo a ser explorado. Ademais, se muitos parceiros do grupo se tornarem vítimas das táticas manipuladoras, ou se a exploração exceder suas tolerâncias, então a manipulação torna-se muito "custosa" ao manipulador. Isso significa que o grupo responde com contramedidas e sanções punitivas. A manipulação irrestrita é fácil de detectar, uma vez que a comunidade pode impor sanções ao manipulador. Assim, os maquiavélicos precisam manter um balanço sensível, na maioria dos casos. A pressão evolutiva para a adaptação tem mantido a manipulação em um nível que ela ainda é lucrativa, mas não perigosa para a coesão grupal.

Os maquiavélicos atuais também parecem ser alvo de constrangimento. Em um experimento, vários indivíduos participaram de um jogo no qual poderiam ganhar diferentes somas de dinheiro (GEIS, 1970). Uma aliança feita por dois jogadores substancialmente aumentava suas chances de vitória, o que implicava naturalmente a divisão dos ganhos no final da partida. Jogadores aliados tinham que fazer uma promessa de que não quebrariam a aliança. Porém, caso a quebrassem, não enfrentariam qualquer sanção e poderiam lucrar individualmente. Não parece surpreendente que os maquiavélicos, diferentemente dos outros, quebrassem suas alianças com maior frequência no jogo, do qual obtinham lucro na maioria dos casos. Contudo, se eles inicialmente prometessem não quebrar a aliança, mantinham a palavra até o final. O resultado dessas observações sugere que, conquanto os maquiavélicos frequentemente caminham na contramão das expectativas do grupo, eles não quebram as regras quando isso implica a dissolução de uma aliança. Eles não o fazem porque, agindo assim, eles poderão sofrer sérias consequências ao longo do tempo. A quebra da promessa poderia desacreditá-los e colocá-los em uma situação de exposição para os outros, de forma que, no futuro, talvez na partida seguinte, fossem rejeitados como parceiros não confiáveis.

Naturalmente, os maquiavélicos também tentam gozar de uma reputação em suas comunidades. Uma forma peculiar reflete-se no experimento previamente apresentado (cap. 8), no qual os maquiavélicos são até mesmo pré-dispostos a ajudar estranhos quando amigos do grupo observam suas ações – mas não em outros casos (cf. BERECZKEI; BIRKAS & KEREKES, 2010). Em outras ocasiões, eles tentam produzir uma boa impressão diante dos outros (cap. 2). Em tais casos, os maquiavélicos positivamente buscam oportunidades de incrementar suas reputações e garantir a aprovação do grupo. Por um lado, isso pode aumentar a eficiência de suas subsequentes táticas de logro; por outro, isso pode também proteger a coesão do grupo. Outros ainda veem os maquiavélicos como pessoas contraditórias: "você deve ter cuidado com ele, porque, acima de tudo, ele não é uma má pessoa".

6 Mecanismos evolutivos

A ideia de uma possível síntese das abordagens evolutiva e psicológica do maquiavelismo provoca considerações ulteriores. Em uma perspectiva evolutiva – mais especificamente, quanto às últimas explicações – uma questão importante é que processos evolutivos têm desenvolvido as habilidades cognitivas e sociais que subjazem à manipulação (BERECZKEI, 2017). Que fatores do meio social têm afetado o desenvolvimento do maquiavelismo? Quais forças seletivas têm moldado a evolução das estratégias de manipulação. Vamos considerar as possíveis respostas.

6.1 Corrida armamentista

Muitas espécies exibem um comportamento enganador na forma de respostas automáticas e estereotipadas para situações específicas. Mariposas saturnídeas carregam grandes "olhos" coloridos sobre suas asas, que lembram os escrutinadores olhos de predadores (p. ex., corujas e águias). Quando um inimigo natural (p. ex., o Gaio azul) aparece, a mariposa abre suas asas e mostra os "olhos", o que produz medo em seus inimigos. O resultado momentâneo da petrificação do predador é suficiente para que a mariposa escape.

Comportamentos manipuladores exibidos por animais de alta ordem – humanos, naturalmente – envolvem majoritariamente alguma forma de intencionalidade. Tais táticas de logro ocorrem em circunstâncias que permitem aos indivíduos ajustar seus comportamentos para influências sutis e mudanças em seu ambiente social (HAUSER, 1997). Como nós discutimos previamente (cap. 10), uma característica fundamental do maquiavelismo é sua flexibilidade comportamental e variabilidade, que alguns tratam como caráter proteano ou natureza camaleônica. A plasticidade comportamental é, em geral, um mecanismo essencial que propicia aos indivíduos a adaptação às condições mutantes do meio. Quando a complexidade e variabilidade do meio aumentam, é de crítica importante ser capaz de alterar as reações continuamente, de acordo com a experiência prévia e com condições externas (TABORSKY & OLIVEIRA, 2012).

Em uma perspectiva evolutiva, a inteligência maquiavélica é um tipo especial de inteligência social que permite aos animais de alta ordem mudar continuamente suas táticas de logro, em harmonia com as mudanças em seus ambientes sociais. Evolucionistas sugerem que a inteligência maquiavélica compreende formas inovadoras e criativas de resolução de problemas sociais, características cruciais para um logro bem-sucedido (STRUM; FORSTER & HUTCHINS, 1997; HAUSER, 1997).

Box 12.5 Níveis de logro

Humanos e outros animais envolvem-se em várias formas de logro, que demonstram diferenças substantivas dependendo da natureza dos processos cognitivos subjacentes. As diferenças são primariamente determinadas pela intenção que motiva o comportamento enganador específico e pela extensão na qual este comportamento serve para a aquisição de recursos. O filósofo Daniel Dennett (1998) distinguiu diversos níveis de intencionalidade, o que pode importar para o logro, entre outras coisas. Essa "intencionalidade de ordem zero" não envolve nenhuma forma de intencionalidade, mas é simplesmente pautada em esquemas de estímulo e resposta gerados pela seleção natural, de maneira a aumentar as chances de sobrevivência e reprodução. O peixe-pescador-das-profundezas porta um tentáculo móvel – e, em alguns casos, até mesmo brilhante – para atrair outros peixes que nadam próximo dele. Esses últimos esperam capturar uma presa, mas, eventualmente, eles se tornam as presas do peixe-pescador-das-profundezas. A assim chamada "intencionalidade de ordem primária" difere da anterior, pois o animal desenvolve uma ação que tem por objetivo enganar outro indivíduo. Esse nível pode ser exemplificado com o caso do gato que mia desesperadamente em frente à porta; quando seu dono se levanta e o deixa entrar, o gato imediatamente ocupa o local do dono na poltrona situada diante da lareira. Apesar de sua aparente complexidade e propósito, esse comportamento presumivelmente é o resultado de um sistema de aprendizado associativo relativamente simples. Durante esse processo, o gato associa dois eventos prévios – a resposta produzida pelo miado e o conforto da poltrona vacante – em uma nova situação. A explicação do comportamento não pretende assumir que o gato tem intenções.

A forma mais simples de logro intencional é baseada na "intencionalidade de segunda ordem". Ele pode ser formalizado da seguinte forma: "X deseja que Y pense em Z, enquanto X não sabe sobre Z". Em outras palavras, um indivíduo

> manipula outro implantando uma falsa crença, de maneira a conseguir seu objetivo. Um exemplo adequado desse nível é o comportamento do jovem babuíno descrito anteriormente. Os humanos exibem, naturalmente, níveis substantivamente mais altos; eles são capazes de aplicar intencionalidades de quarta e quinta ordem: "Pedro quer que Helena acredite que João não quer explicar a Marta o motivo de Estevão ter chegado tarde".

Entre eles, um elemento importante é a dissimulação da intenção; a eficiência das táticas manipuladoras depende amplamente se o alvo detecta a intenção de logro. A dissimulação das intenções de manipulação e o empreendimento do sucesso são consideravelmente facilitados pela atitude proteana; ou seja, usando diversas táticas em constante mudança, o que torna o engano imprevisível. Devido aos benefícios da flexibilidade comportamental, a seleção natural pode ter favorecido a habilidade de desenvolver táticas alternativas, o que, por sua vez, pode ter facilitado a evolução de estratégias de manipulação cada vez mais sofisticadas.

Este processo está intimamente relacionado à "corrida armamentista" evolutiva (cf. box 12.6). Táticas de logro cada vez mais sofisticadas podem ter produzido um gradual desenvolvimento dos mecanismos psicológicos de detecção de logro; esta característica exerce, por sua vez, uma pressão seletiva para o desenvolvimento de técnicas ainda melhores de manipulação, reiniciando o ciclo. A evolução da inteligência maquiavélica pode ser representada por uma espiral ascendente no espaço e tempo: quanto mais complexa e manipuladora for determinada técnica, mais eficientes serão as ações contrárias desenvolvidas para evitar o logro (GOODY, 1997). Essa corrida armamentista resulta em um desenvolvimento acelerado de muitas habilidades cognitivas.

Ela leva à emergência de uma forma de flexibilidade manipuladora, que tem como uma de suas funções essenciais aumentar a imprevisibilidade do logro e evitar, portanto, a detecção.

Nota-se que os comportamentos manipuladores da natureza camaleônica deixam o alvo com sentimentos de incerteza quanto ao desfecho do evento, enquanto o comportamento cooperativo é baseado na previsibilidade das ações em vez de sua imprevisibilidade. Mais especificamente, a cooperação requer que os parceiros estejam em sintonia um com o outro, para reconhecer as intenções dos outros e planejar seus próximos movimentos conforme os comportamentos atuais de seus parceiros. Em outras palavras, a previsibilidade do comportamento do parceiro é benéfica em condições que contribuam para a evolução da empatia, confiança e honestidade (MILLER, 1997).

Box 12.6 Corrida armamentista

As transformações evolutivas são frequentemente dirigidas por processos que seguem a lógica de uma corrida armamentista. Por exemplo, predadores são bem-sucedidos se eles forem rápidos e fortes o suficiente para capturar a presa. Em resposta ao sucesso predatório, as presas empreendem uma transformação evolutiva que posteriormente implementa suas habilidades físicas e velocidade. Em troca, tal mudança exerce a pressão seletiva sobre a psique dos predadores, que melhoram ainda mais suas capacidades. Processos paralelos de seleção com efeitos opostos entram em jogo, nos quais as vantagens alcançadas por um lado fornecem a base para as mudanças vantajosas ao outro.

Essas corridas frequentemente aparecem em uma forma extremamente complexa e duram longos períodos (KREBS & DAVIES, 1981). Inicialmente, os ancestrais do cuco presumivelmente selecionavam alvos "ingênuos", isto é, indivíduos de espécies de aves (o "hospedeiro") que não distinguiria os ovos do cuco em seus ninhos. No entanto, como um resultado da mutação, a habilidade de reconhecer ovos emergiu nas espécies hospedeiras e gradualmente ampliou, aumentando o sucesso reprodutivo do hospedeiro. Em troca, os ovos deixados pelos cucos tornaram-se cada vez mais similares aos ovos dos próprios hospedeiros. Efeitos introduzidos por uma espécie são sempre seguidos por um contraefeito retardado por parte das outras espécies. Após um tempo, o cuco alcançou um limite na imitação dos ovos, forçando-os a mudar os hospedeiros: eles escolheram outras espécies de aves insuspeitas para chocarem seus ovos. Essa explicação pode explicar como várias espécies de aves (p. ex., o picanço-de-dorso-ruivo ou o pisco) foram expostas ao parasitismo do cuco no passado, e se suas habilidades no reconhecimento de ovos de fato foram aperfeiçoadas com o passar do tempo.

A corrida armamentista também desempenhou um papel importante na evolução humana. Para trazer um exemplo relacionado ao maquiavelismo: habilidades sofisticadas para enganar os outros e detectar o logro provavelmente foram desenvolvidas em um processo coevolutivo (TRIVERS, 1985). No início desse processo, uma forma primitiva de logro – pautado em uma completa negação de cooperação e reciprocidade – foi eliminada pela seleção natural, uma vez que ela é facilmente detectável e o grupo aplicou sanções vigorosas contra seu empreendedor. No entanto, formas mais moderadas de engano – que envolvem a reciprocidade, conquanto um dos lados sempre ganhe abaixo da média – continuaram a ser praticadas, incluindo as formas mais diversas de perfídia, hipocrisia e embuste. Destes tempos em diante, um jogo evolutivo complicado começou no meio social de nossos ancestrais. A seleção natural favoreceu formas cada vez mais complicadas de logro enquanto, ao mesmo tempo, elas também facilitaram a emergência e processos perceptivos e cognitivos, que serviram rápida e eficientemente para a detecção de logradores. Isso exerceu, por sua vez, uma pressão seletiva para o desenvolvimento de formas mais sofisticadas de logro, o que resultou em técnicas cada vez mais complicadas de detecção, e assim por diante. A situação atual é que as pessoas apresentam alto desempenho em ambos os lados. Mesmo se não levarmos em consideração o discurso e apenas a comunicação não verbal, as pessoas podem exibir um incrível e sofisticado repertório de mentiras e técnicas de logro. As pessoas são capazes de ocultar suas expressões faciais, sobretudo àquelas que eles não desejam comunicar publicamente (EKMAN, 1991). No entanto, estudos dos últimos 15 anos têm claramente demonstrado que mecanismos psicológicos sofisticados também servem para a detecção de logros: a maioria das pessoas é capaz de indicar quem enganou quem em uma situação prévia com base apenas nas expressões faciais do embusteiro (BALINT-KOVACS; HERNANDI & BERECZKEI, 2013; VERSPLAETSE et al., 2007).

6.2 Seleção de frequência-dependência

Além da corrida armamentista, outro mecanismo evolutivo também pode ter contribuído para o desenvolvimento da flexibilidade comportamental maquiavélica. Ele é conhecido como a seleção de frequência-dependência, e é conduzido por dinâmicas muito peculiares (cf. box 12.7). Conforme discutido previamente, o maquiavelismo provou-se como uma estratégia lucrativa diante de certas condições durante a evolução; os maquiavélicos aperfeiçoaram, por sua vez, suas chances de sobrevivência e reprodução, uma vez que seus números começaram a crescer em termos populacionais. No entanto, quanto maior esse crescimento em uma dada comunidade, maiores foram os desafios que eles enfrentaram. A probabilidade de serem detectados cresceu conforme o risco que maquiavélicos poderiam encontrar ao tentar tirar vantagem uns dos outros. Paralelamente, a estratégia maquiavélica exigia mais e mais investimentos, enquanto ela tornava-se cada vez menos lucrativa, o que resultou em um contínuo declínio no número de maquiavélicos. Porém, esse processo alcançou certo ponto, até que o maquiavelismo se tornasse lucrativo novamente. Especificamente, uma quantidade menor de maquiavélicos combinada com uma quantidade maior de colaboradores resultou no aumento da quantidade de alvos potenciais, uma vez que um investimento menor passou a gerar menos investimento. Tal flutuação contínua pode ter conduzido ao desenvolvimento de um amplo leque de técnicas manipuladoras. Algumas delas apoiam a adaptação em tempos de fartura de recursos, enquanto outras servem para sobreviver em condições adversas.

Box 12.7 Seleção derivada da frequência-dependência

Raramente e em certas condições, alguns indivíduos assumem uma posição vantajosa em termos de adaptação ao meio, conquanto seus números permaneçam até um determinado limite. Em paralelo com seu número crescente, suas vantagens gradualmente diminuem. Os grandes machos do peixe-boi ocupam territórios que fornecem muito alimento e tentam atrair as fêmeas com altos coaxos. Os machos pequenos, por outro lado, que não são fortes o suficiente para ocupar determinado território, seguem uma estratégia alternativa. Sua aparência engana os donos do território, que não os consideram rivais. Esses sapos-satélite aguardam em silêncio nas proximidades do macho dominante, e quando a fêmea se aproxima, os machos menores tentam acasalar com elas. Mesmo que suas chances de cópula sejam substancialmente menores do que as dos machos dominantes (apenas 4 ou 5 de 73 dos acasalamentos envolvem jovens machos), essa estratégia ainda oferece a eles uma oportunidade de reprodução apesar de seu desenvolvimento físico inferior. No entanto, quanto mais sapos-satélite houver e quanto menor for o território dos dominantes, os sapos-satélite terão menos chances de competir pelas fêmeas.

Observada em animais e humanos, a distribuição 50-50 entre sexos é considerada o resultado de uma seleção derivada da seleção frequência-dependência (TRIVERS, 1985). É sabido que a maioria das espécies tem proles com números relativamente iguais de machos e fêmeas. Anteriormente, isso era explicado por uma Teoria da Seleção de Grupo, que sugeria o "interesse" de cada espécie em formar casais entre indivíduos, capacitando a maior descendência possível. No entanto, muitos problemas decorrem da validade dessa explicação; ademais, a seleção frequência-dependência tem dominado a discussão sobre a emergência da paridade. O argumento para esta hipótese é: suponhamos que uma população dispõe de menos machos do que fêmeas. Os machos, que podem facilmente encontrar uma ou várias parceiras entre as disponíveis, têm uma prole biológica maior, entre os quais os machos continuam em termos vantajosos, e assim por diante. Contudo, a vantagem inicial dos machos declina conforme o tempo passa, uma vez que o crescente aumento de machos diminui a oferta de fêmeas nesta população animal. Ademais, após certo ponto, os casais ficam mais propensos a gerarem fêmeas, que alcançarão vantagens na escolha dos parceiros e da reprodução, diante da grande quantidade de machos. Este processo contínuo de oscilação evolutiva alcança um equilíbrio no longo termo: grosseiramente falando, nascem machos e fêmeas na mesma quantidade.

Nenhum experimento ou simulação de computador ainda foi capaz de desenvolver um modelo do papel da seleção derivada da frequência-dependência na evolução do maquiavelismo. Porém, há descobertas científicas sugerindo que esse mecanismo evolutivo pode ter contribuído para a diversidade de táticas maquiavélicas. Os pesquisadores revelaram de forma relativamente precoce que o sucesso ou o insucesso no logro – e, consequentemente, na quantidade de maquiavélicos em uma população – depende amplamente da probabilidade de detecção e em custos e desvantagens associadas à detecção de maquiavélicos (DUNBAR, 1998; HAUSER, 1997). Noutra perspectiva, seria possível sugerir que a frequência da manipulação também depende de quais estratégias são usadas para quais alvos potenciais e em que medida os maquiavélicos lucram em cada situação. Quando os benefícios da manipulação diminuem, as pessoas presumivelmente estão menos predispostas a utilizar estratégias de exploração alheia. Em um estudo, jovens adultos jogaram o Jogo dos Bens Públicos (box 8.3). Um comportamento individual foi denominado como "estratégia traidora" se a média das somas transferidas para a conta do grupo não excedesse 20% de seus fundos privados. Uma estratégia individual era considerada altruísta se a média das contribuições para a piscina pública chegasse a 80% de seus fundos. Não parece surpreendente que uma diferença substantiva foi encontrada entre "traidores" e "altruístas" quanto aos seus índices na Escala Mach (108 e 97, respectivamente). O estudo descobriu que o número de "traidores" era maior quando muitos jogadores seguiam uma estratégia altruísta – isso ocorria com mais frequência nos estágios iniciais do jogo. Quando o altruísmo diminuía – usualmente na terceira rodada –, a quantidade daqueles que tentavam obter vantagens também diminuía. Infelizmente, o experimento não ofereceu uma oportunidade para observar a tendência contrária. Portanto, a questão permanece, a saber, se a estratégia "traidora" se torna mais frequente quando a quantidade de "altruístas" diminui por qualquer razão.

7 Sumário: os custos e benefícios do maquiavelismo

Tanto a corrida armamentista quanto a seleção derivada da frequência-dependência estão intimamente ligadas ao fato de que qualquer população demonstra uma ampla variação nos índices da Escala Mach. Todos os estudos relacionados mostram que o nível de maquiavelismo varia de indivíduo para indivíduo, independentemente do teste específico ou da escala usada. Alguns não apresentam uma visão de mundo cínica, grosseria e intenções manipuladoras, enquanto outros exibem altos níveis dessas características. Naturalmente, a maioria das pessoas ocupam posições intermediárias entre os dois extremos: eles usualmente tentam cooperar, enquanto algumas vezes eles também estão pré-dispostos a tirar vantagens dos outros.

Até o momento, essa diversidade comportamental tem sido considerada evidente: qualquer população, sociedade ou grupo mostra uma distribuição, *grosso modo*, normal de maquiavelismo, assim como de qualquer outro traço de personalidade ou habilidade intelectual. Quanto a este ponto, a questão é a razão do desenvolvimento de tamanha diversidade. Daniel Nettle (2006, 2007) argumenta que as diferenças entre os indivíduos e grupos foram desenvolvidas no curso da evolução, de maneira que os organismos pudessem se adaptar às faixas específicas de condições ambientais. Desse modo, a questão requer a identificação das diversas manifestações de uma estratégia de comportamento universal – neste caso, do maquiavelismo – e suas condições de evolução. Nettle sugere que a variabilidade comportamental e genética é mais bem explicada ao considerar os custos e benefícios evolutivos de determinado comportamento, de modo a identificar as formas ótimas de adaptação ao colocar as duas faces uma contra a outra.

Os estudos aqui apresentados claramente demonstram que um alto nível de maquiavelismo frequentemente mostra-se benéfico. Os maquiavélicos são, de maneira geral, bem-sucedidos quando tiram vantagem dos outros, especialmente em meios imprevisíveis (p. ex., em uma situação de dilema social) e em condições em que faltam regras estritas e claras (quando não há punição aplicável). No entanto, aqueles que dispõem de altos índices na Escala Mach pagam o preço pelo seu sucesso. Eles são facilmente reconhecidos e detectados em uma pequena comunidade unida pautada em laços pessoais (um grupo de amigos ou uma comunidade de trabalho). No longo prazo, eles podem perder seu capital social previamente adquirido através de um decréscimo de simpatia. Tal perda pode ter consequência substantivas nas sociedades atuais, assim como em sociedades tradicionais de caçadores-coletores, como alguns estudos revelaram, ou seja, em meios evolutivos onde um indivíduo que perde a aprovação de sua comunidade é condenado à morte, tanto no sentido social (ostracismo) quanto no biológico (BERECZKEI, 2009).

Considerando o outro lado do espectro, ou seja, as consequências do comportamento dos indivíduos com baixos índices na Escala Mach, a imagem igualmente oferta diversas formas de custos e benefícios. As pessoas que apresentam baixos níveis de maquiavelismo superam os maquiavélicos na maioria das situações sociais que requerem atitudes coordenadas. A cooperação requer alguma forma de empatia, sintonia mútua e compreensão, características que normalmente faltam aos maquiavélicos. Ademais, indivíduos com baixos índices na Escala Mach também podem ter vantagens em meios onde as normas sociais são observadas e a não conformidade é sancionada. Por outro lado, esses indivíduos com baixos índices na Escala Mach frequentemente estão em desvantagem em situações sociais que envolvem emoções intensas. Este livro apresentou diversos experimentos que demonstram como eles raramente são capazes de desprenderem-se de suas influências emocionais e dos aspectos relativos aos valores de uma dada situação; outrossim, o envolvimento emocional dos indivíduos com baixos índices na Escala Mach frequentemente dificulta o discernimento e o pensamento racional.

À luz dessas questões, o maquiavelismo pode ser considerado um *continuum* que abrange várias combinações de custos e benefícios de vários níveis. Ademais, é presumível que um produto ótimo seja encontrado no ponto médio desse espectro: indivíduos posicionados nessa faixa são manipuladores o suficiente para obter certos recursos, mas não a ponto de arriscar perdê-los. Seja como for, tais estratégias não eliminam a diversidade do maquiavelismo, em particular porque as mudanças do meio produzem transformações no balanço ótimo momentâneo entre custos e benefícios, que estão em perpétua modificação no tempo e no espaço. Como nós vimos, em um meio onde a manipulação é fácil de detectar, os maquiavélicos esperam lucrar com algo da cooperação fingida, até que as condições do meio social permitam-lhes fazer uso de táticas manipuladoras muito mais lucrativas. Ademais, os lucros gozados pelos maquiavélicos também dependem daquilo que é mais frequentemente usado em termos de estratégias comportamentais e em determinada população, trazendo à baila a seleção derivada da frequência-dependência. Em um meio onde a maioria dos indivíduos de determinada população são altruístas, sendo, deste modo, alvos "fáceis", os maquiavélicos podem eficientemente alcançar seu próprio interesse. Esses processos evolutivos resultam em um amplo espectro de maquiavelismo na população, e cada um desses pontos representa uma adaptação para uma situação social específica.

Referências

ALAIN, S.; CARRE, A.; Fantini-Hauwel, C.; BAUDOUIN, J. & BESCHE--RICHARD, C. (2013). What is the emotional core of the multidimensional Machiavellian personality trait? *Frontiers in Psychology*, 4, p. 454.

ALI, F.; AMORIM, S. & CHAMORRO-PREMUZIC, T. (2009). Empathy deficits and trait emotional intelligence in psychopathy and Machiavellianism. *Personality and Individual Differences*, 47, p. 758-762.

ALI, F. & CHAMORRO-PREMUZIC, T. (2010). Investigating theory of mind deficits in nonclinical psychopathy. *Personality and Individual Differences*, 49, p. 169-174.

ANDREW, J.; COOKE, M. & MUNCER, S.J. (2008). The relationship between empathy and Machiavellianism: An alternative to empathizing-systemizing theory. *Personality and Individual Differences*, 44, p. 1.203-1.211.

ANDREWS, P.W. (2002). The influence of postreliance detection on the deceptive efficacy of dishonest signals of intent: Understanding facial clues to deceit as the outcome of signaling tradeoffs. *Evolution and Human Behavior*, 23, p. 103-122.

APPERLY, I. (2011). *Mindreaders*: The Cognitive Basis of "Theory of Mind". New York: Psychology Press.

AUSTIN, E.J.; FARRELLY, D.; BLACK, C. & MOORE, H. (2007). Emotional intelligence, Machiavellianism and emotional manipulation: Does EI have a dark side? *Personality and Individual Differences*, 43, p. 179-189.

AUSTIN, E.J. & O'DONELL, M.M. (2013). Development and preliminary validation of a scale to assess managing the emotions of others. *Personality and Individual Differences*, 55, p. 834-839.

AZIZLI, N.; ATKINSON, B.E.; BAUGHMAN, H.M.; CHIN, K.; VERNON, P.A.; HARRIS, E. & VESELKA, L. (2016). Lies and crimes: Dark Triad, misconduct, and high-stakes deception. *Personality and Individual Differences*, 89, p. 34-39.

BATSON, C.D. (2009). These things called empathy: Eight related but distinct phenomena. In: DECETY, J. & ICKES, W. (eds.). *The Social Neuroscience of Empathy*. Cambridge: MIT Press, p. 3-15.

BAUGHMAN, H.M.; JONASON, P.K.; LYONS, M. & VERNON, P.A. (2014). Liar liar pants on fire: Cheater strategies linked to the Dark Triad. *Personality and Individual Differences*, 71, p. 35-38.

BAUMGARTNER, T.; FISCHBACHER, U.; FEIERABEND, A.; LUTZ, K. & FEHR, E. (2009). The neural circuitry of a broken promise. *Neuron*, 64, p. 756-770.

BELSKY, J.; STEINBERG, L. & DRAPER, P. (1991). Childhood experience, interpersonal development, and reproductive strategy: An evolutionary theory of socialization. *Child Development*, 62, p. 647-670.

BENJAMIN, J.; EBSTEIN, R.P. & BELMAKER, R.H. (2005). *Molecular Genetics and the Human Personality*. Washington: American Psychiatric Publishing.

BERECZKEI, T. (2017). Machiavellian intelligence hypothesis revisited: What evolved cognitive and social skills may underlie human manipulation. *Evolutionary Behavioral Sciences*.

_____ (2015). The manipulative skill: Cognitive devices and their neural correlates underlying Machiavellian's decision making. *Brain and Cognition*, 99, p. 24-31.

BERECZKEI, T. & BIRKAS, B. (2014). The insightful manipulator: Machiavellians' interpersonal tactics may be linked to their superior information processing skills. *International Journal of Psychological Studies*.

BERECZKEI, T.; BIRKAS, B. & KEREKES, Z. (2010). The presence of others, prosocial traits, Machiavellism: A personality X situation approach. *Social Psychology*, 41, p. 238-245.

BERECZKEI, T. & CSANAKY, A. (2001). Stressful family environment, mortality, and child socialization: Life-history strategies among adolescents and adults from unfavourable social circumstances. *International Journal of Behavioral Development*, 25, p. 501-508.

BERECZKEI, T. & CZIBOR, A. (2014). Personality and situational factors differently influence high Mach and low Mach persons' decisions in a social dilemma game. *Personality and Individual Differences*, 64, p. 168-173.

BERECZKEI, T.; DEAK, A.; PAPP, P.; KINCSES, P.; PERLAKI, G. & GERGELY, O. (2015). The neural bases of the Machiavellians' decision making in fair and unfair situations. *Brain and Cognition*, 98, p. 53-64.

BERECZKEI, T.; DEAK, A.; PAPP, P.; PERLAKI, G. & GERGELY, O. (2013). Neural correlates of Machiavellian strategies in a social dilemma task. *Brain and Cognition*, 82, p. 108-116.

BERECZKEI, T.; SZABO, Z.P. & CZIBOR, A. (2015). Abusing good intentions: Machiavellians strive for exploiting cooperators. *Sage Open Publications*, abr.-jun., p. 1-5.

BIRKÁS, B. & CSATHÓ, A. (2015). Size the day: The time perspectives of the Dark Triad. *Personality and Individual Differences*, 86, p. 318-320.

BIRKÁS, B.; CSATHÓ, Á.; GÁCS, B. & BERECZKEI, T. (2015). Nothing ventured nothing gained: Strong associations between reward sensitivity and two measures of Machiavellianism. *Personality and Individual Differences*, 74, p. 112-115.

BIRKÁS, B.; GÁCS, B. & CSATHÓ, Á. (2016). Keep calm and don't worry: Different Dark Triad traits predict distinct coping preferences. *Preferences and Individual Differences*, 88, p. 134-138.

BOGART, K.; GEIS, F.; LEVY, M. & ZIMBARDO, P. (1970). No dissonance for Machiavellians. In: CHRISTIE, R. & GEIS, F. (eds.). *Studies in Machiavellianism*. Nova York: Academic Press, p. 236-259.

BORGERHOFF-MULDER, M. (1992). Reproductive decisions. In: SMITH, E.A. & WINTERHALDER, B. (eds.). *Evolutionary Ecology and Human Behavior*. Nova York: Aldine de Gruyter, p. 339-374.

BYRNE, R. (1997). The technical intelligence hypothesis: An additional evolutionary stimulus to intelligence? In: WHITEN, A. & BYRNE, R.

(eds.). *Machiavellian Intelligence II*. Cambridge: Cambridge University Press, p. 289-311.

_____ (1995). *Thinking Ape*: Evolutionary Origins of Intelligence. Oxford: Oxford University Press.

BYRNE, R.W. & WHITEN, A. (eds.) (1988). *Machiavellian Intelligence*: Social Expertise and the Evolution of Intellect in Monkeys, Apes, and Humans. Oxford: Clarendon Press.

CAMPBELL, J.D.; SCHERMER, J.A.; VILLANI, V.C.; NGUYEN, B.; VICKERS, L. & VERNON, P.A. (2009). A behavioral genetic study of the Dark Triad of personality and moral development. *Twin Research and Human Genetics*, 12, p. 132-136.

CARVER, C.S. & SCHEIER, M. (1998) *Perspectives on Personality*. Nova Jersey: Pearson Education.

CHERULNIK, P.D.; WAY, J.H.; AMES, S. & HUTTO, D.B. (1981). Impressions of high and low Machiavellian men. *Journal of Personality*, 49, p. 388-400.

CHRISTIE, R. & GEIS, F. (1970). *Studies in Machiavellianism*. Nova York: Academic Press.

CHUNG, K.L. & CHARLES, K. (2016). Giving the benefit of the doubt: The role of vulnerability in the perception of Dark Triad behaviors. *Personality and Individual Differences*, 101, p. 208-213.

COOPER, S. & PETERSON, C. (1980). Machiavellianism and spontaneous cheating in competition. *Journal of Research in Personality*, 14, p. 70-75.

COSMIDES, L. & TOOBY, J. (1992). Cognitive adaptations for social exchange. In: BARKOW, J.; COSMIDES, L. & TOOBY, J. (eds.) *The Adapted Mind*: Evolutionary Psychology and the Generation of Culture. Nova York: Oxford University Press, p. 163-228.

CRAWFORD, C. (1998). Environments and adaptations: Then and now. In: CRAWFORD, C.B. & KREBS, D.L. (eds.). *Handbook of Evolutionary Psychology*: Ideas, Issues, and Applications. Mahwah, NJ: Lawrence Erlbaum, p. 275-302.

CROOK, J.H. (1988). The experimental context of intellect. In: BYRNE, R. & WHITEN, A. (eds.). *Machiavellian Intelligence*: Social Expertise and the Evolution of Intellect in Monkeys, Apes, and Humans. Oxford: Clarendon Press, p. 347-362.

CRYSEL, L.C.; CROSIER, B.S. & WEBSTER, G.D. (2013). The Dark Triad and risk behavior. *Personality and Individual Differences*, 54, p. 35-40.

CZIBOR, A. & BERECZKEI, T. (2012). Machiavellian people's success results from monitoring their partners. *Personality and Individual Differences*, 53, p. 202-206.

CZIBOR, A.; VINCZE, O. & BERECZKEI, T. (2014). Feelings and motives underlying Machiavellian behavioural strategies; narrative reports in a social dilemma situation. *International Journal of Psychology*, 49, p. 519-524.

DAVIES, M. & STONE, T. (2003). Synthesis: Psychological understanding and social skills. In: REPACHOLI, B. & SLAUGHTER, V. (eds.). *Individual Differences in the Theory of Mind*: Implications for Typical and Atypical Development. Hove, UK: Psychology Press, p. 305-352.

DAWKINS, R. & KREBS, J.R. (1978). Animal signals: Information or manipulation? In: KREBS, J.R. & DAVIES, N.B. (eds.). *Behavioral Ecology*: An Evolutionary Approach. Oxford: Blackwell Scientific Publication, p. 282-309.

DELUGA, R.J. (2001). American presidential Machiavellianism: Implications for charismatic leadership and rated performance. *Leadership Quarterly*, 12, p. 339-363.

DE RAAD, B. (2005). The trait-coverage of emotional intelligence. *Personality and Individual Differences*, 38, p. 673-687.

DIGMAN, J.M. (1990). Personality structure: Emergence of the five-factor model. *Annual Review of Psychology*, 41, p. 417-440.

DREISBACH, G. & FISCHER, R. (2012). Conflicts as aversive signals. *Brain and Cognition*, 78, p. 94-98.

DULEBOHN, J.H.; CONLON, D.E.; SARINOPULUS, I.; DAVISON, R.B. & McNAMARA, G. (2009). The biological bases of unfairness: Neuroimaging evidence for the distinctiveness of procedural and distributive justice. *Organizational Behavior and Human Decision Processes*, 110, p. 140-151.

DUNBAR, R.I.M. (2002). Why are apes so smart? In: KAPELLER, P.M. & PERRIERA, M. (eds.). *Primate Life Histories*. Cambridge: MIT Press.

_____ (1998). The social brain hypothesis. *Evolutionary Anthropology*, 6, p. 178-190.

_____ (1992). Neocortex size as a constraint on group size in primates. *Journal of Human Evolution*, 20, p. 469-493.

DURKIN, J.E. (1970). Encountering: What low Machs do. In: CHRISTIE, R. & GEIS, F. (eds.). *Studies in Machiavellianism*. Nova York: Academic Press, p. 260-284.

EGAN, V.; CHAN, S. & SHORTER, G.W. (2014). The Dark Triad, happiness, and subjective wellbeing. *Personality and Individual Differences*, 67, p. 17-22.

EIBL-EIBESFELDT, I. (1989). *Human Ethology*. Nova York: Aldine de Gruyter.

EKMAN, P. (1991). Who can catch a liar? *American Psychologist*, 46, p. 913-920.

ELLIS, B.J. & GARBER, J. (2000). Psychological antecedents of variation in girls' pubertal timing: Maternal depression, stepfather presence, and marital and family stress. *Child Development*, 71, p. 485-501.

ELLIS, B.J.; McFADYEN-KETCHUM, S.; DODGE, K.A.; PETTIT, G.S. & BATES, J.E. (1999). Quality of early family relationships and individual differences in the timing of pubertal maturation in girls: A longitudinal test of an evolutionary model. *Journal of Personality and Social Psychology*, 77, p. 387-401.

ESPERGER, Z. & BERECZKEI, T. (2012) Machiavellianism and spontaneous mentalization: One step ahead of others. *European Journal of Personality*, 26, p. 580-587.

ETKIN, A.; EGNER, T. & KALISCH, R. (2011). Emotional processing in anterior cingulated and medial prefrontal cortex. *Trends in Cognitive Sciences*, 15, p. 85-93.

EVANS, J.S.B.T. (2010). *Thinking Twice*: Two Minds in One Brain. Oxford: Oxford University Press.

EXLINNE, R.V.; THIABAUT, J.; HICKEY, C. & GUMPART, P. (1970). Visual interaction in relation to Machiavellianism. In: CHRISTIE, R. & GEIS, F. (eds.). *Studies in Machiavellianism*. Nova York: Academic Press, p. 53-76.

EYSENCK, H.J. (1970). *The Structure of Human Personality.* Londres: Methuen.

FEHR, B.; SAMSOM, B. & PAULHUS, D.L. (1992). The construct of Machiavellianism: Twenty years later. In: SPIELBERGER, C.D. & BUTCHER, J.N. (eds.). *Advances in Personality Assessment.* Hillsdale, NJ: Erlbaum, p. 77-116.

FIGUEREDO, A.J.; VASQUEZ, G.; BRUMBACH, B.H.; SEFCEK, J.A.; KIRSNER, B.R. & JACOBS, W.J. (2005). The K-factor: Individual differences in life history strategy. *Personality and Individual Differences*, 39, p. 1.349-1.360.

FURNHAM, A.; RICHARDS, S.C. & PAULHUS, D.L. (2013). The Dark Triad personality: A 10 year review. *Social and Personality Psychology Compass*, 7, p. 199-216.

GABLE, M.; HOLLON, C. & DANGELLO, F. (1992). Managerial structuring of work as a moderator of the Machiavellianism and job performance relationship. *Journal of Psychology*, 126, p. 317-325.

GEIS, F. (1970). The con game. In: CHRISTIE, R. & GEIS, F. (eds.). *Studies in Machiavellianism.* Nova York: Academic Press, p. 130-160.

GEIS, F. & CHRISTIE, R. (1970). Overview of experimental Research. In: CHRISTIE, R. & GEIS, F. (eds.). *Studies in Machiavellianism.* Nova York: Academic Press, p. 285-313.

GEIS, F.; CHRISTIE, R. & NELSON, C. (1970). In search of the Machiavelianism. In: CHRISTIE, R. & GEIS, F.L. (eds.). *Studies in Machiavellianism.* Nova York: Academic Press, p. 76-95.

GEIS, F. & LEVY, M. (1970). The eye of the beholder. In: CHRISTIE, R. & GEIS, F. (eds.) *Studies in Machiavellianism.* Nova York: Academic Press, p. 210-235.

GEIS, F.; WEINHEIMER, S. & BERGER, D. (1970). Playing legislature: Cool heads and hot issues. In: CHRISTIE, R. & GEIS, F. (eds.). *Studies in Machiavellianism.* Nova York: Academic Press, p. 190-209.

GEIS, F.L. (1978). Machiavellianism. In: LONDON, H. & EXNER, J.E. (eds.). *Dimensions of Personality.* Nova York: Wiley, p. 305-363.

GEIS, F.L. & MOON, H. (1981). Machiavellianism and deception. *Journal of Personality and Social Psychology*, 41, p. 766-775.

GIAMMARCO, E.A.; ATKINSON, B.; BAUGHMAN, H.M.; VESELKA, L. & VERNON, P.A. (2013). The relation between antisocial personality and the perceived ability to deceive. *Personality and Individual Differences*, 54, p. 246-250.

GINTIS, H.; BOWLES, S.; BOYD, R. & FEHR, E. (2003). Explaining altruistic behavior in humans. *Evolution and Human Behavior*, 24, p. 153-172.

GOODY, E.N. (1997). Social intelligence and language: Another Rubicon. In: WHITEN, A. & BYRNE, R.W. (eds.). *Machiavellian Intelligence II*: Extensions and Evaluations. Cambridge: Cambridge University Press, p. 365-396.

GRABER, J.A.; BROOKS-GUNN, J. & WARREN, M.P. (1995). The antecedents of menarcheal age: Heredity, family environment, and stressful life events. *Child Development*, 66, p. 346-359.

GRAMS, W.C. & ROGERS, R.W. (1990). Power and personality: Effects of Machiavellianism, need for approval, and motivation on use of influence tactics. *The Journal of General Psychology*, 117, p. 71-82.

GRIEVE, R. (2011). Mirror mirror: The role of self-monitoring and sincerity in emotional manipulation. *Personality and Individual Differences*, 51, p. 981-985.

GUNNTHORSDOTTIR, A.; McCABE, K. & SMITH, V. (2002). Using the Machiavellianism instrument to predict trustworthiness in a bargaining game. *Journal of Economic Psychology*, 23, p. 49-66.

HARRELL, W.A. & HARTNAGEL, T. (1976). The impact of Machiavellianism and the trustfulness of the victim on laboratory theft. *Sociometry*, 39, p. 157-165.

HAUSER, M.D. (1997). Minding the behavior of deception. In: WHITEN, A. & BYRNE, R.W. (eds.). *Machiavellian Intelligence II*: Extensions and Evaluations. Cambridge: Cambridge University Press, p. 112-143.

HAWLEY, P.H. (2006). Evolution and personality: A new look at Machiavellianism. In: MROCZEK, D. & LITTLE, T. (eds.). *Handbook of Personality Development*. Mahwah, NJ: Lawrence Erlbaum, p. 147-161.

HEINRICH, J.; BOYD, R.; BOWLES, S.; CAMERER, C.; FEHR, E. & GINTIS, H. (2005). Economic man in cross-cultural perspective: Behavioral experiments in 15 small-scale societies. *Behavioral and Brain Sciences*, 28, p. 1-46.

HOLTZMAN, N.S. (2011). Facing a psychopath: Detecting the Dark Triad from emotionally-neutral faces, using prototypes from the Personality Faceaurus. *Journal of Research in Personality*, 45, p. 648-654.

HUMPHREY, N.K. (1976). The social function of intellect. In: BATESON, P.P.G. & HINDE, R.A. (eds.). *Growing Points in Ethology*. Cambridge: Cambridge University Press, p. 303-317.

JACOBWITZ, S. & EGAN, V. (2006). The Dark Triad and normal personality traits. *Personality and Individual Differences*, 40, p. 331-339.

JONASON, P.K.; KOENIG, B.L. & TOST, J. (2010). Living a fast life: The Dark Triad and life history theory. *Human Nature*, 21, p. 428-442.

JONASON, P.K. & KRAUSE, L. (2013). The emotional deficits associated with the Dark Triad traits: Cognitive empathy, affective empathy, and alexithymia. *Personality and Individual Differences*, 55, p. 532-537.

JONASON, P.K. & LAVERTU, A.N. (2017). The reproductive costs and benefits associated with the Dark Triad traits in women. *Personality and Individual Differences*, 110, p. 38-40.

JONASON, P.K.; LI, N.P.; WEBSTER, G.D. & SCHMITT, D.P. (2009). The Dark Triad: Facilitating a short-term mating strategy in men. *European Journal of Personality*, 23, p. 5-18.

JONASON, P.K.; LUEVANO, V.X. & ADAMS, H.M. (2012). How the Dark Triad traits predict relationship choices. *Personality and Individual Differences*, 53, p. 180-184.

JONASON, P.K.; LYONS, M.; BAUGHMAN, H.M. & VERNON, R.A. (2014). What a tangled web we weave: The Dark Triad traits and deception. *Personality and Individual Differences*, 70, p. 117-119.

JONASON, P.K.; LYONS, M. & BETHELL, E. (2014). The making of Darth Vader: Parent-child care and the Dark Triad. *Personality and Individual Differences*, 67, p. 30-34.

JONASON, P.K.; STROSSER, G.L.; KROLL, C.H.; DUINEVELD, J.J. & BARUFFI , S. A. (2015). Valuing myself over others: The Dark Triad traits and moral and social values. *Personality and Individual Differences*, 81, p. 102-106.

JONASON, P.K., & WEBSTER, G.D. (2012). A protean approach to social influence: Dark Triad personalities and social influence tactics. *Personality and Individual Differences*, 52, p. 521-526.

JONES, D.N. (2014). Risk in the face of retribution: Psychopathic individuals persist in financial misbehavior among Dark Triad. *Personality and Individual Differences*, 67, p. 109-113.

JONES, D.N. & FIGUEREDO, A.J. (2013). The core of darkness: Uncovering the heart of the Dark Triad. *European Journal of Personality*, 27, p. 521-531.

JONES, D.N. & PAULHUS, D.L. (2011). The role of impulsivity in the Dark Triad of personality. *Personality and Individual Differences*, 51, p. 679-682.

_____ (2010). Different provocations trigger aggression in narcissist and psychopaths. *Social Psychology and Personality Science*, 1, p. 12-18.

_____ (2009). Machiavellianism. In: LEARY, M.R. & HOYLE, R.H. (eds.). *Individual Differences in Social Behavior*. Nova York: Guilford, p. 93-108.

KEATING, C.F. (2003). Charismatic faces: Social status cues put face appeal in context. In: RHODES, G. & ZEBROWITZ, L.A. (eds.). *Facial Attractiveness*: Evolutionary, Cognitive, and Social Perspectives. Londres: Ablex, p. 153-192.

KEENAN, T. (2003). Individual differences in theory of mind: The preschool years and beyond. In: REPACHOLI, B. & SLAUGHTER, V. (eds.). *Individual Differences in the Theory of Mind*: Implications for Typical and Atypical Development. Hove, UK: Psychology Press, p. 153-172.

KIM, K. & SMITH, P.K. (1998). Retrospective survey of parental marital relations and child reproductive development. *International Journal of Behavioral Development*, 22, p. 729-751.

KNOCH, D.; PASCUAL-LEAONE, A.; MEYER, K.; TREYER, V. & FEHR, E. (2006). Diminishing reciprocal fairness by disrupting the right prefrontal cortex. *Science*, 314, p. 829-832.

KOLB, B. & WHISHAW, I.Q. (1998). Brain plasticity and behaviour. *Annual Review of Psychology*, 49, p. 43-64.

KOWALSKI, C.M.; VERNON, P.A. & SCHERMER, J.A. (2017). Vocational interests and Dark Triad personality: Are there dark career choices? *Personality and Individual Differences*, 104, p. 43-47.

KRAUT, R.E. & PRICE, J.D. (1976). Machiavellianism in parents and their children. *Journal of Personality and Social Psychology*, 33, p. 782-786.

KREBS, J.R. & DAVIES, N.B. (1993). *An Introduction to Behavioral Ecology.* Oxford: Blackwell Scientific Publications.

KRINGELBACH, M.L. (2005). The human orbitofrontal cortex: Linking reward to hedonic experience. *Nature Reviews Neurosciences*, 6, p. 691-702.

KRYSTAL, H. (1988). *Integration and Self-Healing.* Hillsdale, NJ: Analytic Press.

LÁNG, A. (2015). Borderline personality organization predicts Machiavellian interpersonal tactics. *Personality and Individual Differences*, 80, p. 28-31.

LÁNG, A. & BIRKÁS, B. (2014). Machiavellianism and perceived family functioning in adolescence. *Personality and Individual Differences*, 63, p. 69-74.

LIAKAKIS, G.; NICKEL, J. & SEITZ, R.J. (2011). Diversity of the inferior frontal gyrus: A metaanalysis of neuroimaging studies. *Behavioral Brain Research*, 225, p. 341-347.

LINTON, D.K. & POWER, J.L. (2013). The personality traits of workplace bullies are often shared by their victims: Is there a dark side to victims? *Personality and Individual Differences*, 54, p. 738-743.

LIU, J.; ZHANG, M.; JOU, J.; WU, X.; LI, W. & QIU, J. (2012). Neural bases of falsification in conditional proposition testing: Evidence from an fMRI study. *International Journal of Psychophysiology*, 85, p. 249-256.

LIU, X.; HAIRSTON, J.; SCHRIER, M. & FAN, J. (2011). Common and distinct networks underlying reward valence and processing stages: A meta-analysis of functional neuro imaging studies. *Neuroscience and Biobehavioral Reviews*, 35, p. 1.219-1.236.

LYONS, M.; CALDWELL, T. & SCHULTZ, S. (2010). Mind-reading and manipulation: Is Machiavellianism related to theory of mind? *Journal of Evolutionary Psychology*, 8 (3), p. 261-274.

MAGUIRE, E.A.; WOOLETT, K. & SPIERS, H.J. (2006). London taxi drivers and bus drivers: A structural MRI and neuropsychological analysis. *Hippocampus*, 16, p. 1.091-1.101.

MALESZA, M. & OSTASZEWSKI, P. (2016). Dark side and impulsivity: Associations between the Dark Triad, self-report and behavioral measures of impulsivity. *Personality and Individual Differences*, 88, p. 197-201.

MARTIN, R.A.; LASTUK, J.M.; JEFFERY, J.; VERNON, P. & VESELKA, L. (2012). Relationships between the Dark Triad and humor styles: A replication and extension. *Personality and Individual Differences*, 52, p. 178-182.

McDONALD, M.; DONELLAN, M.B. & NAVARRETE, C.D. (2012). A life history approach to understanding in the Dark Triad. *Personality and Individual Difference*, 52, p. 601-605.

McHOSKEY, J.W. (2001a). Machiavellianism and personality dysfunction. *Personality and Individual Differences*, 31, p. 791-798.

_____ (2001b). Machiavellianism and sexuality: On the moderating role of biological sex. *Personality and Individual Differences*, 31, p. 779-789.

_____ (1999). Machiavellianism, intrinsic versus extrinsic goals and social interest: A self-determination theory analysis. *Motivation and Emotion*, 23, p. 267-283.

_____ (1995). Narcissism and Machiavellianism. *Psychological Reports*, 77, p. 755-759.

McILLWAIN, D. (2003). Bypassing empathy: A Machiavellian theory of mind and sneaky power. In: REPACHOLI, B. & SLAUGHTER, V. (eds.). *Individual Differences in Theory of Mind* – Macquarie Monographs in Cognitive Science. Hove/E. Sussex: Psychology Press, p. 39-66.

McLEOD, B.A. & GENEREUX, R.L. (2008). Predicting the acceptability and likelihood of lying: The interaction of personality with type of lie. *Personality and Individual Differences*, 45, p. 591-596.

MEYER, H. (1992). Norms and self-interest in ultimatum barganing: The prince's prudence. *Journal of Economic Psychology*, 13, p. 215-232.

MILLER, G.F. (1997). Protean primates: The evolution of adaptive unpredictability in competition and courtship. In: WHITEN, A. & BYRNE,

R.W. (eds.). *Machiavellian Intelligence II*: Extensions and Evaluations. Cambridge: Cambridge University Press, p. 312-340.

MITHEN, S. (2000). Paleoanthropological perspectives on the theory of mind. In: BARON-COHEN, S.; TAGER-FLUSBERG, H. & COHEN, D.J. (eds.). *Understanding Other Minds*: Perspectives from Developmental Neuroscience. Oxford: Oxford University Press, p. 488-502.

MONTAG, C.; HALL, J.; PLIEGER, T.; FELTEN, A.; MARKETT, S.; MELCHERS, M. & REUTER, M. (2015). The DRD3 Ser9Gly polymorphism, Machiavellianism, and its link to schizotypal personality. *Journal of Neuroscience, Psychology, and Economics*, 8, p. 48-57.

MURPHY, P.R. (2012). Attitude, Machiavellianism, and the rationalization of misreporting. *Accounting Organizations and Society*, 37, p. 242-259.

NAGLER, U.K.J.; REITER, K.J.; FURTNER, M.R. & RAUTHMANN, J.F. (2014). Is there a "dark intelligence"? – Emotional intelligence is used by dark personalities to emotionally manipulate others. *Personality and Individual Differences*, 65, p. 47-52.

NETTLE, D. (2007). Individual differences. In: DUNBAR, R.I.M. & BARRETT, L. (eds.). *Oxford Handbook of Evolutionary Psychology*. Oxford: Oxford University Press, p. 479-490.

_____ (2006). The evolution of personality variation in humans and other animals. *American Psychologist*, 61, p. 622-631.

O'BOYLE, E.H.; FORSYTH, D.; BANKS, G.C. & McDANIEL, A. (2013). A meta-analysis of the Dark Triad and work behavior: A social exchange perspective. *Journal of Applied Psychology*, 97, p. 557-559.

O'BOYLE, E.H.; FORSYTH, D.; BANKS, G.C. & STORY, P.A. (2013). A meta-analytical review of the Dark Triad-intelligence connection. *Journal of Research in Personality*, 47, p. 789-794.

O'CONNER, P.J. & ATHOTA, V.S. (2013). The intervening role of Agreeableness in the relationship between trait emotional intelligence and Machiavellianism: Reassessing the potential dark side of EI. *Personality and Individual Differences*, 55, p. 750-754.

O'DOHERTY, J.; KRINGELBACH, M.L.; ROLLS, E.T.; HORNAK, J. & ANDREWS, C. (2001). Abstract reward and punishment representations in the human orbitofrontal cortex. *Mature Neuroscience*, 4, p. 95-102.

OJHA, H. (2007). Parent-child interaction and Machiavellian orientation. *Journal of the Indian Academy of Applied Psychology*, 55, p. 285-289.

OROSZ, A. & BERECZKEI, T. (2015). Research of Machiavellianism by using a card game. *European Human Behavior and Evolution Society Conference*. Helsinki.

PAAL, T. & BERECZKEI, T. (2007). Adult theory of mind, cooperation, Machiavellianism: The effect of mindreading on social relations. *Personality and Individual Differences*, 43, p. 541-551.

PAILING, A.; BOON, J. & EGAN, V. (2014). Personality, the Dark Triad, and violence. *Personality and Individual Differences*, 67, p. 81-86.

PAULHUS, D.L. & WILLIAMS, K.M. (2002). The Dark Triad of personality: Narcissism, Machiavellianism, and psychopathy. *Journal of Research in Personality*, 36, p. 556-563.

PAWLOWSKI, B.; DUNBAR, R. & LOWEN, C. (1998). Neocortex size, social skills, and mating success in primates. *Behavior*, 135, p. 357-368.

PENKE, L. & ASENDORF, J.B. (2008). Beyond global sociosexual orientation: A more differentiated look at sociosexuality and its effect on courtship and romantic relationships. *Journal of Social and Personality Psychology*, 95, p. 1.113-1.135.

PERNER, J. (1991). *Understanding the Representational Mind*. Brighton: Harvester.

PILCH, I. & GÓRNIK-DUROSE, M.E. (2016). Do we need dark traits to explain materialism? – The incremental validity of the Dark Triad over the Hexaco domains in predicting materialistic orientation. *Personality and Individual Differences*, 102, p. 102-106.

PILCH, M. (2008). Machiavellianism, emotional intelligence, and social competence: Are Machiavellians interpersonally skilled? *Polish Psychological Bulletin*, 39, p. 158-164.

PLATTHEICHER, S. (2016). Testosterone, cortisol and the Dark Triad: Narcissism (but not Machiavellianisn or psychopathy) is positively related to basal testosterone and cortisol. *Personality and Individual Differences*, 97, p. 115-119.

PLOMIN, R.; DeFRIES, J.C.; McCLEARN, G.E. & McGUFFIN, P. (2005). *Behavioral Genetics*. Nova York: Worth Publishers.

POLOSAN, M.; BACIU, M.; PERRONE, M.; PICHAT, T. & BOUGEROT, T. (2011). An fMRI study of the social competition in healthy subjects. *Brain and Cognition*, 77, p. 401-411.

QIN, J. & HAN, S. (2009). Neurocognitive mechanisms underlying identification of environmental risk. *Neuropsychologia*, 47, p. 397-405.

RADA, E.M.; TARACENA, L. & RODRIGUEZ, M.A.M. (2004). Assessment of Machiavellian intelligence in antisocial disorder with the Mach-IV scale. *Adas Española de Psiquiatría*, 32, p. 65-70.

RAUTHMANN, J.E. (2011). The Dark Triad and interpersonal perception: Similarities and differences in the social consequences of Narcissism, Machiavellianism, and Psychopathy. *Social Psychological and Personality Science*, 3, p. 1-10.

RAUTHMANN, J.F. & KOLAR, G.P. (2013). The perceived attractiveness and traits of the Dark Triad: Narcissists are perceived as hot, Machiavellians and psychopaths not. *Personality and Individual Differences*, 54, p. 582-586.

RICHELL, R.A.; MITCHELL, D.G.V.; NEWMAN, C.; LEONARD, A.; BARON-COHEN, S. & BLAIR, R.J.R. (2003). Theory of mind and psychopathy: Can psychopathic individuals read the "language of the eyes"? *Neuropsychologia*, 41 (5), p. 523-526.

RILLING, J.K.; GOLDSMITH, D.R.; GLENN, A.L.; JAIRAM, M.R.; ELFENBEIN, H.A.; DAGENAIS, J.E.; MURDOCK, C.D. & PAGNONI, G. (2008). The neural correlates of the affective response to unreciprocated cooperation. *Neuropsychologia*, 46, p. 1.256-1.266.

RILLING, J.K.; GUTMAN, D.A.; ZEH, T.R.; PAGNONI, G.; BERNS, G.S. & KILTS, C.D. (2002). A neural basis for social cooperation. *Neuron*, 35, p. 395-405.

RILLING, J.K. & SANFCY, A.G. (2009). Social interaction. In: *Encyclopedia of Neuroscience*. Vol. 9. Londres: Academic, p. 41-48 [Ed. L. Squire].

SANFEY, A.G.; RILLING, J.K.; ARONSON, J.A.; NYSTROM, L.E. & COHEN, J.D. (2003). The neural basis of economic decision-making in the Ultimatum Game. *Science*, 300, p. 1.755-1.758.

SÁRKÁNY, A. & BERECZKEI, T. (2013) Machiavellianism in the Hungarian companies. University of Pécs/Institute of Psychology.

SHULTZ, C.J. (1993). Situational and dispositional predictors of performance: A test of the hypothesized Machiavellianism X structure interaction among salespersons. *Journal of Applied Social Psychology*, 23, p. 478-498.

SIFENOS, P.E. (1973). The prevalence of alexithimic characteristics in psychosomatic patients. *Psychotherapy and Psychosomatics*, 22, p. 255-262.

SLAUGHTER, V. (2011). Early adoption of Machiavelliaan attitudes: Implications for children's interpersonal relationships. In: BARRY, T.; KERIG, C.P. & STELHVAGEN, K. (eds.). *Narcissism and Machiavellianism in Youth*: Implications for the Development of Adaptive and Maladaptive Behavior. Washington, DC: APA Books, p. 177-192.

SPITZER, M.; FISCHBACHTER, U.; HERRNBERGER, B.; GRON, G. & FEHR, E. (2007). The neural signature of social norm compliance. *Neuron*, 56, p. 185-196.

STEINMANN, E.; SCHMALOR, A.; PREHN-KRISTENSEN, A.; WOLFF, S.; GALKA, A.; MÖHRING, J.; GERBER, W.; PETERMANN, F.; STEPHANI, U. & SINIATCHKIN, M. (2014). Developmental changes of neuronal networks associated with strategic social decision-making. *Neurophychologia*, 56, p. 37-46.

STELLWAGEN, K.K. & KERIG, P.K. (2013). Dark Triad personality traits and theory of mind among school-age children. *Personality and Individual Differences*, 54, p. 123-127.

STRUM, S.C.; FORSTER, D. & HUTCHINS, E. (1997). In: WHITEN, A. & BYRNE, R.W. (eds.). *Machiavellian Intelligence II*: Extensions and Evaluations. Cambridge: Cambridge University Press, p. 50-85.

SULLIVAN, R.J. & ALLEN, J.S. (1999). Social deficits associated with schizophrenia defined in terms of interpersonal Machiavellianism. *Acta Psychiatria Scandinavia*, 99, p. 148-154.

SÜSS, H.-M.; OBERAUER, K.; WITTMANN, W.W.; WILHELM, O. & SCHULZE, R. (2002). Working-memory capacity explains reasoning ability – and a little bit more. *Intelligence*, 30, p. 261-288.

SUTTON, J. & KEOGH, E. (2000). Social competition in school: Relationships with bullying, Machiavellianism, and personality. *The British Journal of Educational Psychology*, 70, p. 443-456.

SZABO, J. & BERECZKEI, T. (s.d.) *Dark Triad and theory of mind*: Mentalization as a device of manipulation for Machiavellians [não publicado].

SZIJJARTO, L. & BERECZKEI, T. (2015). The Machiavellians' "cool syndrome": They experience intensive feelings but have difficulties in expressing their emotions. *Current Psychology*, 34, p. 363-375.

TABORSKY, B. & OLIVEIRA, R.F. (2012). Social competence: An evolutionary approach. *Trends in Ecology and Evolution*, 27, p. 679-688.

TRIVERS, R.L. (1985). *Social Evolution*. Menlo Park, CA: Benjamin/Cummings.

VANGELISTI, A.L.; DALY, J.A. & RUDNICK, J.R. (1991). Making people feel guilty in conversations: Techniques and correlates. *Human Communication Research*, 18, p. 3-39.

VERBEKE, W.J.M.I.; BAGOZZI, R.P.; RIETDIJK, W.J.R.; VAN DEN BERG, W.E.; DIETWORST, R.C. & WORM, L. (2011). The making of the Machiavellian brain: A structural MRI analysis. *Journal of Neuroscience, Psychology, and Economics*, 4, p. 205-216.

VERNON, P.A.; VILLANI, J.C.; VICKERS, L.C. & HARRIS, J.A. (2008). A behavioural genetic investigation of the Dark Triad and the Big 5. *Personality and Individual Differences*, 44, p. 445-452.

VERPLAETSE, J.; VANNESTE, S. & BRAECKMAN, J. (2007). You can judge a book by its cover: The sequel – A kernel of truth in predictive cheating detection. *Evolution and Human*, 28, p. 260-271.

VESELKA, L.; SCHERMER, J.A.; MARTIN, R.A. & VERNON, P.A. (2010). Relations between humor styles and the Dark Triad traits of personality. *Personality and Individual Differences*, 48, p. 772-774.

VOLMER, J.; KOCH, I.K. & GORITZ, A.S. (2016). The bright and dark sides of leaders' Dark Triad traits: Effects on subordinates' career success and well-being. *Personality and Individual Differences*, 101, p. 413-418.

VONK, J.; ZEIGLER-HILL, V.; EWINGA, D.; MERCER, S. & NOSER, A.E. (2015). Mindreading in the dark: Dark personality features and theory of mind. *Personality and Individual Differences*, 87, p. 50-54.

WAI, M. & TILIOPOULOS, N. (2012). The affective and cognitive empathic nature of the Dark Triad personality. *Personality and Individual Differences*, 52, p. 794-799.

WASTELL, C. & BOOTH, A. (2003a). Machiavellianism: An alexithymic perspective. *Journal of Social and Clinical Psychology*, 22, p. 63-68.

_____ (2003b). Machiavellianism: An alexithymic perspective. *Journal of Social and Clinical Psychology*, 22, p. 730-744.

WESTON, C.S.E. (2011). Another major function of the anterior cingulated cortex: The representation of requirements. *Neuroscience and Biobehavioral Reviews*.

WHITEN, A. & BYRNE, R. (eds.) (1997). *Machiavellian Intelligence II*: Extensions and Evaluations. Cambridge: Cambridge University Press.

WILSON, D.S.; NEAR, D. & MILLER, R.R. (1998). Individual differences in Machiavellians as a mix of cooperative and exploitative strategies. *Evolution and Human Behavior*, 19, p. 203-212.

_____ (1996). Machiavellianism: A synthesis of the evolutionary and psychological literatures. *Psychological Bulletin*, 119 (2), p. 285-299.

WILSON, E.O. (1975). *Sociobiology: The New Synthesis*. Cambridge: The Belknap Press of Harvard University.

WINKLER, A.D.; HU, S. & LI, C.R. (2013). The influence of risky and conservative mental sets on cerebral activations of cognitive control. *International Journal of Psychophysiology*, 87, p. 254-261.

WOODLEY, H.J.R. & ALLEN, N.J. (2014). The dark side of equity sensitivity. *Personality and Individual Differences*, 67, p. 103-108.

WOOLETT, K. & MAGUIRE, E.A. (2011). Acquiring "the knowledge" of London's layout drives structural brain changes. *Current Biology*, 21, p. 2.109-2.114.

ZAJONC, R.B. (1965). Social facilitation. *Science*, 149, p. 269-274.

ZIMBARDO, P.G. & BOYD, J.N. (1999). Putting time in perspective: A valid, reliable individual-differences metric. *Journal of Personality and Social Psychology*, 77, p. 1.271-1.288.

ZUCKERMAN, M. (1994). *Behavioral Expressions and Biosocial Bases of Sensation Seeking*. Nova York, NY: Cambridge University Press.

Índice

Adaptabilidade familiar e escala de coesão (Faces-IV) 118
Administração de impressão dos maquiavélicos 144
Agradabilidade
    Modelo *Big Five* de personalidade 72s.
Alexandre VI (papa) 19
Alexithymia
    maquiavelismo e 157s.
Amoralidade dos maquiavélicos 27-31
Animais
    níveis de logro 267
Ansiedade
    do maquiavelismo 161
Austin, E. 169

Birkás, B. 116
Bórgia, C. 19
Busca de recompensa
    maquiavélicos como 231-233, 235

Campbell, J. 125
Cérebro
    amígdala 55, 155
    conflitos no 51s., 54-56
    córtex anterior cingulado 52, 54s.

córtex pré-frontal dorsolateral (CPFDL) 160, 235s.
estudo dos motoristas de táxi londrinos 129s.
giro frontal, inferior e médio 227, 230, 235
hipocampo 55, 129s.
hipótese do cérebro social 250
imagens do 53s., 160, 185, 214, 227, 242, 262
mudanças neurais no 127-131
neocórtex de animais e primatas 250
processos neurais na tomada de decisões 214, 227
regiões das principais funções no 227
tálamo 55, 231s.
tomada de decisão 160

Christie, R. 20s., 205, 246

Competição
  impessoal 35s.
  pessoal 36

Comportamento
  características que fazem distinguir os maquiavélicos 147s.
  conflitos cerebrais 51s., 54-56
  corrida armamentista 266-271
  diversidade dos maquiavélicos 274-277
  dualismo dos maquiavélicos 141
  explicações aproximadas 246-248
  explicações últimas 247
  flexibilidade sexual 223
  logro intencional empreendido entre animais 252, 254
  maquiavélicos adaptando-se ao meio social 216-219
  monitoramento 226-229
  orientação à recompensa 45s., 48-51
  seleção derivada da sequência-dependência 271-274

Comportamento orientado à recompensa
  dos maquiavélicos 45s., 48-51
  motivação extrínseca e intrínseca 56-61

Comportamento sexual 223
  maquiavélicos e sexualidade 40s.
  sexualidade livre 41

Comunicação
  administração de impressões 144s.
  benefícios adaptativos 159

credibilidade dos maquiavélicos 142-144
falando sobre as faces 146-148
informando padrões comportamentais 148-150
mentiras persuasivas dos maquiavélicos 139-142

Consciência
Modelo *Big Five* de personalidade 72s.

Corrida armamentista
abordagem evolutiva 265-271

Córtex Cingulado Anterior (CCA) 52, 54s.

Dawkins, R. 249

Decisões racionais
Jogo da Trapaça 206s.
situação de colapso econômico 206
táticas 208s.

Dennett, D. 267

Desenvolvimento moral
modelo de Kohlberg 125-127
socialização 126

Dopamina 114

Dunbar, R. 250s.

Ecologia comportamental
Teoria da História de Vida 132, 135

Efeitos do meio no maquiavelismo 116s., 137

Emoção
alexitimia e maquiavelismo 157s.
ansiedade entre os maquiavélicos 160-162
benefícios adaptativos 158-160
comunicação da 154-156
desapego no maquiavelismo 35
hipótese do cérebro social 250

Emotividade
Modelo *Big Five* de Personalidade 72s.

Empatia
falta nos maquiavélicos 37-40
Índice de Reatividade Interpessoal (IRI) 178

inteligência emocional e 177-181
quente e fria 179, 186
questionário Baron-Cohen's de 60 itens autorrelatados 37s.

Escala de busca de sensações (EBS)
Zuckerman 81s.

Escala de cooperatividade
cinismo dos maquiavélicos 31-34
questionário TCI 38

Escala de Manipulação Emocional 169s., 196

Escala Mach para crianças 121, 123

Escala Wechsler de inteligência adulta (Ewia) 239

Estilos de apego adulto 121s.

Estratégia
tomada de decisões no maquiavelismo 61-63

Estratégias de história de vida
estilo de vida alternativo e evolução 133s.
socialização 131-138

Estudo sobre os motoristas de táxi 129s.

Estudos com gêmeos
hereditariedade e 114s.

Evolução
ecologia comportamental 133s.
modos de vida alternativos e 133s.

Expectativas sociais
maquiavélicos resistindo 29-31

Experimento com congressistas 152-154

Extroversão
modelo *Big Five* de Personalidade 72s.

Faces
média entre homens e mulheres conforme seus índices altos ou baixos nos padrões da Tríade Negra 146

Família
adaptabilidade familiar e escala de coesão (Faces-IV) 118s.
estilos adultos de apego 121s.
Teste Mach para crianças 121, 123

Fatalismo
　　maquiavélicos e 57, 59
　　tempo e expectativa 58s.
Filosofia política
　　maquiavélicos 18
Flexibilidade
　　adaptação ao meio social 216-219
　　altruísmo pretendido 210-214
　　caráter proteano 219-224
　　decisões racionais 205-211
　　punição 213-216
　　táticas influenciadoras 209
　　voluntarismo 210-212
Franqueza
　　modelo de personalidade *Big Five* 72s.

Geis, F. 20s., 246
Genética
　　estudos sobre gêmeos e hereditariedade 114s.
　　hereditariedade do maquiavelismo 113, 116

Hipocampo 55
　　estudo com os motoristas de táxi 129s.
Hipótese da inteligência
　　maquiavélicos 252-256
　　social 246-252
Hipótese do cérebro social 250s.
Histórias de logro
　　cinismo maquiavélico 33s.
Humor, maquiavelismo e agressividade 89-91
Humphrey, N. 248

Imagem por ressonância magnética (IRM) 53s.
Impulsividade
　　controle de impulsos 154-156
　　personalidade 85s.

Índice de Reatividade Interpessoal (IRI) 178

Inteligência emocional (IE)
    autorrelato 165-167
    empatia e 177-181
    em situações realísticas 171-177
    escassa entre os maquiavélicos 163-165
    inteligência socioemocional e maquiavelismo 167s.
    jogo de cartas da trapaça 174s.
    manipulação da 168-171
    Teste Multimodal de Reconhecimento Emocional (TMRE) 172s.
    Teste Schutte de inteligência emocional autorrelatada 165s.

Inteligência maquiavélica
    evolução da 268
    hipótese 252-256
    ordens do meio social 260-263
    tipos de inteligência social 266

Inteligência social 167, 248s.

Intencionalidade
    de ordem zero 267
    de primeira ordem 267
    de segunda ordem 267

Inventário
    de Comportamento Paternal 119
    de Orientação Sociossexual (IOS) 42s.
    do Temperamento e Caráter (ITC) 76-79

Jogo(s)
    da confiança 52, 213, 215, 227, 232, 242s.
    da trapaça 206
    do ultimato 46s., 234
    justos e injustos 243s.

Jogo de cartas
    da trapaça 175
    tarefa de apostas Iowa 49

Jogos dos bens públicos 77, 80, 216-218, 226, 240, 262

Jonason, P. 220s.
Jones, D. 111

Kohlberg, L. 126
Krebs, J. 249

Láng, A. 93, 116
Leitura mental
    déficits adaptativos 190s.
    espontânea 201-203
    habilidade 184
    hipóteses e falsificações 183-189
    imagens cerebrais 185
    mentalização espontânea 200s.
    narrativas de manipulação 191-196
    narrativas manipuladoras táticas 192-195
    teste da leitura mental a partir da voz (TLMV) 189
    teste da leitura visual (Baron-Cohen) 189s.
    tipos de 196-198
    vulnerabilidade 198s.
Logro
    intencional 267
    níveis de 267s.
    tático 253-255, 265s.
Luís XII (Rei) 19

Manipulação
    dos maquiavélicos 23-27
    e mentira 24-27
Maquiavel, N. 17
    A mandrágora 20
    biografia de 19s.
    O príncipe 17, 19
Maquiavélicos
    adaptação ao meio social 216-219
    administração de impressões 144s.

amoralidade nos 27-29
ansiedade do 160-162
cinismo dos 31-33
como buscadores de recompensas 231-233
comportamento orientado à recompensa 45s., 48-51
comportamento sexual flexível 223s.
comunicando emoções 154-156
conflitos no cérebro 51s., 54-56
controle de impulsos 154-156
crença dos 142-144
desapego emocional 151s.
empatia dos 177-181
estrutura facial e personalidade 146-148
e sexualidade 40s.
experimento com congressistas 152-154
falta de empatia em 37-40
flexibilidade comportamental 271-274
frieza mental dos 34-36
intenções das crianças 120, 124
manipulação 23-27
mentiras persuasivas dos 139-142
motivação extrínseca e intrínseca 56s., 59-61
natureza proteana dos 219-222
padrões comportamentais da traição 149
personalidade dos 74-76
perspectivas de tempo dos 58s.
resistindo às expectativas sociais 29-31
táticas manipuladoras 263-265
tomada de decisão estratégica 61-63

Maquiavelismo 18, 20
   abordagens evolutivas e psicológicas 256s., 259s.
   alexitimia e 157s.
   busca por recompensas 231-233
   como mestres estrategistas 210
   comportamento antissocial de 86-92
   custos e benefícios do 275-277
   efeitos ambientais de 116, 138
   hereditariedade do 113, 116
   humor agressivo e 89-91

inteligência emocional e 167
linhas gerais da síntese do 257-259
nível dos autores de 63-66
orientação dirigida à recompensa 49
personalidade da Tríade Negra 97, 111
personalidade extrema e desordem 93-95
sexualidade e 42s.
sucesso ou insucesso social 67-69
táticas proteanas do 221s.
voluntarismo e reputação 210-213

McHoskey, J. 40, 56, 93

McIllwain, D. 198

Mecanismos evolutivos
corrida armamentista 266-271
seleção derivada da frequência-dependência 271-274

Mecanismos primitivos de defesa 23

Medo de fusão 94

Meio social
exigências do 260-263
o indivíduo e o grupo 263-265

Memória
declarativa 128
estudo dos motoristas de táxi 129s.
hipótese do cérebro social 250s.
trabalhando a 242

Mentalização espontânea 200s.

Mente fria dos maquiavélicos 34-36

Mentiras 26
capacidade de persuasão dos maquiavélicos 139-142
comportamento sexual flexível 223s.
manipulação 23-25, 27

Modelo *Big Five*
personalidade 72s.

Motivação extrínseca e intrínseca dos maquiavélicos 56s., 59-61

Mudanças neurais
socialização 127-131

Narcisismo
    Inventário da Personalidade Narcisista (IPN) 100s.
    personalidade da Tríade Negra 97, 111
    psicopatia e 98-103
Nettle, D. 275
Neurociência
    imagens cerebrais 53s.

Orientação
    futura 58
    global sociossexual 42s.
Origens evolutivas
    comportamento 246-248
    exigências do meio social 260-263
    hipótese da inteligência maquiavélica 252-256
    hipótese do cérebro social 250s.
    maquiavelismo 256-260
    o indivíduo e o grupo 263-265

Personalidade
    antissocial 86-92
    borderline 93-95
    busca por sensações 80-84
    critério para a desordem 87
    estrutura básica da 71-74
    impulsividade 84-86
    inventário dos fatores de temperamento e caráter (ITC) 76-79
    maquiavélicos 74-76
    modelo *Big Five* 72s.
    temperamento e caráter 76s., 79s.
    tomada de risco 83s.
    traços do maquiavelismo 31
Pessoas
    fatalistas 58s.
    hedonistas 58
    negativas do passado 58s.
    ordinárias 30
    positivas do passado 58

Piaget, J. 126
Poder persuasivo
    mentirosos bem-sucedidos 142
Primatas
    logro intencional entre 252, 254s.
    neocórtex dos 250
Principais fatores da personalidade 72
Proteano 220s.
Psicopatia
    Escala Levenson de psicopatia autorrelatada 102s.
    maquiavelismo primário 106
    mentiras dos psicopatas 142
    narcisismo e 98-103
    personalidade da Tríade Negra 97, 111
    primária 101, 104, 106
    secundária 102, 104
Punição 213-216

Questionário
    de autorrelatório de 60 itens – Baron-Cohen 37s.
    de estilos de humor 90
Quociente emocional (QE) 165

Regras de decisão
    busca por recompensas 231-233
    generalização 237-240
    inibição da cooperação 233-237
    monitoramento do comportamento 226s.
    ofertas justas e injustas 243s.
    orientação de tarefas 228-230
    seleção de alvo 240-243

Seleção derivada da frequência-dependência 271-274
Seleção natural 270
    comportamento ecológico 131s.
    flexibilidade comportamental 268

Sexualidade livre 41
Socialização
    desenvolvimento moral 125s.
    estilo de vida alternativo e evolução 133s.
    estratégias de história de vida 131-138
    meio familiar 116-121, 124
    mudanças neurais 127s.
    relacionamentos sociais 65
    vida social dos maquiavélicos 67-69

Tarefa de apostas Iowa 49
Táticas
    diretas 208s.
    indiretas 208-210
    não racionais 208s.
    racionais 208s.
Teoria da Mente 184s.
    narrativa baseada na medida da 187s.
    termo 184
    tipos de leitura mental 196-198
Teste da leitura da mente
    a partir dos olhos 189s.
    a partir da voz (TLMV) 189
Teste Mach-IV 21s., 26, 64, 69, 88, 135
Teste Multimodal do Reconhecimento Emocional (TMRE) 173
Teste Schutte de inteligência emocional autorrelatado 165s.
Tomadores de risco
    personalidade 83s.
Tríade Negra 109-112
    comportamento antissocial da 91s.
    comportamento de flexibilidade sexual da 223s.
    diferenças 107-111
    Escala Levenson de psicopatia autorrelatada 102s.
    estratégia de história de vida 135
    experiência do cuidado parental 119s.
    hereditariedade do membro 113

Inventário de Personalidade Narcisista (IPN) 100s.
   maquiavelismo e psicopatia primária 106
   narcisismo 98-103
   perfis psicológicos de 146
   personalidade 97, 111
   psicopatia 98-103

Vernon, P. 113

Webster, G. 220s.
Wilson, D.S. 257

Zimbardo, P. 197
Zuckerman, M. 81s.

Conecte-se conosco:

 facebook.com/editoravozes

 @editoravozes

 @editora_vozes

 youtube.com/editoravozes

 +55 24 2233-9033

www.vozes.com.br

Conheça nossas lojas:

www.livrariavozes.com.br

Belo Horizonte – Brasília – Campinas – Cuiabá – Curitiba
Fortaleza – Juiz de Fora – Petrópolis – Recife – São Paulo

  Vozes de Bolso

EDITORA VOZES LTDA.
Rua Frei Luís, 100 – Centro – Cep 25689-900 – Petrópolis, RJ
Tel.: (24) 2233-9000 – E-mail: vendas@vozes.com.br